실낙원
서문

실낙원
서문

C. S. 루이스 지음

홍종락 옮김

홍성사

찰스 윌리엄스에게

윌리엄스,

웨일스 뱅거의 언덕에 자리 잡은 낯설고 아름다운 대학[1]에서 내가 이 강좌[2]를 진행하며 받았던 과분한 친절과 큰 즐거움을 생각하면, 자네에게 이 책을 헌정하는 것이 나를 초대하고 환대해 준 대학 관계자들에게 배은망덕한 일처럼 느껴질 지경이네. 하지만 나로서는 다른 도리가 없군. 내 강연을 생각하면 자네가 옥스퍼드에서 했던 강연들이 떠오르기 때문이네. 그때 자네는 내가 그 전부터 밀턴에 대해 오랫동안 생각했던 바를 몇몇 대목에서 짐작하게 하거나 확인해 주었고, 많은 부분에서는 내 생각을 더욱 명료하게 표현해 주거나 더욱 발전시킨 형태로 제시했네. 자네의 강연은 어떤 면에서 중세적이었고, 역사적으로 중요한 사건으로 드러나게 될 거네. 자네는 전쟁이라는 우연이 우리에게 보내 준 음유시인vagus이었어. 아름다운

---

1) 웨일즈의 유니버시티 칼리지(현재의 뱅거대학교Bangor University).—옮긴이 주. 이후 1), 2) …는 옮긴이 주.
2) 이 책의 토대가 된 발라드 매튜스 강좌

디비니티스쿨[3]은 자네 강연에 딱 어울리는 배경이었지. 거기서 우리 늙은이들은 다시는 볼 수 없을 거라고 오래전에 마음을 비웠던 것들을 듣고 보았네. 시인 밀턴이 《코머스*Comus*》에서 중요하게 다룬 내용을 비중 있게 다루는 강연과, 좌석을 가득 채운 '젊고 풋풋한 남녀들'이 고결함에 찬사를 보내는 강연이라는 낯설고 새로운 경험 앞에 선 모습 말이네. 처음에 젊은이들은 믿을 수 없다는 듯, 다음에는 인내심을 발휘하며, 나중에는 즐겁게 강연을 들었지. 시간을 내어 밀턴을 다시 읽지 않은 서평자들은 밀턴에 대한 자네의 비평을 대체로 소화하지 못했네. 하지만 옥스퍼드에서 자네 강연을 들었던 이들 중 상당수는 다음 사실을 이해할 거라고 기대해도 좋을 듯하네. 옛 시인들이 어떤 미덕을 테마로 삼을 때는 그 미덕을 가르치는 것이 아니라 칭송하기 위함이며, 우리가 도덕의 설교자라고 여겼던 그들이 많은 경우 사실은 미덕에 매료된 사람들이라는 것 말이네. 자네가 친구라서 내가 자네 작품을 좋아한 것이 아니라 자네 책들이 너무 좋아서 자네와 친구가 되고자 했던 것을 기억하면 안심이 된다네. 그런 확신이 없었다면, 자네가 밀턴의 작품에 붙인 짧은 '서문'[*1]이 100년 이상 이어진 오해 끝에 제대로 된 비평 전통의 회복을 알리는 것 같다

---

3) 옥스퍼드 보들리언도서관의 강의실 중 하나. 지금은 도서관에서 관광객 출입이 허용된 유일한 구역이다.

*1〉 *The Poetical Works of Milton*. The World's Classics, 1940.—저자 주. 이후 *1〉, *2〉…는 저자 주.

는 내 느낌을 믿기 어려웠을 걸세. 그렇게 무거운 짐을 덜어 내는 작업이 그렇게 쉽게 이루어지는 모습이 터무니없어 보였을 거야. 지금으로 봐서는 내 눈을 믿어도 무방할 것 같네. 감옥의 문은 죽 잠겨 있지 않았던 것 같아. 그러나 문고리를 돌려 볼 생각을 해본 사람은 자네뿐이었어. 덕분에 이제 우리 모두 나올 수 있게 되었지.

자네의 벗,

C. S. 루이스

C. S. Lewis.

차 례

수없는 불멸의 존재들,
다 다르지만 동등하게 기뻐하네.

—타소[1]

지금까지 얼마나 많은 박식한 두뇌들이
그들의 형이상학을 망각하고
피조물의 사다리와 층계를 파괴했던가.

—토머스 브라운[2]

1) Torquato Tasso. 1544~1595. 이탈리아의 시인, 르네상스문학 최후의 시인, 《해방된 예루살렘》, IX, 57.
2) Thomas Browne. 1605~1682. 영국의 의사, 저술가, 《의사의 종교》, I, XXX.

I

서사시

뛰어난 작가의 작품을 제대로 알아보는 사람은
저자가 글을 쓸 때와 동일한 정신으로 작품을 읽을 것이다.

—포프

와인따개corkscrew부터 대성당에 이르기까지 모든 작품을 판단하기 위해서는 무엇보다 그것이 무엇인지, 그것의 원래 용도가 무엇이며 어떻게 사용해야 하는지 알아야 합니다. 그것을 알아 낸 다음에야, 금주운동가라면 와인따개가 나쁜 목적으로 만들어졌다고 판단할 수 있고, 공산주의자라면 대성당에 대해 같은 결론을 내릴 수 있습니다. 그러나 그런 질문은 조금 미뤄도 됩니다. 우리 앞에 놓인 대상을 이해하는 것이 먼저입니다. 와인따개가 깡통 따는 데 쓰이는 물건이라거나 대성당이 여행객에게 즐거움을 주는 장소라고 생각하는 한, 그것들의 목적에 대해서는 한마디도 할 수 없습니다. 독자가《실낙원》에 대해 무엇보다 먼저 알아야 할 것이 있다면 '밀턴이 그것을 어떤 작품으로 의도했는가?'입니다.

이것은 현대의 많은 독자들에게 특히 시급한 문제입니다. 밀턴이 쓰려고 했던 종류의 시에 친숙하지 않기 때문입니다. 그의 작품은 서사시epic poetry이고, 서사시는 일종의 '이야기 시narrative poetry'입니다. 현대인들은 종種에 해당하는 서사시도, 속屬에 해당하는 이야기 시도 썩 잘 이해하지 못합니다. 저는 위대한 이야기 시가 담긴 헌책들을 펼쳐 보고서 이야기 시라는 속에 대해 어떤 오해가 있는지 알게 되었습니다. 그런 헌책들을 보면 처음 두 쪽까지는 별 볼 일 없는 많은 구절에 연필로 밑줄이 그어져 있지만 그다음부터는 완전히 깨끗한 경우가 상당히 많습니다. 어떻게 된 일인지 쉽사리 짐작할 수 있습니다. 안타깝게도 독자는 서정시를 읽을 때 익숙한 방식으로 '좋은 시구詩句'를 기대하면서 서사시를 읽어 나갑니다. 처음 5분 동안 뭔가 우발적인 이유들로 마음에 드는 대목들을 만나고, 좋은 시구를 발견했다고 생각합니다. 그러나 이내 그 시가 그런 식으로 읽을 수 없는 것임을 깨닫고 읽기를 포기한 것이지요. 그는 긴 이야기 시의 연속성 개념은 물론 행은 단락에, 단락은 편에, 편은 시 전체에 종속된다는 개념을 모릅니다. 15분에 걸쳐 층층이 쌓이며 모습을 드러내는 광범위한 효과 개념도 모릅니다. 서사적 이야기라는 종에 대한 오해가 있음을 저는 저를 포함한 많은 비평가들이 가끔 저지르는 오류를 통해 알게 되었습니다. 그들은 시인 밀턴이 갖추려고 가장 공을 들인 특성, 제대로 향유하면 작품의 고유한 즐거움(οἰκεία ἡδονή)을 얻는 데 핵심적인 특성을 오히려 결점으로 여깁니다. 그러므로 밀턴의 서사시에 대한 우리의 연구는 서사시 일반에 대한 연구에서 출발해야 합니다.

이런 과정을 거치게 되면 두 가지 부수적인 이점이 따라올 것입니다. 첫째, 앞으로 살펴보겠지만, 이 접근법이 바로 밀턴의 방식이었습니다. 그가 던진 첫 번째 질문은 '나는 무슨 말을 하고 싶은가'가 아니라 '나는 어떤 종류의 시를 짓고 싶은가?'였습니다. 즉, 시는 그 종류에 따라 독자에게 전혀 다른 기대를 갖게 하고 충족시키며, 다양한 힘을 발휘하고, 모든 교양 있는 독자들에게 전혀 다른 방식으로 다가가는데, 나는 과연 어느 쪽에 힘을 보태고 싶은가? 하는 질문입니다. 이와 비슷한 경우는, 자신만의 독특한 메시지가 무엇이고 어떤 독특한 표현이 그 메시지를 가장 잘 전달할지 고민하는 현대의 작가보다는, 암석정원을 만들지 테니스코트를 만들지 묻는 정원사나 교회를 지을지 집을 지을지 묻는 건축가, 하키를 할지 축구를 할지 고민하는 소년, 결혼할지 독신으로 살지 주저하는 남자에게서 볼 수 있습니다. 여기 등장하는 선택지들은 이미 합당한 자격과 사회 안에서 잘 확립된 특징을 갖추었고 나름의 법칙의 지배를 받습니다. 한 가지를 선택하면 다른 것이 줄 수 있는 고유한 아름다움과 기쁨은 놓치고 맙니다. 이 선택의 목표는 막연한 탁월함이 아니라 선택된 대상 안에 있는 고유한 탁월함이기 때문입니다. 암석정원이나 독신의 장점은 테니스코트나 남편의 장점과는 다르지요.

둘째, 이 접근법을 따르면 오늘날 시에서 대체로 무시되는 측면에 관심을 갖지 않을 수 없게 됩니다. 모든 시는 두 가지 방식으로 고려할 수 있습니다. 시인이 말하는 내용에 주목하거나, 시가 시인이 만드는 작품이라는 면에 주목할 수 있습니다. 첫 번째 관점으로 보면 시는 의견과 감정의 표현입니다. 두 번째 관점에서 보면 시는 독자 안에 특정한 형식으로 정형화된 경험을 만들어 내기 위한 말의 구조물입니다. 이 이중성을 달리 표현하면 모든 시에는 어머니와 아버지가 있다고 할 수 있겠습니다. 시의 어머니가 시인의 내면에 있는 경험, 생각 등의 덩어리라면, 아버지는 시인이 바깥 세계에서 만나는 기존의 형식(서사, 비극, 소설 등)입니다. 시의 어머니만 연구하는 비평은 한쪽으로 치우치게 됩니다. 괜찮은 사랑의 소네트를 지으려는 남자는 여인뿐만 아니라 소네트라는 형식에도 반해야 합니다. 제가 볼 때, 시인의 내적 질료와 기존 형식(형상)의 결합이 시인의 독창성을 훼손한다는 생각은, 뛰어난 문학적 탁월성을 뜻하는 독창성을 어떻게 이해한다 하더라도, 더없이 심각한 오류일 것입니다.(그렇게 보자면, 형식을 새로 만들어 내는 시인은 위대한 시인이라고 할 수 없을 것입니다.) 여자가 남자를 추구하듯 재료는 형식을 추구합니다.*Materia appetit forman ut virum femina.* 시인 안에 있는 질료는 형식을 원합니다. 형식에 순응함으로써 그것은 참으로 독창적original이 됩니다. 즉, 위대한 작품의 기원origin이 되는 것입니다. 자신만의 목소리를 내려고 하면 흔히 사람의 정신에서 의식적이고 피상적인 면을 더 많이 끄집어내지만, 주어진 테마를 최대한 즐겁고 명료하게 제대로 제시할 수 있는 기존 형식에 맞게 시를 지으려 노력하면 본인 안에 있는 모든 것을 끄집어낼 가능성이 높습니다. 또 그렇게 나온 것 중 상당수에 대해 시인은 확신을 가질 수 있을 것입니다. 나는 이 책에서 《실낙원》의 아버지에 해당하는 서사 형식에 집중하는 것이 더 바람직하다고 보며 그렇게 할 생각입니다. 밀턴이라는 사람의 경험, 개성, 의견들 같은 시인 내면의 원재료 연구를 돕는 탁월한 책들은 미스 다비셔와 틸리야드 박사의 저작으로 이미 존재하기 때문입니다.

밀턴 본인의 접근법은 《교회 치리론Reason of Church Government》 2권 (Bohn's Edn., Vol. II, P. 478) 서문에 실린 글에서 찾아볼 수 있습니다. 그는 (A) 서사시 (B) 비극 (C) 서정시 중 어떤 글을 쓸 것인지를 놓고 고민했습니다. (A)의 논의는 "과연 서사적 형식이whether that epic form"로 시작하고 (B)의 논의는 "또는 과연 그런 극적 구성이or whether those dramatic constitutions"로, (C)는 "또는 상황이 어찌어찌해서or if occasion shall lead"로 시작합니다. 전체 분류 체계는 다음과 같이 제시할 수 있습니다.

(A) 서사시

  I. (a) 장황한 서사시(호메로스, 베르길리우스, 타소)

    (b) 간략한 서사시(《욥기》)

  II. (a) 아리스토텔레스의 규칙을 따르는 서사시

    (b) 자연의 규칙을 따르는 서사시

  III. 소재 선택('노르만 정복 이전의 어느 왕이나 기사')

(B) 비극

  (a) 소포클레스와 에우리피데스 모델을 따른 비극

　　(b) 〈아가서〉나 묵시록 모델을 따른 비극

　(C) 서정시

　　(a) 그리스 모델을 따른 서정시('핀다로스와 칼리마코스')

　　(b) 히브리 모델을 따른 서정시(성경 율법서와 예언서에 줄곧 자

　　　주 등장한 노래들)

　　(A), 즉 서사시가 우리의 주된 관심사이지만 그것을 자세히 살펴
보기 전에 이 분류 체계 전체를 관통하는 한 가지 특징에 주목할 필
요가 있습니다. 세 항목 모두에서 고전 모델과 성경 모델이 언급되는
데, 그중 하나인 비극 항목에서는 성경 모델을 '억지로' 끌어들인 것
처럼 보인다는 점이 눈에 띌 것입니다. 서사시에 대한 성경 모델은 그
런 면이 좀 덜합니다. 〈욥기〉를 서사시의 아종亞種('간략'하다는 차이가
있는)으로 분류하는 것이 독창적일 수는 있지만 분명히 합리적이고,
저는 밀턴이 욥기의 형식을 염두에 두고《복낙원*Paradise Regained*》을 썼
을 거라고 확신합니다.《복낙원》은 구조뿐 아니라 테마도 〈욥기〉와
유사합니다. 세 번째 항목(서정시) 아래 히브리 모델들이 들어 있는
것은 더없이 적절한데, 여기서 밀턴은 흥미로운 주註를 덧붙였습니다.
그는 '청교도주의'가 등장하지 않는 곳이 없게 될 시대가 올 것임을
예견이라도 한 듯, "신적 근거라는 면에서뿐 아니라 작시作詩라는 중요
한 기술면에서도" 히브리 서정시가 그리스 서정시보다 낫다고 본다
고 밝혔습니다. 그는 자신이 히브리 모델을 선호하는 이유가 도덕적

이고 종교적인 면뿐 아니라 미학적인 면 때문이기도 하다고 말한 것입니다.[1] 제가 가르친 어떤 학생은 그리스어와 히브리어 모두 모르면서도 당당하게 주장하기를, 그런 판단을 내린 것은 밀턴의 심미안이 떨어진다는 증거라고 했습니다. 그리스어 실력이 아마추어 수준에 불과하고 히브리어는 전혀 모르는 우리 같은 사람들이야 밀턴이 그 문제를 동급의 실력자들과 논의하도록 맡겨야 하겠지요. 하지만 어떤 역본이든 가져다가 핀다로스의 시 한 쪽과 시편의 한 쪽을 한 달 동안 이틀에 한 번씩 아침마다 소리 내어 읽는다고 할 때, 어느 쪽에 먼저 싫증이 날지는 짐작할 수 있을 것 같습니다.

　　밀턴이 서정시 항목에서 말한 내용을 경고로 삼아, 저는 해당 분류 체계에 성경의 모델들이 줄곧 등장한다고 해서 그것이 그의 '청교도주의'가 그의 '고전주의'를 압도한 증거라고 성급하게 결론을 내리지 않을 것입니다. 같은 문제를 정반대로 바라본다 해도 똑같이 그럴듯한 주장이 될 테니까요. 엄격한 고전주의자는 거기에 성경적 모델들이 끼어드는 데 분개하겠지만, 엄격한 '청교도' 역시 하나님의 말씀이 문학적 구조의 선례를 보여 주는 지위로 강등된 것과, 하나님의 영감을 받지 않은 이교도 시인들의 작품과 하나님의 말씀이 같은 수

---

[1] 《복낙원》 4편 347에 나오는 인기 없는 구절("제대로 된 감각을 갖춘 이들은 모두 시온의 노래들에 담긴 탁월함을 알아본다")이 밀턴이 이런저런 형태로 평생 고수했던 문학적 견해를 반영한다는 점을 기억하면 더 잘 이해할 수 있을 것입니다.

준인 것처럼 취급되는 것에 분개할 것입니다. 아마도, 둘은 충돌하지 않기에 어느 쪽의 승리랄 것도 없다는 것이 진실일 것입니다. 둘 사이에는 융합 또는 통합이 있습니다. 기독교적 요소와 고전의 요소가 각기 물샐틈없는 구획을 이루고 있는 것이 아니라 함께 조직을 이루어 통일체를 만들어 내고 있습니다.

이제 밀턴의 서사시(A)를 살펴봅시다. 서사시를 '장황한'과 '간략한' 것으로 나눈 그의 구분은 이미 언급했습니다. 더 어려운 것은 아리스토텔레스를 따르는 것과 자연을 따르는 것의 구분입니다. 서사시를 쓰는 아리스토텔레스의 '규칙' 중에서 지금의 내용과 관련이 있는 것은 단일성unity 수칙입니다. 서사시인은 호메로스처럼 단일 사건을 다루어야 한다(《시학》, 23장)는 것이지요. 여기에 따르면 테세우스가 한 사람이니 그의 모든 모험이 하나의 시에 다 들어갈 거라고 생각한 사람들은 잘못 생각한 것이 됩니다. 밀턴은 아리스토텔레스가 추천했던 서사시와 대비되는 다른 종류의 서사시가 있다고 보았고, 이런 서사시가 묘하게도 '자연'을 따르는 것이라고 여겼습니다. 묘하다고 한 이유는, 후대의 고전주의자들은 자연을 '규칙'과 동일시하는 경향이 있었기 때문입니다. 밀턴이 아는 시 중 서사시라고 불리면서도 호메로스나 베르길리우스의 작품과 달랐던 것은 한 종류였습니다. 보이아르도[1], 아리오스토[2], 스펜서의 로맨스 서사시 또는 기사도 서사시입니다. 이것들은 우선 초자연적인 요소를 많이 쓰고, 사랑에 특별한 지위를 부여하고, 서로 얽힌 이야기 안에 다양한 사건들이 등장한다는 점에서 고대의 작품들과 다릅니다. 마지막 특징이 가장 눈에 띄는데, 저는 밀턴이 주로 이것을 염두에 두었다고 생각합니다. 밀턴이 왜 이것을 두고 자연을 따르는 것이라고 했는지는 언뜻 보기에 분명하지 않습니다. 이 질문에 대한 완전한 답변은 이탈리아 비평가들 사이에서 찾아야 할 것입니다. 그런데 저는 이에 관한 잠정적인 답변 비슷한 것을 타소의 글에서 발견했습니다. 타소는 《영웅시론》에서 서사 구조에서의 다양성과 단일성 문제를 제기하는데, 단일성 주장은 아리스토텔레스와 고대인들과 이성의 지지를 받고 다양성 주장은 관행, 모든 기사와 여성의 실제 취향, 그리고 경험의 지지를 받는다고 말합니다(앞의 책 III). 그가 말한 '경험'은 그의 아버지가 겪었던 불행한 일을 뜻하는 것이 분명합니다. 그의 아버지는 아리스토텔레스의 규칙을 엄격히 따라 아마디스[3] 이야기를 하나 썼는데, 작품을 낭송할 때마다 강당이 텅텅 비는 바람에 "사건의 단일성은 즐거움을 주지 못한다는 결론을 내렸"습니다. 그런데 관행과 경험은 선례나 이성에 비하면 그나마 '자연'에 가까운 개념이라 할 수 있습니다. 그러므로 저는 '아리스토텔레스의 규칙'과 '자연을 따르는 것' 사이에서 밀턴이 주저했던 것을 좀더 단순하게 표현하면 이런 문장이

1) Boiardo. 1434~1494. 이탈리아의 시인, 대표작 《사랑에 빠진 오를란도》.
2) Ariosto. 1474~1533. 이탈리아의 시인, 대표작 《광란의 오를란도》.
3) Amadis. 중세 기사도의 전형을 보여 주는 방랑 기사.

될 것이라고 거의 확신합니다. "열두 편으로 이루어진 단일한 줄거리
의 서사시를 쓸까, 아니면 스탠자와 칸토를 써서 기사와 숙녀와 마법
에 대한 이야기를 할까?" 이 설명이 옳다면 세 가지 점에서 중요성
을 갖습니다.

　　1. 이 설명을 밀턴이 고려했던 가능한 주제('노르만 정복 이전 시대의
어느 왕이나 기사')와 연결시켜 생각해 보면, 그가 스펜서풍이나 이탈
리아풍의 서사시 같은 로맨스 형식을 택하지 않기로 한 결정과 로망
스적 주제를 택하지 않겠다는 결정은 거의 동시에 이루어졌다고 추
측할 수 있습니다. 우리는 밀턴이 《아서 왕 이야기》를 썼다면 《실낙
원》과 같은 부류의 시였을 거라고 생각해 버리는 경향이 있지만, 그
것은 너무 경솔한 판단이 아닐까요? 밀턴은 스펜서풍에 훨씬 가까운
저자, 즉 《쾌활한 사람 L'Allegro》, 《사색하는 사람 Il Penseroso》, 《코머스》의
저자로서의 면모를 부분적으로 억누른 후에야 《실낙원》을 쓸 수 있
었습니다. 암석정원을 선택하면 테니스코트는 포기해야 합니다. 아
서 왕을 테마로 선택했다면 스펜서풍의 밀턴이 성장하여 온전한 모
습을 드러냈을 것이고, 실제 밀턴, '밀턴풍의' 밀턴은 억눌러졌을 가
능성이 높습니다. 아서 왕 이야기에 대한 밀턴의 생각이 대단히 '로
망스적'이었다는 증거가 있습니다. 그는 아서 왕이 "지하에서 전쟁을
일으키는 etiam sub terris bella moventem"(《만수스 Mansus》 81) 것으로 그려 낼
생각이었습니다. "지하에서 펼쳐지는" 아서 왕의 전쟁이라는 것이 거
룻배에 실려 사라진 아서 왕이 예언대로 어려움에 처한 브리튼인들

을 도우러 오기 전까지 다른 세계에서 겪는 낯선 모험을 뜻하는지, 아니면 그가 왕이 되기 전에 요정나라에서 겪었던 모험을 말하는지, 아니면 하데스의 가마솥에 대한 황당한 웨일스의 설화를 말하는지는 모르겠습니다. 그러나 이것이 밀턴의 아서 왕 이야기라고 하면 우리가 쉽사리 떠올리는 순전히 영웅적이고 군사적 서사시가 아니라는 것만은 분명합니다.

2. 고전적 유형의 서사시와 로망스 유형의 서사시 사이에서 주저하는 밀턴의 모습은 그의 모든 작품에서 한결같이 볼 수 있는 특성의 또 다른 사례입니다. 생생하고 민감한 긴장 가운데 나타나는, 상반된 것으로 보이는 요소들의 공존 말입니다. 밀턴의 시 분류에서 이교도적 관심과 성경적 관심이 융합되는 것은 이미 살펴보았습니다. 이 책의 뒷부분에서는 그의 반항심과 개인주의, 자유에 대한 사랑과 그에 못지않았던 규율과 위계질서와 (셰익스피어가 말한) "등급"에 대한 사랑을 살펴보게 될 것입니다. 세 번째 긴장은 그가 《스멕팀누스 변호_Apology for Smectymnuus_》[4]에 나와 있는 그의 초기 독서에 대한 기록에서 찾아볼 수 있습니다. 그가 최초로 사랑하게 된 문학은 로마의

---

4) 1641년, 청교도들이 장악한 영국의회에서 주교제 폐지를 결정하자 노리치의 주교 조셉 홀이 그것을 비판하며 《신권에 의한 주교제》, 《보잘것없는 합의》를 출간했다. 밀턴의 가정교사였던 토머스 영을 비롯한 5명의 청교도가 그에 반박하는 글을 쓰고 공개 논쟁을 벌였다. 이 글을 쓴 사람들은 그들의 머리글자를 따서 '스멕팀누스'라고 불렸다. 밀턴은 《스멕팀누스 변호》를 써서 이 논쟁에 참여했다.

관능적인(사실은 포르노에 가까운) 애가哀歌시였는데, 그 문체와 내용에 매료되었습니다. 그 시들의 영향에서 벗어난 후 그의 관심은 단테와 페트라르카5)의 이상화된 사랑의 시와 "엄숙한 칸토로 기사도를 이 야기하는 고결한 우화들"이 담긴 이상화된 연애시로 넘어갔습니다. 이 시들의 영향에서 벗어난 후에는 "플라톤과 그와 동등한(즉, 동시대 인물인) 크세노폰"이 표현한 성욕의 철학적 승화에 관심을 보였습니다. 이 과정을 통해 어떤 영국 시인보다 컸던 그의 관능성이 점진적 인 정화에 의해 다듬어지고 형성되고 조직화되고 인간다운 것이 되 어 갔는데, 이것은 순결을 향한 똑같이 강렬한 갈망—똑같이 상상력과 정서를 사로잡는 갈망—에 대한 반응이기도 했습니다. 현대적 개념의 위 인은 단일한 발달의 스펙트럼의 한 극단에 서 있는 사람입니다. 톨스 토이 같은 평화주의자나 나폴레옹 같은 군인이거나, 바그너처럼 완 고하거나 모차르트처럼 천사 같은 사람입니다. 밀턴은 분명 그런 부 류의 위인은 아닙니다. 그는 위대한 사람입니다. 파스칼은 이렇게 말 했지요. "위대한 사람이 되려면 한 가지 극단에 이른 것만으로는 부 족하다. 양극단의 미덕을 모두 갖추고 그 사이에 존재하는 모든 상태 를 아울러야 한다."*2)

---

5) Petrarch. 1304~1374. 이탈리아의 시인.
*2) "On ne montre pas sa grandeur pour être à une extrémité, mais bien en touchant les deux à la fois, et remplissant tout l'entre-deux."

3. 밀턴이 서사시를 몇 가지 아종으로 나눈 것을 보며 우리는 다시 한 번 형식 문제를 생각하게 됩니다. 말하자면, 시인의 내면에 있는 처녀(재료)가 여러 구혼자들 사이에서 주저하는 형국입니다. 밀턴이 《교회 치리론》을 쓸 때, 그의 머릿속에는 각기 다르고 나름의 매력을 가진 다양한 시 유형들이 각축을 벌였습니다. 각기 특별한 장점이 있었고 그렇기에 각기 특별한 희생을 요구했지요. 서사시에 대한 그의 문장은 서사시의 간략한 역사라고 할 수 있습니다. 그가 말한 내용이 무엇인지 알고, 그가 느낀 것을 느끼고, 그가 마침내 선택한 것이 실제로 무엇인지 이해하고, 그 최종 선택에 의거한 행동의 실체가 무엇인지 깨달으려면, 우리도 서사시에 주목해야 합니다. 서사시라는 문학의 역사는 우리가 《실낙원》을 읽는 데 있어 적어도 시인 밀턴의 전기만큼은 도움이 될 것입니다.

II

비평은 가능한가?

Amicus Plato. 아버지는 토비 삼촌에게 그 말을 설명해 주면서 말을 잇는다.
플라톤은 친구지*Amicus Plato.* 무슨 말인고 하니. 다이나 고모, 그래 고모도 중요하지.
sed magis amica veritas.—하지만 진리는 나의 누이쯤 된다고.
——《신사 트리스트럼 섄디의 인생과 생각 이야기》, 제1권, 21장[1]

그런데 지금은 꼭 필요한 딴 얘기부터 먼저 해야겠습니다. 최근 엘리엇 씨는, (비평가에 지나지 않는) 우리가 밀턴에 대해 말할 권리가 있는가, 하는 근본적인 질문을 제기했습니다. 엘리엇 씨는 당대에 활동하는 최고의 시인들만이 "시를 판단할 배심원"[*1] 자격이 있고, 《실낙원》에 대한 자신의 견해에 대해서도 그들의 평결만을 받아들이겠노라고 직설적이고 솔직하게 말했습니다. 그러나 엘리엇 씨는 거의 100년에 걸쳐 점차 일반적인 견해가 되어 버린 생각을 노골적으로 드러냈을 뿐입니다. 시인들만이 시를 판단할 수 있다는 생각이지요. 그러니 제가 엘리엇 씨의 말을 출발점으로 삼아 생각을 논해 보

---

1) 고모도 중요하지만 진실은 더 가까운 누이쯤 된다. 즉 다이나 고모에게 망신스러운 이야기지만 할 말은 해야겠다는 뜻. 원래 라틴어 구문(*Amicus Plato, sed magis amica veritas.*)의 의미는 이렇다. "플라톤은 (내) 친구지만 진리는 더 위대한 나의 친구이다."

*1) *A Note on the Verse of John Milton. Essays ad Studies*, Vol. xxi, 1936.

려는 지금, 그 이상의 의미가 있다거나 엘리엇 씨를 개인적으로 공격
하려는 의도가 있다는 식으로 오해하지 말기를 바랍니다. 제가 왜 그
러겠습니까? 저는 아주 중요한 문제들에 대해 엘리엇 씨와 견해를 같
이하며, 그에 비하면 온갖 문학적 문제들은 사소한 것에 불과합니다.

그럼, 우리가 엘리엇 씨의 견해를 진지하게 받아들일 경우 어떤
결론이 따라오는지 따져 봅시다. 첫 번째 결론은, 저는 당대 최고의
시인 중 하나가 아니므로 엘리엇 씨의 비평을 판단할 수 없다는 것
입니다. 그러면 저는 어떻게 해야 할까요? 그런 판단을 내릴 수 있는
당대 최고의 시인들에게 가서 엘리엇 씨의 말이 옳은지 물어야 할까
요? 그들에게 가려면 당대 최고의 시인들이 누구인지 먼저 알아야
합니다. 하지만 우리의 가설에 따르면 그것은 우리가 알아낼 수 없습
니다. 저에게 시인의 자질이 부족하여 밀턴에 대한 저의 비평적 견해
가 쓸모없는 것이 된다면 파운드 씨나 오든 씨에 대한 저의 견해도
똑같이 쓸모없어집니다. 그러면 엘리엇 씨를 찾아가 당대 최고의 시
인들을 알려 달라고 해야 할까요? 하지만 이것 또한 부질없는 일일
것입니다. 제 개인적으로는 엘리엇 씨를 시인으로 인정한다 해도—실
제로 그렇게 생각합니다만—, 엘리엇 씨가 말씀하신 대로, 그 점에 대한
저의 생각은 무가치합니다. 엘리엇 씨가 시인인지 아닌지 저는 알아
낼 수 없습니다. 그리고 그것을 알아내기 전에는 파운드 씨와 오든
씨의 시인 자격에 대한 그의 증언이 타당한지 알 수 없습니다. 이렇게
되면 시인들은 알아볼 수 없는 집단('비非가시적 교회'[2]처럼)이 되고, 그

들의 상호 비평은 외부인이 결코 뚫고 들어갈 수 없는 폐쇄 사회 안
에서 이루어지게 됩니다.

그러나 폐쇄 사회 안에서도 상황은 나아지지 않습니다. 엘리엇
씨는 자신의 비평에 대한 당대 최고 시인들의 평결을 받아들일 용의
가 있습니다. 하지만 그들이 시인이라는 사실을 그가 어떻게 알아볼
까요? 물론 엘리엇 자신이 시인이기 때문입니다. 그가 시인이 아니라
면 그의 견해는 무가치하겠지요. 그렇다면 그의 비평적 구조물 전체
의 토대에 '나는 시인이다'라는 판단이 놓여 있다고 볼 수 있습니다.
그리고 이런 결론이 따라옵니다. 엘리엇 씨가 "내가 시인인가?"라고
자문할 때, "그렇다"는 대답을 먼저 가정해야만 "그렇다"는 대답을
얻을 수 있다는 것입니다. 왜냐하면 그 대답은 하나의 비평에 해당하
며 그가 시인일 경우에만 가치가 있기 때문입니다. 따라서 그는 입증
해야 할 사항을 사실로 가정하고서야 논의를 시작할 수 있습니다. 오
든 씨와 파운드 씨의 경우도 사정은 동일합니다. 그러나 지적 명예를
중요하게 생각하는 사람이라면 누구도 '선결문제 요구의 오류'[3]로 밝
혀진 입장을 생각의 근거로 삼을 수 없기에, 결과적으로 그는 자신
의 시가 되었건 이웃의 시가 되었건 일체의 시를 비평할 수 없게 됩

---

2) 교회론의 용어로, 눈에 보이는 제도로서의 '가시可視적 교회'와 구별되는, 진정한 성도들로 이
 루어진 교회.
3) *petiti principii*. 증명을 요하는 사항을 전제 속에 채용하는 오류.

니다. 문학계는 해체되어 서로 소통하지 않는 창문 없는 모나드의 집합으로 변합니다. 각 모나드는 저도 모르는 사이에 좁쌀만 한 자기만의 영토의 교황이자 왕으로 등극했습니다.

이런 반론에 대해 엘리엇 씨는 동일한 악순환을 보이는 경우들이 많다는 사실에 적절히 호소할 수도 있겠습니다. 부정하기가 좀더 어려운, 동일한 악순환을 살펴봅시다. '선한 사람만 선을 판단할 수 있다, 이성적인 사람만 추론에 대한 판단을 내릴 수 있다, 의사만 의료 기술을 판단할 수 있다.' 그러나 유사하지 않은 부분이 있습니다. (1) 도덕 영역에서의 깨달음과 실행은 엄격히 말해 동일하지 않지만 (둘이 동일하다면 죄책도 열망도 있을 수 없을 것입니다), 양심에 계속 불순종하면 결국 양심이 눈이 멀어 버린다는 것은 사실입니다. 그러나 양심에 따르지 않는 것은 자발적인 행위인 반면, 시인이 일부러 나쁜 시를 짓지는 않습니다. 나쁜 시를 쓴 사람도 좋은 시를 지으려고 노력했습니다. 자신에게 주어진 빛을 따라가려고 애를 쓴 것입니다. 하지만 도덕 영역에서는 이런 과정이 진보의 증표가 되어도 시에서는 그렇지 않습니다. 나쁜 시인이 되지 않더라도 시를 아예 쓰지 않는 것만으로도 '좋은 시인'의 집단에 들지 못합니다. 반면, 사람은 깨어 있는 모든 순간에 도덕법칙을 따르거나 어깁니다. 그러므로 나쁜 사람이 도덕에 눈먼 상태라면 선하지 않은 사람은 다 도덕에 눈먼 사람이 되지만, 나쁜 시인이 비평적으로 눈먼 상태(그런 것이 있다손 쳐도)라 해서 좋은 시인이 아닌 사람이 다 비평적으로 눈먼 상태는 아닌 것이지요. (2) 추론에 대한 판단은 시의 경우처럼 외부에서 이루어지지 않습니다. 한 추론에 대한 비판은 그 자체가 일련의 추론입니다. 반면, 비극에 대한 비판 자체가 비극은 아닙니다. 그러므로 이성적인 사람만 추론을 판단할 수 있다는 말은 '이성을 갖춘 사람만 이성적 사고를 할 수 있다'는 분석 명제일 뿐입니다. '시인만이 시를 지을 수 있다'거나 '비평가만이 비평할 수 있다'와 비슷한 것입니다. '시인만이 비평할 수 있다'는 종합 명제와는 전혀 다르지요. (3) 의술이나 공학 같은 하나의 기술에 대해서는 구분이 필요합니다. 어떤 기술의 능숙함을 판단하는 일은 기술자만 할 수 있지만, 그 기술이 내놓은 결과의 가치를 판단하는 일은 다른 문제입니다. 어떤 음식이 요리사의 요리 기술을 증명하는지 아닌지는 요리사가 판단할 몫이지만, 그 기술이 발휘된 결과물이 먹을 만한지의 여부는 요리사의 견해가 딱히 필요 없는 문제입니다. 밀턴처럼 쓰는 일이 쉬운지 어려운지는 시인에게 판단을 맡길 수 있겠지만(적어도 그들이 같은 종류의 시를 써본 경험이 있을 경우), 밀턴을 읽는 일이 값진 경험인지를 판단하는 일은 굳이 그럴 필요가 없습니다. 우리의 이가 아픈지 아닌지 말할 권리를 치과의사에게만 허용하고, 신발이 우리 발에 맞는지 아닌지, 그래서 불편한지 아닌지를 말할 권리를 구두 수선공에게만 허용하며, 우리가 통치를 잘 받고 있는지 아닌지 말할 권리를 정부에게만 허용한다면, 그런 원칙을 누가 참을 수 있겠습니까?

　우리가 엘리엇 씨의 입장을 철저하게 받아들이면 이런 결과가 따라옵니다. 그러나 물론 그 말의 뜻이 그저, 다른 조건이 동일하고(그렇지 않은 경우가 더 많지만) 본인이 많이 써보았고 즐겁게 읽는 종류의 시에 대해 언급하는 경우, 좋은 시인의 말이 다른 사람의 말보다 더 경청할 만한 것일 가능성이 높다는 견해가 합리적이라는 뜻이라면, 그 말을 부정할 필요는 없을 것입니다.

III

일차적 서사시

휘황찬란한 기를 여럿 드리운
나팔의 우렁찬 소리가 울리면서 첫 번째 코스의 음식이 들어왔다.
북과 멋진 파이프 악기에서
요란하고 날카로운 음악 소리가 울려 퍼지니
많은 이들의 가슴이 한껏 부풀어 올랐다.

—《가윈 경과 녹색 기사》, 116

이전의 비평가들은 서사시를 원시적 서사시와 인위적 서사시로 구분했는데, 만족스럽지 못한 구분입니다. 현존하는 어떤 고대시도 원시적이지 않고, 어떤 의미에서 시는 모두 인위적이기 때문입니다. 저는 일차적 서사시와 이차적 서사시로 나누고 싶습니다. 여기서 일차, 이차는 연대순을 의미하는 것일 뿐, 가치 판단이 들어 있지는 않습니다. 그리고 이차적이라는 말은 '이류'라는 뜻이 아니라 일차적인 것에서 갈라져 나와 자랐다는 뜻입니다.

일차적 서사시의 실례는 호메로스의 시와 영국의 《베오울프》에서 찾아볼 것이고, 이번 장 전체를 통해 일차적 서사시가 어떤 종류의 시였는지, 어떤 용도로 지은 것인지, 어떤 기대에 부응하려 했는지 알아보는 데 힘을 쏟을 것입니다. 이 작업을 위해서는 한 가지 구분이 필요합니다. 《베오울프》와 호메로스의 시들은 그 자체로 시이면서도 향연장 등에서 시 낭송이 펼쳐지는 현장을 묘사하고 있습니다. 이런 묘사들을 토대로 영웅시대의 서사시가 어떤 것이었는지 추측할 수 있습니다만, 그렇다고 해서 《베오울프》와 호메로스의 시들이 바로 그런 종류의 서사시라는 결론이 따르는 것은 아닙니다. 그럴 수도 있고 아닐 수도 있습니다. 그러므로 남아 있는 시들이 묘사하고 있는 (그래서 연구가 가능한) 영웅시대의 문학적 상황과, 남아 있는 그 시들이 만들어진 (어떤 상황이었는지 추측해 볼 따름인) 문학적 상황을 구분해야 합니다. 그럼 이제 호메로스가 묘사하는 문학적 상황들에 대한 몇 가지 기록으로 들어가 봅시다.

모든 시는 구전, 즉 음성으로 전달되는 것이지 글로 기록된 것이 아니며, 기록된 것을 읽는 것도 아닙니다. 그리고 모든 시는 음악적입니다. 시인은 악기의 반주에 맞추어 시를 읊습니다(이런 현악기를 '포르밍스'와 '키타라'라고 불렀습니다). 그런데 이런 구전시 안에도 두 종류의 시가 등장합니다. 대중시와 궁정시입니다. 호메로스의 시 중 한 구절을 볼까요? "처녀총각들은 신이 나서 (포도 수확기에) 바구니에 달콤한 과일을 담아 날랐고, 그중 한 젊은이가 마음을 움직이는 현악기를 연주하며 감미로운 리노스의 노래[1]를 불렀다"(《일리아스》, 18권, 569). 무도회장에 대한 대목도 나옵니다. "처녀총각들이 손을 잡고

---

[1] 리노스Linos의 노래는 원래 봄이 지나감을 슬퍼하는 만가輓歌였으나 나중에는 축제 때도 부르는 민요가 되었다.

춤을 추었고 그 사이에서 민스트럴(가인歌人)이 노래를 부르고 한가운데서는 두 명의 곡예사가 재주를 넘었다"(《일리아스》 18권, 593 이하 참조). 이 두 구절에는 궁정에 대한 언급이 없습니다. 그럼 이제 궁정 장면이 등장하는 시를 봅시다. 이 시 안에서 두 종류의 시 낭송이 이루어지는데, 그중 첫 번째는 대중시와 같을 수도 있고 다를 수도 있습니다. 하지만 궁정에서 낭송되는 두 시가 상당히 다른 것만은 분명합니다. 첫째 시에서는 궁정시인이 일어나서 전문 춤꾼의 무리 한복판으로 들어가 자리를 잡고 짧은 시를 노래합니다. 이 시는 인간이 아니라 신들을 다루고, 희극이고, 외설적이라는 세 가지 특징이 있습니다. 가벼운 궁정시입니다.(《오디세이아》, 8권, 256-265.) 진지한 궁정시는 이와 전혀 다릅니다. 시인은 손에 악기를 들고 그를 위해 마련된 의자에 앉습니다. 옆에 놓인 탁자에는 포도주가 놓여 있어서 "언제든 마음이 동하면" 마실 수 있습니다. 그는 왕의 명령 없이 뮤즈가 보내는 신호를 받고 시를 노래하기 시작합니다. 그 시는 인간을 다루고 역사적 사건을 다루며 비극이라는 세 가지 특징을 갖고 있습니다. (《오디세이아》, 8권, 62-75.)

　위에서 언급한 세 종류의 낭송 중에서 세 번째 것만 서사시라는 사실이 중요합니다. 일차적 서사시를 '영웅시대의 구전시'나 '구전 궁정시'와 같은 부류로 보아서는 안 됩니다. 일차적 서사시는 영웅의 궁정heroic court에서 낭송되던 여러 종류의 시 중 하나입니다. 그것이 가벼운 궁정시들과 선명하게 구분된다는 사실이 우리에게 잘 다가오

지 않는 이유는 그것을 읽기만 했기 때문입니다. 명령에 따라 일어
서서 익살맞고 외설적인 춤꾼들 사이에 자리를 잡은 시인과, 의자에
앉아서 포도주 대접을 받아가며 여신이 마음에 일으켜 주는 충동을
신호로 삼아 비극적인 노래를 부르는 시인을 우리가 직접 본다면, 둘
이 다르다는 사실을 절대 잊지 못할 것입니다.

《베오울프》로 넘어가 보면, 상황이 조금 달라집니다. 이 시에서는
궁정 바깥의 시 이야기가 전혀 나오지 않습니다. 그러나 다른 자료
로《베오울프》를 보완할 수 있습니다. 캐드먼[2]에 대한 비드[3]의 기록
(*Ecclesiastical History of the English People*, IV, 24)입니다. 이 기록을 통
해 농민 계급으로 보이는 사람들의 잔치를 엿볼 수 있습니다. 그 자
리에서는 하프를 돌려서 그것을 받은 사람이 노래를 불렀습니다. 다
들 아주 짧은 영웅 노래를 불렀을 거라고 짐작되지만 확실하진 않
습니다. 하지만 그들, 앵글로색슨인들의 노래가 아주 독특했다는 것
만은 분명합니다.《베오울프》를 다룰 때는 797년 앨퀸[4]이 히그볼드
Hygebald 주교에게 보낸 편지가 늘 인용되는데, 수도원에서 이교도의

---

2) Caedmon. ? ~ 680. 영국 최초의 기독교 시인.
3) Bede. 672/73~735. 앵글로색슨 시대의 위대한 신학자, 역사가. 앵글로색슨족의 그리스도교 개
   종사를 라틴어로 쓴 중요한 사료인《잉글랜드인의 교회사*Ecclesiastical History of the English
   People*》를 썼다. 영국 사학의 시조라고 부른다.
4) Alcuin. 732~804. 영국의 신학자. 카를 대제의 초청으로 궁정 학교의 지도를 맡아 프랑크 왕
   국의 문예 부흥에 공헌했다.

시를 사용하는 것을 한탄하면서 흐로드가르[5]의 사위 잉겔드로 추정되는 히니엘두스를 언급하기 때문입니다. 그러나 이 편지에서 앨퀸이 "거리의 폭도들의 웃음 대신 책 읽는 목소리*voces legentium in domibus tuis non ridentium turvam in plateis*"를 청했다는 사실도 기억해야 합니다. 이 '웃음'은 영웅시와는 관련이 없을 것입니다. 물론, 앨퀸이 말한 것이 시가 아니라 그저 상스러운 대화일 수도 있습니다만, 저는 그가 희극시를 말하고 있다고 봅니다. 그리고 그런 희극시, 적어도 가벼운 시들이 캐드먼이 참석한 향연에서 불렸을 가능성이 커 보입니다. 이것은 물론 추측입니다만, 초서, 셰익스피어, 디킨스, 제이콥스의 선조들이 웃기는 이야기를 하나도 지어 내지 못했다면 아주 이상할 것입니다.

《베오울프》의 궁정 풍경으로 넘어가면 내용이 좀더 분명해집니다. 2105행 이후부터 흐로드가르가 노래를 부르는데, 때로는*hwilum* 참되고*sob* 비극적인*sarlic* 노래*gidd*를 부르고, 때로는 불가사의한 이야기를 들려주고, 때로는 노령의 족쇄를 호소하며 자신의 젊음과 한때 전투에서 휘두르던 힘을 회고합니다. 지난 겨울철을 돌이켜보는 동안 그의 심장이 부풀어 오릅니다. 톨킨 교수가 제게 귀띔하기를, 그의 노래 안에 전 범위의 궁정시가 모두 들어 있답니다. 그 시들은 세 종류로 구분할 수 있습니다. 〈방랑자The Wanderer〉와 〈바다 나그네The

---

5) 《베오울프》에 등장하는 덴마크 왕.

Seafarer〉로 대표되는 '무상無常에 대한 애가*hu seo prag gewat*', 이상한 모험 이야기들*sellic spell*, 그리고 〈핀스버그*Finnsburg*〉 시 같은 '참되고 비극적 인' 노래입니다. 이중 세 번째 것만 참된 서사시입니다.《베오울프》자 체는 이상한 모험 이야기의 요소들이 있지만, 분명히 비극적*sarlic* 요 소도 있고 그중 상당 부분은 참된*sop* 것으로 받아들여졌습니다. 이 런 구분을 애써 강조하지 않더라도, 우리는 이 대목을 근거로《베오 울프》의 저자가 여러 종류의 궁정시를 인식하고 있었다는 결론을 내릴 수 있습니다. 호메로스의 경우처럼《베오울프》에서도 서사시 는 향연장에서 낭송되는 모든 시를 지칭하는 말이 아닙니다. 서사시 는 오락거리 중 하나로, 호메로스의 경우에는 시를 낭송하는 시인의 자발성과 신탁 비슷한 특성으로 다른 시와 구분됩니다. 호메로스와 《베오울프》를 통틀어 생각하면 비극적 특성, 역사적 사실을 내세움, '참된 비극'에 따르는 엄숙함이 서사시의 요소라고 할 수 있습니다.

서사시에 대한 최초의 기록으로 확인할 수 있는 내용은 그 정도 입니다. 서사시는 구전 시기에 등장한 여러 종류의 궁정시 중에서 가 장 고상하고 엄숙한 시로, 귀족들을 다루고 귀족들을 위해 만들어졌 으며, 가끔은 귀족들이 직접 낭송했습니다(《일리아스》ix, 189). 뮤즈의 영감을 받은 덕망 있는 인물, 왕, 위대한 용사, 또는 시인이 궁정의 귀 족들 앞에 앉아 고귀한 문제들을 다루는 시를 하프 소리에 맞춰 읊 조리는 장면을 처음부터 머릿속에 잘 넣어 두지 않으면 끝없이 길을 잃게 될 것입니다. 그 시절, 궁정은 이후 제각각으로 나누어진 많은 흥미로운 활동들이 모두 이루어지던 중심지였습니다. 그곳은 한 부족의 윈저궁이자 서머셋하우스였고, 호스가즈이자 코벤트가든이었으며[6], 어떤 면에서는 웨스트민스터대성당이기도 했을 것입니다. 그러나 동시에 그곳은 향연장이었고, 난롯불이 가장 환하고 술이 가장 독한 곳, 예절과 즐거움, 소식과 우정이 있는 곳이었습니다. 이 모두는 17세기 런던에서 판매를 위해 책을 쓰는 존 밀턴의 상황과는 거리가 멀지만, 그래도 여전히 적절합니다. 이전에 영웅의 궁정과 연결되어 있었기에 서사시에 여전히 남아 있는 한 가지 특성이 있는데, 이 특성은 여러 가지 변화를 겪으며 풍성해지면서 밀턴의 시대까지 이어졌지만, 현대인들로서는 이해하기가 쉽지 않습니다. 이 특성은 최근 여러 변화를 겪으며 쪼개지고 나누어졌기 때문에 지금 그 본래 모습을 보려면 우리가 보기엔 서로 별 관계가 없는 개념들이지만 실은 옛 모습의 일부분이었던 것들을 하나로 꿰어 내야 합니다.

　이 특성은 중세 영어 단어 solempne의 의미를 제대로 아는 사람이라면 누구나 이해할 수 있습니다. solempne의 의미는 현대 영어 단어 solemn과 다르지만 완전히 다르지는 않습니다. 이것은 solemn과 마찬가지로 '친숙하고 자유롭고 편하거나 평범한 것

---

6) 서머셋하우스Somerset House는 문화 공간, 호스가즈Horseguards는 친위대 사령부, 코벤트가든Covent Garden은 상가를 의미함.

과 반대되는 상황'을 뜻하지만, solemn과 달리 우울함, 억압, 금욕의 느낌은 없습니다. 《로미오와 줄리엣》의 1막에 나오는 무도회는 'solemnity(장엄한 의식)'이었습니다. 《가윈 경과 녹색 기사》의 초반에 등장하는 잔치도 solemnity의 요소가 많습니다. 모차르트나 베토벤의 위대한 미사곡은 거기 실린 가슴 아픈 "십자가에 달리시고*crucifixus est*"나 경쾌한 글로리아*gloria*나 똑같이 solemnity입니다. 이런 의미에서 보면 잔치가 금식보다 더 장엄*solemn*합니다. 부활절은 solempne이지만, 수난주간 금요일은 그렇지 않습니다. solempne는 의식을 갖춘 위엄 있는 잔치요, 화려한 행렬*pomp*을 열기에 적합합니다. 현대 영어에서는 pompous가 나쁜 의미[7]로만 쓰인다는 사실을 생각해 보면 'solemnity'의 옛 개념이 얼마나 많이 사라졌는지 잘 알 수 있습니다. 그 원래 의미를 이해하려면 궁정무도회나 대관식, 혹은 개선 행진을 즐긴 사람들의 눈에 그 의식들이 어떻게 보였을지 생각해 보아야 합니다. 행복한 날 가장 칙칙한 옷을 입는 우리 현대인들은 기쁠 때 금색과 진홍색 옷을 입던 시절의 소박한 마음을 다시 일깨워야 합니다. 무엇보다, 적절한 경우에 나타나는 pomp마저도 허영심이나 자만심과 관련지어 생각하는 버릇을 걷어 내야 합니다. 이 섬

---

7) '젠체하는', '건방진'의 의미.

뜩한 생각은 널리 퍼진 열등콤플렉스의 산물입니다. 제단으로 나아
가는 사제, 왕의 손에 이끌려 미뉴에트를 추러 가는 공주, 승전 행진
에 참여한 장교, 성탄 축제에 돼지머리를 받쳐 들고 등장하는 집사
장, 이들 모두가 유별난 의상을 입고 일부러 품위 있게 움직였습니다.
그들이 보여 준 것은 허영이 아니라 순종이었습니다. 그들은 주어진
solemnity(장엄한 의식)를 관장하는 각각의 규칙에 따른 것입니다. 의
식을 갖춰서 해야 할 일들을 의식 없이 진행하는 현대인들의 습관은
겸손의 증거가 아닙니다. 오히려 자신을 잊어버린 채 의식에 몰입할
줄 모르는 것이며, 다른 사람들도 의식이 주는 합당한 즐거움을 누
리지 못하도록 판을 깨는 태도를 드러낼 따름입니다.

　　바로 이것이 우리가 넘어서야 할 첫 번째 장애물입니다. 서사시는
처음부터 solempne이었습니다. 우리는 그 안에서 pomp를 기대해
야 합니다. 프랑스 사람들이 하는 말대로, 큰 축제가 벌어질 때 우리
는 "도움이 되어야" 합니다. 앞부분에서 이 점을 이렇듯 강조하는 이
유는 처음부터 오해를 근절해야 하기 때문입니다. 우리는 서사시의
역사를 더듬며 이제 겨우 서사적 장엄함solemnity의 기원에 이르렀
습니다. 서사시는 영웅의 궁정에서 부르던 노래에서 밀턴의 시에 이
르러 수준이 떨어진 것이 아니라 오히려 올라갑니다. 수세기가 지나
는 동안 서사시 안의 장엄함solemnity은 축적되어 더 풍요로워집니다.

　　호메로스와 《베오울프》에 언급된 시들에 대해서는 여기까지 이
야기하기로 합시다. 그러면 호메로스와 《베오울프》의 경우는 어떨까

요? 이 시들도 지금껏 다룬 것과 같은 부류의 구전 궁정시일까요?

호메로스의 서사시들이 구전시인지 아닌지는 상당히 개연성 있게 답할 수 있습니다. 물론 '구전'시 또는 암송된 시를 작자 불명의 시, 더 나아가 민속시와 혼동해서는 안 될 것입니다. 닐슨 씨에 따르면 수마트라의 한 현대 시인은 읽을 줄도 쓸 줄도 모르지만 5년에 걸쳐 한 편의 시를 지었다고 합니다(*Homer and Mycenae*, cap. v).《일리아스》가 구전시인가 하는 질문은 저자가 누구인가를 묻는 것과 구별됩니다. 저자가 읽고 쓸 줄 아는지 여부와도 구별됩니다. 제가 말하는 구전시는 낭송을 매개로 청중에게 다가가는 시입니다. 배경에 시의 사본을 띄운다 해도, 그것이 낭송자가 보고 읽기 위한 용도일 뿐 대중에게 판매하거나 후원자에게 증정하지 않는 거라면, 그 구전적 특성은 달라지지 않을 것입니다. 진짜 문제는 호메로스의 시들이 낭송을 위해 지어진 것이냐 하는 것입니다.《일리아스》와《오디세이아》둘 다 전체를 다 낭송하기에는 지나치게 길고, 그 점은 누구나 인정하는 바입니다. 그러나《오디세이아》를 보면 이 문제를 극복할 방법이 나와 있습니다. 한 시인은 트로이아의 목마 이야기를 들려 달라는 청을 받고 "그리스인들이 떠나간 시점에서"(VIII, 500) 이야기를 시작합니다. 다시 말해, 그는 너무 길어서 한 번에 다 낭송할 수 없는 한 편의 시(또는 시의 묶음)를 시리즈로 낭송하거나 특정 부분만 선별하여 낭송하는 데 익숙해 보입니다. 역사적으로 파나테나이아 축제[8) 때는 이렇게 음유시인들이 릴레이로 호메로스의 시를 낭송했습니다. 그러므로 호메로스의 서사시가 구전이 아니라는 증거는 아직까지 없고, 구전이라는 개연성은 상당히 높다고 할 수 있습니다. 《베오울프》의 경우에는 구전인지 아닌지 말해 주는 외적 증거가 전혀 없습니다. 이 시는 세 시간 정도면 쉽게 낭송할 수 있을 분량입니다. 그러나 《베오울프》와 호메로스의 시 모두, 내적 증거는 있습니다. 둘 다 구전 기법, 반복, 구전시의 양식화된 용어가 등장합니다. 설령 둘 다 구전시가 아니라 해도, 구전시였던 다른 작품을 본으로 삼아 만들기는 한 것 같습니다. 그리고 그 정도면 우리가 알고자 하는 것은 채워 줍니다.

이제 그 작품들이 궁정서사시인지 묻는 일이 남았습니다. 《베오울프》는 궁정서사시가 분명합니다. 명예에 대한 몰두, 궁정생활에 집중된 관심, 에티켓dugupe þeaw과 족보에 대한 흥미를 보면 의심의 여지가 없습니다. 호메로스의 경우는 좀 다릅니다. 우리는 그의 서사시들이 궁정이 아니라 국가적인 대축제 때 낭송되었음을 보았는데, 처음부터 바로 그런 용도로 작시되었을 가능성이 있습니다. 다시 말해, 궁정시 아니면 축제시인 셈이지요. 만약 축제시라면, 서사시는 최초의 노래가 불린 시대 이래로 지위가 격상된 것입니다. 홀에서의 장엄 의

---

8) festival of Panathenaea, 고대 아테네에서 4년에 한 번 열렸던 국가적 제의.

식solemnity이 신전이나 광장의 더 큰 장엄 의식으로 대체되었으니까요. 서사시인에 대한 우리의 첫 번째 그림은 향, 희생제사, 시민의 긍지, 공적公的 축일과 연계시켜 조정해야 합니다. 이 변화가 조만간 나타나기 때문에, 우리로서는 지금 적응하는 편이 낫습니다. 우리는 현대인이 '시詩'라는 단어를 듣고 떠올리는 생각, 안락의자에 혼자 앉아서 하는 사적인 활동과는 거리가 먼 이야기를 하고 있습니다.

그렇다면 호메로스와《베오울프》는 언제 어떤 방식으로 만들어졌든 일차적 서사시의 전통에 속하고, 일차적 서사시의 구전 기법과 그 축제적이고 귀족적이며 공적이고 의식儀式적인 어조를 물려받았다고 볼 수 있습니다. 자, 이제는 이것의 미학적 결과들에 주목해야 할 때입니다.

IV

일차적 서사시의 기법

> 그의 입에서 나오는 말은 노예들이 정령들의 이름이 수놓인 멋들어진 카펫을
> 펼쳐 보이는 것과 같았다. 참으로 기적과 같은 짜임새였다.
> 그러나 냉철하고 맑은 그 눈을 보니 그의 말을 믿지 않을 도리가 없었다.
>
> —키플링

구전 기법의 가장 두드러진 특징은 상투적인 단어나 어구, 혹은 몇 행 전체를 반복하여 쓰는 것입니다. 이것은 영감이 주어지지 않을 때 시인들이 선택하는 차선책이 아닙니다. 이 점을 분명히 해둡시다. 그저 그런 대목과 뛰어난 대목 모두에서 이런 표현들이 자주 등장하거든요. 헥토르와 안드로마케의 이별 장면을 다룬 103행(유럽 시의 정점 중 하나로 손꼽히는 대목)에는 호메로스의 시에서 거듭 등장하는 어구나 그대로 반복되는 시구가 스물여덟 가지나 나옵니다(《일리아스》, 6권, 390-493). 이 대목 전체에서 대략 4분의 1가량이 '상투적'인 문구라는 말입니다. 베오울프가 위글라프에게 남긴 마지막 말(《베오울프》, 2794-2820)에서도 '상투적인' 표현이 28행 전체에서 여섯 번 등장하니, 약 4분의 1에 해당합니다.

이런 현상을 시인의 측면에서 설명한 경우가 많습니다. 닐슨 씨는 이렇게 말합니다. "시구의 반복은 가수가 기계적으로 그 내용을 읊으면서 무의식적으로 다음 구절을 떠올리는 데 큰 도움이 된다(*Homer and Mycenae*, p. 203). 그러나 모든 예술 작품은 청중이나 관중을 상대하기 위해 만들어집니다. 공연자에게 아무리 유용한 장치라 해도 청중이 좋아하거나 적어도 참아 줄 만한 정도가 아니라면 살아남을 수 없습니다. 무대 세트는 정면에서 어떻게 보이는지를 기준으로 판단해야 합니다. 시인의 편의가 유일한 고려 사항이라면, 굳이 낭송을 하는 이유가 무엇일까요? 포도주가 옆에 놓여 있고 제몫의 구운 고기까지 받은 시인이 아쉬울 것이 없지 않습니까? 그러므로 우리는 시구의 반복이 시인이 아니라 청중에게 어떤 역할을 하는지를 생각해야 합니다. 이것이 유일하게 미학적이고 비평적인 질문이라고 할 수 있겠습니다. 만들기 좋은 소리가 아니라 듣기 좋은 소리여야 음악입니다. 사람들이 짓기 좋아하는 시가 아니라 듣고 싶어 하고 읽고 싶어 하는 시가 좋은 시입니다.

누구라도 한두 주 정도만 시를 읽지 않고 많이 듣기만 해보면 상투어구를 왜 쓰는지 금세 알게 될 것입니다. 청중을 너무 자주, 너무 많이 놀라게 하면 안 된다는 것이 구전시의 기본 중의 기본입니다. 뜻밖의 내용은 듣는 사람을 피곤하게 하고, 이해하고 즐기는 데 시간이 더 오래 걸립니다. 듣는 사람을 주춤하게 만드는 시구는 구전시에서 재앙입니다. 청중이 다음 시구를 놓치게 되니까요. 그렇지 않다 해도, 비범하고 정열적인 시구는 그다지 가치가 없습니다. 낭송이 죽 펼쳐지는 상황에서 개별 시구는 그리 중요하지 않습니다. 현대인들이 인쇄된 시에서 주로 원하는 즐거움은 어쨌거나 배제됩니다. 개별 시구를 곱씹고 사탕을 빨아먹듯 머릿속에 천천히 녹아들게 할 수가 없습니다. 그런 방식은 구전시에 맞지 않습니다. 구전시는 고립된 효과들을 쌓아올린 것이 아닙니다. 단락 안에, 사건 전체에 시가 있습니다. 그 안에서 개별적인 '좋은' 시구를 찾는 것은 대성당에서 개별적인 '좋은' 돌을 찾는 일과 같습니다.

그러므로 구전시의 언어는 짐작이 가능하다는 의미에서 친숙한 것이어야 합니다. 그러나 구전궁정시의 최고 형태인 서사시의 경우, 일상 대화나 생활에서 사용하는 친숙한 것들로 이루어져서는 안 됩니다. 단순함의 욕구는 후대에 생겨난 세련된 욕구입니다. 우리 현대인들은 걷는 것과 별로 구별되지 않는 춤, 즉흥적으로 내뱉는 것처럼 들리는 시를 좋아할 수 있습니다. 그러나 우리 선조들은 달랐습니다. 그들은 춤 같은 춤, 누가 봐도 좋은 옷, 누가 봐도 평범한 저녁 식사와 확연히 구별되는 잔치, 시라고 당당하게 자기선언을 하는 시를 좋아했습니다. 시인이 아무나 할 수 있는 방식으로 이야기를 들려준다면, 뮤즈의 영감을 받은 시인이 굳이 존재할 이유가 무엇이란 말입니까? 이 두 가지 요구가 만나면 '시어詩語', 즉 모든 시의 모든 부분에 쓰일 만큼 익숙하면서도 시 바깥에서는 쓰이지 않아 익숙하지 않은 언어가 절대적으로 필요해집니다. 이것과 비슷한 예로 성탄절에 먹는 칠면조와 플럼푸딩을 꼽을 수 있습니다. 그 메뉴를 보고 놀라는 사람은 없지만, 그것이 평범한 음식이 아니라는 것은 누구나 알아봅니다. 또 다른 사례로는 예배 언어를 꼽을 수 있습니다. 꾸준히 교회에 다니는 사람은 예배 시간에 당황할 일이 없습니다. 예배의 상당 부분을 외우고 있으니까요. 그러나 그것은 일상 언어가 아닙니다. 서사시의 시어, 성탄절 메뉴, 예배 언어는 모두 의식儀式의 사례입니다. 즉, 일상 용례와는 구별되지만 각각의 영역 안에서는 아주 익숙한 것들입니다. 사람들이 더러 밀턴의 시에서 싫어하는 의식儀式의 요소는 이런 경위로 원래부터 서사시에 들어 있던 것입니다. 그것이 밀턴의 시에서 얼마나 적절하게 쓰이고 있는지는 나중에 따져 보겠지만, 의식 일반을 거부하고 삶의 모든 영역에서 의식을 싫어하는 분들에게는 이 문제를 다시 생각해 보시라고 진지하게 요청하고 싶습니다. 이성과 의지는 요동치는 우리의 감정에 의식이라는 패턴을 부여하여 즐거움이 금세 사라지지 않게 붙들어 주고, 슬픔을 좀더 견딜 만한 것으로 만들어 줍니다. 원할 때 축하의 시간이나 엄숙한 시간, 즐거워하는 시간이나 경건한 시간을 갖는 것은 (개인이나 그의 기분이 제대로 감당할 수 없는 일이므로 그렇게) 우연의 분부에 따르지 않고 지혜로운 관습의 힘에 그 임무를 맡기는 것입니다.

이것은 모든 구전시의 공통점입니다. 우리는 이 점을 토대로 각 시의 차이점을 분별할 수 있습니다. 호메로스의 서사적 시어는 《베오울프》의 시어와 다릅니다. 언어나 운율로 보아 그리스 서사시를 더 빠른 속도로 낭송했을 것 같습니다. 그렇다면 그리스 서사시는 더 많은 반복, 더 온전한 반복이 필요했을 것입니다.

호메로스 시어의 실제 작용은 주목할 만합니다. 포도줏빛 바다,

장밋빛 손가락을 뻗는 새벽, 신성한 소금물로 들어선 배들, 대지를 뒤흔드는 자 포세이돈같이 되풀이하여 등장하는 표현들은 현대 시들이 이루어 낼 수 없는 특별한 효과를 자아냅니다. 현대 시가 그런 효과를 낸다면 호메로스에서 배운 기법을 응용했기 때문일 것입니다. 인간을 둘러싼 변하지 않는 환경을 강조하는 것이지요. 이런 표현들은 우리가 실생활에서 깊이 그리고 자주 느끼지만 다른 문학 작품에서는 흔히 잘못 표현되는 감정을 드러내 줍니다. 아주 오랜만에 바다를 다시 볼 때, 병실에서 밤새 환자를 돌보거나 보초를 서며 밤을 지새우고 다음 날 새벽 또다시 동이 트는 것을 볼 때, 어떤 생각이 들까요? 물론 많은 생각이 떠오를 겁니다. 여러 가지 희망과 두려움, 고통과 즐거움, 바로 그 바다나 그날 새벽의 아름다움, 또는 으스스함이 있겠지요. 하지만 그 모든 것 아래에는 거의 들리지 않을 만큼 낮은 저음처럼 뭔가가 깔려 있습니다. 그것은 '옛날 그 바다'나 '옛날 그 아침'이라는 중얼거림만으로는 제대로 표현할 수 없는 것입니다. 세상의 영속성, 무심함, 우리가 웃건 울건 세상은 변하지 않는다는, 비통하면서도 위안이 되는 사실, 이것이 우리 경험 속으로 들어와 현실 특유의 압박이 되어 우리를 짓누릅니다. 상상의 세계에서는 잘 찾아볼 수 없는 이런 압박이 호메로스의 시에는 존재합니다. 바다, 신들, 아침, 산을 정형화한 그의 낭랑한 시구들을 듣노라면, 그것이 사물에 대한 시가 아니라 사물 자체인 것처럼 느껴집니다. 이것은 킹레이크가 말한 "호메로스 시의 수직으로 강하게 비치는 빛"(*Eothen*, cap. IV)을 만들어 냅니다. 바필드 씨는 그 안에서는 "인간이 아니라 신들이 창조한다"(*Poetic Diction*, p. 96)고 말했지요.

이로 인해 호메로스의 시는 비범하리만치 믿음직한 것이 되었습니다. 시 속의 어떤 사건이 실제로 벌어질 수 있느냐고 따져 봐야 소용이 없습니다. 우리는 그 일이 벌어지는 것을 보았으니까요. 그리고 우리와 그 사건을 이어 준 시인은 애초에 없었던 듯 느껴집니다. 한 소녀가 해변을 걷다가 미지의 연인에게 안기는데, 두 사람이 잠자리를 같이하는 동안 희미하게 반짝이는 파도가 침대보처럼 그들 위로 아치를 이룹니다. 사랑의 행위를 마친 후 미지의 연인은 자신의 이름을 말합니다. "보아라. 나는 포세이돈, 대지를 흔드는 자니라"(《오디세이아》, 제11권, 242-252). 우리는 그의 시에서 이미 "대지를 흔드는 자"를 거듭거듭 만난 터라 그 시구가 변함없는 현실의 바다와 같은 존재감으로 다가오게 되었기 때문에, 그것을 그대로 받아들일 수밖에 없게 됩니다. 허튼소리라고 해도 좋습니다만, 우리는 그것을 본 것입니다. 누가 소녀를 속이고 연기를 한 것도 아니었고, 인간으로 변신한 바다 생물의 소행도 아니었습니다. 진짜 소금물 바다가 인간 여자를 임신하게 했습니다. 과학자들과 신학자들은 그것이 어떻게 된 일인지 최대한 잘 설명해야 합니다. 그러나 그 사실 자체는 논란의 여지가 없습니다.

이런 시어는 호메로스 시 특유의 사그라들지 않는 광채와 가차 없는 통렬함도 느끼게 합니다. 비참한 사건, 심지어 추악한 일들도 벌어질 수 있으나 밝은 태양, '나뭇잎을 뒤흔드는' 거대한 산, 도도히 흐르는 강은 늘 그 자리에 있습니다. (낭만주의 시인은) '자연이 주는 위안'을 암시하겠지만, 호메로스의 시에서 자연은 그저 그렇게 하나의 사실로 존재합니다. 호메로스의 광채는 현실의 광채입니다. 호메로스의 파토스가 강렬하게 다가오는 이유는 실생활의 파토스가 그렇듯 의도된 것이 아니며 불가피하게 보이기 때문입니다. 이것은 인간의 감정이 관습적인 형용어구가 나타내는 크고 무심한 배경과 충돌해서 생겨난 효과입니다. "그래서 그녀는 말했다. '그들은 대지의 부드러운 품에 안겨 쉬고 있네'"[*1](《일리아스》, 3권, 243). 이 구절은 헬레네가 오빠들이 살아 있다고 생각하고 한 말이었지만, 실제로는 이미 그들은 사랑하는 고국 라케다이몬[1)에서 생명을 주는 땅속에 묻힌 다음이었습니다. 러스킨은 여기에 기가 막힌 평을 달았습니다. "고귀한 시적 진리를 극단까지 밀어붙이는 것을 보라. 시인은 슬픔에 잠긴 채 땅에 대해 말하지만, 그 슬픔 때문에 땅에 대한 생각이 흔들리거나 달라지지는 않는다. 카스토르와 폴리데우케스는 죽었지만, 땅은 여전히 우리의 어머니이며 생명을 주고 열매를 맺게 한다. 이것이 엄연한 사실이다. 내 눈에 다른 것은 보이지 않는다. 이것을 어떻게 이해할지는 각자의 선택에 달렸다."[2)]. 하지만 러스킨의 평가도 이 구절

---

*1) Ὡς φάτο, τοὺς δ' ἤδη κατέχεν φυσίζοος αἶα.
1) 스파르타.

을 온전히 설명하지는 못합니다. 우리는 이 구절을 "그들의 사랑하는 고향 땅"으로 번역했습니다. 하지만 '사랑하는dear'이라는 표현은 오해의 소지가 있습니다. 호메로스가 사용한 단어는 특정한 시점에 있는 누군가의 감정을 묘사하지 않습니다. 이 단어는 그가 누군가가 소유한 대상을 언급할 때 쓰이기 때문에, 둔감한 비평가들은 이 단어가 그저 호메로스가 '자기 자신의'라는 뜻을 나타내기 위해 쓴 그리스어라고 말할 것입니다. 그러나 이 단어에는 그 이상의 의미가 있습니다. '사랑하는dear'에 해당하는 말이지만, 늘 쓰이다 보니 변하지 않는 특별한 관계를 나타내게 되었지요. 그것은 그냥 좋아하는 정도보다 훨씬 깊은 관계요, 보통 사람을 그의 아내, 그의 집, 그의 몸과 이어 주는 관계입니다. 아내, 집, 몸이 마음에 들지 않을 때도 그녀 및 그것들과의 사이에 여전히 존재하는 상호 '소속'의 유대입니다.

　우리는 러스킨의 글에 암시되어 있을지도 모르는 오류를 피해야 합니다. 현대의 시인이 할 법한 방식으로 호메로스가 이런 효과를 한 행 한 행 계산했다고 생각해서는 안 됩니다. 시어는 한번 확립되고 나면 저절로 작동합니다. 시인이 말하고자 하는 내용을 정통적인 기성품 시어로 바꾸면 시가 되는 겁니다. "미스 T가 먹는 것은 모두 미스 T로 바뀐다." 서사시어는 괴테가 말한 대로 "당신을 대신하여 생각하고 시를 짓는 언어"[3]입니다. 그렇게 되면 시인이 의식적으로 만들어 내는 예술적 기교는 구성, 캐릭터 묘사, 창의력 발휘 등 더 큰 문제들에 온전히 몰두할 수 있는 자유를 얻습니다. 시를 쓰는 것이 문법이나 조음調音처럼 몸에 익은 것입니다. 제가 '자동적'이나 '기계적' 같은 단어를 쓰지 않는 이유는 자칫하면 잘못된 인상을 심어 줄 수 있기 때문입니다. 기계는 무기물질로 만들어지고 중력이나 증기의 힘 같은 인력 외의 힘을 씁니다. 그러나 호메로스 시의 모든 시구는 인간으로부터 나왔고, 모든 언어와 마찬가지로 인간의 산물입니다. 개별 시인이 시구를 씀으로써 자신의 힘이 아닌 다른 힘이 작동하게 한다는 점에서는 기계와 같습니다. 하지만 그 시구는 그가 풀어 주는 인간의 삶과 경험에 저장되어 있는데, 본인의 삶과 경험은 아니지만 여하튼 인간의 삶이고 영적인 경험입니다. 그러므로 뮤즈, 즉 사람보다 뛰어나지만 사람의 형태로 상상된 존재를 떠올리는 것이 모종의 엔진을 떠올리는 것보다 실제로 더 정확합니다. 물론 이 모든 것은 오늘날 인기를 끄는 시의 작법과는 많이 다릅니다. 하지만 사실을 부정할 수는 없는 노릇입니다. 전적으로 인위적인 이 시어를 어떻게 이해하건 자유지만, 그 결과로 탄생한 시는 아직까지 다른 어떤 시도 넘어서지 못한 높은 수준의 객관성을 이루어 냈습니다. 호메

---

[3] *Eine Sprache die für dich dichtet und denkt.*

로스는 처음부터 인위성을 받아들였습니다. 그리고 그 결과로 '자연스러운'이라는 말로는 담아 낼 수 없는 자연스러움을 성취했습니다. 자연 그 자체만큼이나 자기가 '자연스러운지' 염려할 필요가 없는 경지에 이르렀습니다.

《베오울프》의 기법은 어느 정도 호메로스의 기법과 비슷합니다. 《베오울프》도 under wolcnum(하늘 아래, 문자적으로는 '구름 아래'), in geardum(궁중에서), the life(삶) 같은 표현들을 반복해서 구사하고, 저자가 언급하고 싶어 하는 대부분의 사물에 대해 나름의 '시적' 명칭들을 씁니다. 그러나 《베오울프》는 동일한 사물에 대해 시인이 쓸 수 있는 동의어의 수가 호메로스와 다릅니다. 예를 들어 '인간'을 가리킬 때 호메로스는 베오울프의 경우(beorn, freca, guma, haelep, secg, wer)만큼 골라 쓸 수 있는 단어의 목록이 길지 않습니다. 또, 이와 비슷하게, 시구나 합성어를 부분적으로 반복하거나, 형태를 달리하여 쓰는 경우 베오울프가 자주 등장합니다. 앞에서 언급한 Wuldorcyninge(영광의 왕)는 그 뒤로 다시 등장하지 않지만, wuldres wealdend(영광의 지배자)와 wuldres hyrde(영광의 수호자)는 등장하는 식이지요. 이와 유사하게 Wordum secge(인사말)는 wordum baedon(맹세의 말), wordum wrixlan(말 나눔), wordum naegde (인사의 말)로 부분적으로 바뀌어 반복됩니다. wyrd forsweop(운명이 휩쓸었다)는 wyrd fornam(운명이 빼앗아 갔다), deap fornam (죽음이 빼앗아 갔다), gupdeap fornam(죽음의 신이 빼앗아갔다)으로 바

꿰어 반복됩니다. 이런 기법의 차이에 더해《베오울프》는 행의 길이
가 더 짧고, 시어에 자음이 더 많으며, 힘을 주어 좀더 느리게 낭송한
것 같습니다. 또, 장단 율격과, 장단과 셈여림을 모두 쓰다 보니 둘이
결합해야만 무게감이라 불리는 두운시alliterative verse의 특징을 갖추게
되는 율격의 차이가 있습니다. 호메로스의 훌륭한 대목 중 하나가 기
병대의 돌격과 같다면,《베오울프》의 한 대목은 망치의 타격이나 요
란한 소리를 내며 해변에 연거푸 부서지는 파도와 같습니다. 호메로
스의 시에서 단어들이 흘러간다면,《베오울프》에서는 큰 덩어리들로
나누어집니다. 청중의 입장에서는 들은 것을 곱씹을 여유가 더 많아
집니다. 반복을 통한 도움의 필요성이 줄어듭니다.

　이 모두는 기질상의 더 깊은 차이와 관련이 있습니다. 변하지 않
는 배경의 객관성이 호메로스 시의 멋이라면《베오울프》는 약간 다
릅니다.《일리아스》와 비교해 보자면,《베오울프》는 어떤 의미에서
이미 '로맨스적'입니다. 그 풍경은 영적 특성을 담고 있습니다. 그렌
델이 돌아다니는 지역은 그렌델과 비슷한 느낌을 풍깁니다. 워즈워
스의 '환상적인 음산함visionary dreariness'의 전조가 보인다고 할까요. 이
런 변화를 통해 시가 잃은 것도 있지만 얻은 것도 있습니다. 따돌림
당하여 슬퍼하는 기이한 요정ellorgast이나《베오울프》에 나오는 질투
심 많고 즐거움을 모르는 용에 견주면, 호메로스의 키클롭스는 그저
꼭두각시에 불과합니다.《베오울프》는《일리아스》보다 더 많은 고통
을 배후에 깔고 있지는 않지만, 호메로스에겐 없는 선악에 대한 인

식이 있습니다.

후대에 나온 《베오울프》가 호메로스와 완전히 다르게 구사하는 기막힌 구전 기법이 등장하는데, 우리 대부분이 성경 시편에서 처음 만났던, 변주 내지 평행법입니다. "하늘에 계신 이가 웃으심이여 주께서 그들을 비웃으시리로다."[2] 거의 모든 단어를 두 번 이상 말한다는 것이 규칙입니다. 쉴드 왕의 시신을 태워 보낸 배(《베오울프》, 50)의 사연을 건조한 산문으로 표현하면 '어떻게 되었는지 아무도 모른다'가 됩니다. 그것을 이 시에서는 이렇게 표현하고 있습니다. "누가 그 뱃짐을 갖게 되었는지, 사람들은 진실을 알 수 없었다. 궁중의 현인들도 알지 못했고, 천하의 용사들도 알지 못했다."

2) 시 2:4.

V
일차적 서사시의 제재

신들은 크바시르Kvásir라는 사람을 만들었다. 그는 너무나 지혜로워서
대답하지 못하는 질문이 없었다. 그는 온 세계를 다니며 사람들을 가르쳤다.
그러다 그는 두 난쟁이의 손님이 되었다. 그들은 그에게 말을 시켰고
어찌어찌하여 그를 죽였다. 그다음 그들은 그의 피에 꿀을 섞어 벌꿀주를 만들었는데,
그 술을 마시는 사람은 누구나 시인이 되었다.

—*Bragaröpur*, LVII의 요약

　일차적 서사시에 대한 앞서의 설명에서, 후대의 일부 비평가들이
일차적 서사시의 본질로 여겼던 한 가지 특징에 대한 언급이 없던 것
이 독자의 눈에 띄었을지도 모르겠습니다. 제재題材의 위대함에 대해
서는 아무 말이 없었지요. 물론 우리가 살펴본 서사시들은 희극적이
거나 목가적인 내용을 다루지 않았습니다. 하지만 후대 사람들이 서
사시를 생각할 때 바로 떠올리는 테마, 즉 인간을 뛰어넘는 국가적
내지 우주적 관심사는 어떻게 되는 것일까요?

　제가 보기에는 위대한 제재(아서 왕의 생애나 예루살렘의 함락 같은)
는 일차적 서사시의 특징이 아닙니다. 그런 제재를 서사시에 들여온
사람은 베르길리우스입니다. 이 부분에서 그는 중심적인 위치를 차
지하고 있지요. 그는 서사시의 개념 자체를 완전히 바꿔 놓았고, 이
제 우리는 그런 위대한 제재가 존재하지 않는 일차적 서사시에서도

그것을 읽어 내고 싶은 유혹을 받습니다. 그러나 이것은 논란의 여지가 있을 수 있으니, 《베오울프》와 호메로스 시들을 이런 관점에서 살펴봅시다.

《오디세이아》에 대해서는 분명하게 말할 수 있습니다. 오디세우스가 벌인 모험이 그가 트로이아 전쟁에서 돌아오는 길에 일어났다고 해서 트로이아 전쟁이 이 시의 제재라고 할 수는 없습니다. 저자의 관심은 한 개인의 운명에 있습니다. 그는 왕이지만 아주 작은 나라의 왕에 지나지 않고, 그의 나라 이타카를 중요한 곳으로 보이게 만들려는 시도는 찾아볼 수 없습니다. 모든 이야기에서 주인공의 집과 땅이 차지하는 중요성, 딱 그 정도만 있을 뿐입니다. 오디세우스가 집에 돌아가지 못했을 경우 세계나 그리스가 크게 달라졌을 거라는 주장은 아예 찾아볼 수 없습니다. 이 시는 모험 이야기입니다. 제재의 크기만 놓고 본다면, 《아이네이스》나 《해방된 예루살렘 *Gierusalemme Liberata*》보다는 《톰 존스》나 《아이반호》에 훨씬 가깝습니다.

《일리아스》에 대해서는 훨씬 더 설득력 있는 주장을 내세울 수 있습니다. 이 시는 동서양의 충돌을 다룬 서사시로 취급되어 왔습니다. 심지어 고대의 이소크라테스[1]도 호메로스가 '야만인'들에 맞서 싸운 이들을 기념했다며 그에게 찬사를 보냈습니다. 머리[2] 교수님은

---

1) Isocrates, B.C. 436~B.C. 338. 고대 그리스의 웅변가, 수사학자.
2) George Gilbert Aimé Murray, 1866~1957. 영국의 그리스 고전학자.

이 견해를 지지하는 쪽입니다. 그렇듯 위대한 학자와 견해를 달리하는 것이 주제넘은 일일지도 모르겠습니다. 십대 시절 열심히 읽었던 그분의 책이 제 마음 깊숙이 새겨져 있고 그분의 강의 역시 학부생 시절의 황홀한 기억으로 남아 있는데, 그런 분과 견해를 달리한다는 것은 달갑지 않은 일입니다. 그러나 이 문제에 대해서만큼은 그분에게 동의할 수 없습니다. 머리 교수님은 《일리아스》에 대해 이렇게 말씀하십니다. "이 시는 모든 그리스인들이 아시아의 야만인들에 맞서 전투를 벌이는 이야기가 아닌가? '모든 그리스인.' 이 멋진 단어가 시 안에 거듭거듭 울려 퍼진다."[1] 그러나 제 생각은 다릅니다. 옥스퍼드 판 《일리아스》의 색인을 보면 모든 그리스인Παναχαιων이라는 단어가 아홉 번 등장하는데 그중 여덟 번은 그 앞에 아리스테에스ἀριστηες나 아리스테아스ἀριστηας가 붙어 '모든 그리스인들Παναχαιων의 수호자들'로 나옵니다. 머리 교수님이 말씀하신 모든 그리스인과 야만인들 사이의 대립은 없습니다. 모든 그리스인, 그리스인 전체, 그들 중 최고의 사람들 사이의 대비가 있을 뿐입니다. 아홉 번째 구절(9권, 301)에서 오디세우스는 아가멤논을 미워하더라도 다른 모든 그리스인들은 불쌍히 여기라고 아킬레스에게 말합니다. 여기서도 '모든'은 그리스인 전체와 그중 한 구성원을 대비시키는 듯 보입니다. 제가 볼 때, 야

---

[1]〉 *Rise of the Greek Epic*, p. 211.

만인들에 맞서 그리스인들이 단결한다는 생각은 아예 없습니다. 파나카이온Παναχαιων의 첫 음절에 운율상의 편의 이상의 의미가 있는지 의심스러워지기 시작합니다.

시 전체를 훑어보면 확신은 더욱 약해집니다. 트로이아 전쟁은 《일리아스》의 제재가 아닙니다. 그것은 순전히 개인적인 이야기, 즉 아킬레스의 분노와 고통과 뉘우침, 그가 헥토르를 죽인 일을 다룬 이야기의 배경일 뿐입니다. 트로이아의 함락에 대해 호메로스는 말이 없습니다. 그저 다른 이야기에 우연찮게 따라 나오는 정도입니다. 헥토르가 죽은 후 트로이아 함락은 불가피한 일이었기 때문에 호메로스로서는 굳이 그것을 따로 언급할 이유가 없었다고 주장하는 이들도 있었습니다. 하지만 제가 볼 때, 이야기의 절정—포위 공격이 테마라면 함락이 절정이겠지요—에 해당하는 부분을 유추하도록 내버려둔다는 것은 믿기 어려운 일입니다. 그것은 좋게 말해 극단적인 미묘함을 살린 구조가 될 텐데, 호메로스보다는 키플링에게 어울리는 기술입니다. 《일리아스》에서는 어떤 반反트로이아 감정도 찾을 수 없습니다. 가장 고귀한 캐릭터가 트로이아 사람이고, 거의 모든 잔학 행위는 그리스인들이 저지릅니다. 좋은 쪽이건 나쁜 쪽이건 트로이아인들이 그리스인들과 다르다는 암시도 찾아볼 수 없습니다(그렇게 볼 가능성이 있는 3권 2-9행만 제외한다면). 물론 트로이아인들을 향한 증오를 드러내는 이전 판본의 존재를 생각해 볼 수는 있습니다. 기독교적인 구절들이 없는 이전 판본의 《베오울프》, 복음서 전통에 등장하는 인물과는 완전히 다른 '역사적' 예수가 있었을 거라고 생각하는 사람도 있지 않습니까. 그러나 솔직히 말해 저는 그런 '연구' 방식을 도무지 믿을 수 없습니다. 근거도 없이 "어떤 실체를 가정해서는 안 되는 법인데", 여기는 그럴 만한 근거가 없습니다. 다른 문헌들의 유사한 경우를 고려할 때, 일차적 서사시에는 영웅 이야기가 들어 있지 않고 '위대한 국가적 제재'에 대한 관심도 없는 것 같습니다. 채드윅 교수는 게르만 서사시를 두고 "그 시들 안에는 국가적 관심사나 민족감정 같은 것이 전혀 없다"고 말합니다.[2] 아이슬란드 시의 가장 위대한 영웅은 부르고뉴 사람입니다. 채드윅 교수의 진술에 딱 들어맞는 사례를 《베오울프》에서 볼 수 있습니다. 그 시는 영국 작품입니다. 앞부분 장면의 무대는 질란드[덴마크]이고, 영웅은 스웨덴에서 옵니다. 시인이 서사적 제재에 대해 베르길리우스와 같은 생각을 갖고 있었다면 헹기스트가 아이네아스에 해당하는 역할을 맡았어야 할 것인데, 《베오울프》에서 그는 삽입구 정도로 언급되는 데 그칩니다.

일차적 서사시에는 후대의 서사시에서 볼 수 있는 위대한 제재가 없었고 있을 수도 없었다는 것이 진실입니다. 세계 역사에 엄청난 영향을 준 사건, 적어도 어느 정도의 영속적인 영향을 끼쳤다고 볼 수 있는 사건이 그런 위대함을 부여받게 됩니다. 로마의 건국이 그

*2〉 *The Heroic Age*, p. 34.

런 사건이고, 인간의 타락은 더 말할 나위가 없겠습니다. 어떤 사건
이 그런 중요성을 갖기 위해서는 역사에 어느 정도의 패턴과 밑그림
이 있어야 합니다. 영웅시대라는 끔직한 현상을 구성하는 끝없는 오
르내림, 영광과 비참함의 막연한 교차에는 그런 밑그림이 들어설 자
리가 없습니다. 다른 사건보다 정말로 많이 중요한 사건이란 없습니
다. 어떤 성취도 영구적이지 않습니다. 오늘은 우리가 죽이고 잔치를
벌이지만, 내일은 우리가 죽임을 당하고 우리 여인들이 노예로 끌려
갑니다. 어떤 것도 '그대로 있지' 않으며, 순간을 넘어서는 중요성을
띠고 있지도 않습니다. 영웅적 행위와 비극은 많이 있고 그래서 좋은
이야기도 많습니다. 그러나 "세상을 좋은 상태에서 나쁜 상태로 끌
고 가는 큰 밑그림"은 없습니다. 전체적인 결과는 하나의 패턴이 아
니라 주마등처럼 지나가는 장면들입니다. 트로이아가 무너지면 트로
이아인들에게는 재앙입니다만, 그것이 어떻다는 말입니까? "제우스
는 이미 많은 도시의 머리를 메어치셨고 앞으로도 그러실 것입니다"
(《일리아스》, 9권, 25). 헤오롯 궁은 웅장하게 지어졌지만 결국 어떻게 되
었습니까? 맨 처음부터, "넓은 박공을 달고 높이 솟은 이 궁은 엄청
나게 밀려올 전쟁, 불, 적군을 기다렸다"(《베오울프》, 81).

　베르길리우스의 우울함에 대해서는 많은 말들이 있었습니다만,
호메로스의 밝은 표면 바로 아래에는 우울함이 아니라 절망이 보입
니다. 괴테는 그것을 가리켜 '지옥'이라고 말했습니다. 시인이 그런 상
태를 당연하게 여기고 전혀 불평하지 않기 때문에 더더욱 끔찍합니

다. 절망은 대수롭지 않다는 듯 직유로 등장합니다.

> 적군에 포위된 외딴 섬의 도시에서 연기가 하늘로 피어오를 때
>
> 그들은 가증한 아레스가 시키는 대로 하루 종일 싸운다.
>
> ―《일리아스》, 18권, 207)

이런 구절도 있습니다.

> 한 여인이 성벽 앞 전투에서 전사한
>
> 남편의 시신 위로 무너져 내린다. …
>
> 여인은 남편이 쓰러지는 것을 보고 숨이 꺼져 가는 헐떡임을 듣는다.
>
> 그의 몸을 끌어안고 운다. 그러나 적군이 뒤에서
>
> 창끝으로 그녀의 등과 어깨를 힘껏 내리친다.
>
> 그들은 그녀를 노예로 끌고 가 노역과 고통을 겪게 한다.
>
> ―《오디세이아》, 8권, 523)

이 부분이 《아이네이스》에 나오는 트로이아 약탈 장면과 얼마나 다른지 보십시오. 직유법으로 그냥 등장합니다. 매일 벌어지는 일이라는 뜻입니다. 베르길리우스의 트로이아 함락은 재앙이요, 한 시대의 종말입니다. *Urbs antiqua ruit*—"오랜 세월 군림했던 여제, 고대 도시가 무너진다". 그러나 호메로스에게는 이것이 익숙한 일입니다.

《베오울프》도 같은 인상을 풍깁니다. 그들은 왕이 죽으면 무슨 일이
그들을 기다리는지 압니다. 행복한 작은 섬은 이전의 많은 섬들, 이
후에 생겨날 다른 많은 섬들처럼 물에 잠기고, 영웅시대의 큰 물결이
그 위로 덮칩니다.

> 주군의 죽음과 더불어 웃음이 우리를 떠났다.
>
> 즐거움과 음악도 함께. 겁에 질린 동틀 녘,
>
> 많은 창자루가 그것을 붙든 우리의
>
> 손가락을 얼어붙게 하리라. 용사들을 깨우는
>
> 즐거운 하프 소리는 없으리라. 썩은 고기를 노리는
>
> 창백한 까마귀, 울음소리로 독수리에게 전하리.
>
> 전쟁의 잔칫상에서 실컷 먹었다고,
>
> 늑대가 그 자리에 함께했다고.

-《베오울프》, 3020)

일차적 서사시는 후대의 서사시와는 다른 방식으로 위대합니다.
호메로스의 작품에서 서사시의 위대함은 무의미한 흐름을 배경으
로 인간의 비극이 쌓여 간다는 데 있습니다. 그것이 더더욱 비극적
인 이유는 영웅의 세계 위로 확실한 허무가 드리워 있기 때문입니다.
아킬레스는 트로이아 왕 프리아모스에게 말합니다. "나는 여기 트로
이아에 앉아서 그대와 그대 자녀들을 괴롭히고 있소." 그렇게 해서

"그리스를 지키는" 것도 아니고 "영광을 얻는" 것도 아니며, 프리아모스를 괴롭히라는 어떤 소명을 받은 것도 아닙니다. 그저 상황이 그렇게 되었기 때문에 그러고 있다고 말합니다. 마음은 흔들리지 않는다(*mens immota manet*)고 말하는 베르길리우스의 세계와 전혀 다릅니다. 베르길리우스의 세계에서는 고통이 의미가 있고 숭고한 결심의 대가이지만, 호메로스의 세계에서는 고통이 있을 뿐입니다. 괴테는 이 점을 염두에 두고 "《일리아스》의 교훈은 우리가 지상에서 지옥을 살아내야 한다는 것이다"라고 말했을지도 모릅니다. 이 시가 그나마 살아남을 만한 것이 되었던 이유는 단 하나, 지치지 않고 흔들림 없이 유려한 말을 구사하는 호메로스의 문체 덕분입니다. 그것이 없었다면 현대의 가장 음울한 리얼리즘 작품도 《일리아스》 앞에서는 아이의 장난처럼 보였을 것입니다.

《베오울프》는 좀 다릅니다. 호메로스의 시에서 기정사실로 받아들여진 절망이 배경이 된다는 점은 같습니다. 《베오울프》에서는 그 근본적 어두움이 전면에 나서고 괴물들을 통해 부분적으로 구현됩니다. 그리고 영웅이 그 괴물들에 맞서 싸웁니다. 호메로스의 시에서는 누구도 어둠에 맞서 싸우지 않았습니다. 영국의 시 《베오울프》에서 북구신화의 특징적인 테마, 즉 거인에 맞서 싸우는 신과 인간이 등장합니다. 그만큼 이 시가 핵심에 있어서 (표면적으로는 그렇게 보이지 않아도) 더 유쾌하고, 위대한 제재를 처음으로 암시하고 있습니다. 다른 여러 부분과 함께 이 부분에서도 《베오울프》는 《일리아스》

와 베르길리우스의 사이에 있습니다. 그러나 베르길리우스 쪽으로 그리 많이 치우치지는 않았습니다. 괴물들이 구현하는 어둠은 부분적일 뿐입니다. 놈들의 패배, 혹은 놈들 안에 있는 어둠의 패배는 영구적이지 않을 뿐더러, 그리 오래 가지도 않습니다. 다른 모든 일차적 서사시가 그렇듯, 이 작품 또한 어둠을 처음 발견한 상태 거의 그대로 내버려 둡니다. 끝 부분에 이르러서도 영웅시대는 여전히 진행 중입니다.

VI

베르길리우스와 이차적 서사시의 제재

> 이 얼굴빛이 그대에게 말해 주지 않소. 나는 이미 죽은 몸이라고.
> 이런 변화를 슬퍼해서는 안 된다오.
> 감각의 기쁨이 이렇게 다시 사라지는 것만큼
> 빠르고 확실하게 되돌아온다 해도 좋아할 것은 없소.
> 지상에서의 그런 기쁨은 때가 되면 사라지나까.
> 에레보스[1]는 그것을 하찮게 여기오.
> 거기 머무는 것은 차분한 즐거움, 위엄에 찬 고통이오.[2]
>
> ─워즈워스(《라오다메이아Laodamia》 중 12연)

    후대 비평가들이 서사시의 전형적 제재로 받아들이게 된 것들은 베르길리우스의 발명품입니다. 그는 서사시라는 말의 의미를 바꿔 놓았습니다. 로마인들에게도 《일리아스》에 견줄 만한 위대한 시가 있기를 소원했던 그는 어떤 종류의 시가 로마 정신을 제대로 표현하고 만족시킬지 생각했습니다. 그는 이 문제에 대한 답을 자신의 마음속에서 발견했을 것입니다. 그보다 이전 시대의 로마인들이 감행

---

1) 지상과 저승 사이의 암흑 세계.
2) 트로이아 전쟁에 참전한 남편 프로테실라오스가 트로이아에 가장 먼저 상륙했다가 전사하자 비탄에 잠긴 라오다메이아는 신들에게 남편을 세 시간만 되살려 달라고 빌어 뜻을 이루었다. 약속한 시간이 지나 남편이 저승으로 돌아갈 때가 되자 라오다메이아도 삶을 버리고 저승으로 따라갔다. 인용된 대목은 라오다메이아가 돌아온 남편에게 키스를 청하자 운명의 여신 파르카의 개입으로 장밋빛 입술이 새까맣게 변하면서 프로테실라오스가 하는 말이다.

했던 비슷한 시도를 고려하면 이 사실을 알 수 있습니다. 이전에 나
온 두 라틴어 서사시는 호메로스의 시와 상당히 달랐습니다. 그나이
우스 나이비우스[3]는 제1차 포에니전쟁 이야기를 했는데, 판을 너무
키운 나머지 아이네아스 전설부터 시작해야 했습니다. 엔니우스[4] 역
시 아이네아스 전설에서 출발해 그의 당대에 이르기까지 로마 민족
의 역사를 죽 서술했습니다. 두 시인 모두 '운문연대기'라고 부를 법
한 글을 썼는데, 그 결과물은 호메로스의 서사시보다는 레이어먼[5]
이나 글로스터의 로버트의 작품 쪽에 더 가까웠습니다. 그들의 작품
은 로마인들과 우리의 공통적인 취향에 부응한 것이었습니다. 그런
데 흥미롭게도 그리스인들 사이에서는 그런 취향을 찾아볼 수 없었
습니다. 헤로도토스도 투키디데스도 그리스 도시국가의 역사를 근
원부터 기술하려는 시도를 하지 않았습니다. 단 하나의 국가에 대해
서도 말이지요. 어떤 큰 존재가 서서히 현재 모습을 갖추게 된 과정,
즉 성장이라는 현상은 그리스인들의 관심을 끌지 못했던 것 같습니
다. 그들이 원한 것은 시간을 초월한 것, 변하지 않는 것이었습니다.
그들에게 시간은 그저 흐름에 불과했지요. 하지만 로마인들은 달랐

---

3) Gnaeus Naevius. B.C. 270?~B.C. 201?
4) Quintus Ennius. B.C. 239~B.C. 169.
5) Layamon. 13세기 무렵의 영국 시인. 브리튼 역대 왕들의 사적을 다룬 영어 장편 서사시 《브
루트 *Brut*》의 작자.

습니다. 그들의 위대한 시가 호메로스의 모작에 그치지 않으려면, 직
접적이든 (틸리야드 박사가 좋아하는 표현을 쓰자면) '완곡하게든' 나이비
우스와 엔니우스가 썼던 것과 같은 재료를 활용해야 했습니다. 하지
만 베르길리우스는 진정한 예술가였기에 일반적인 연대기의 어색함
과 단조로움에 만족할 수 없었습니다. 이 문제를 해결하는 과정에서
그는 시의 역사에서 대단히 중요한 혁명을 이루었는데, 국가적 전설
을 활용하여 그 안에 그보다 더 큰 테마가 함축되어 있다는 느낌이
들게 만든 것이었습니다. 그는 상대적으로 짧은 이야기를 들려주면
서 읽는 이가 그 안에서 상당히 오랜 시간 동안 살아온 듯한 착각을
일으키게 했습니다. 한정된 수의 사람들만 등장시키면서 마치 국가
적, 또는 우주적 사안이 연계되어 있는 것 같은 느낌이 들게 했습니
다. 전설적 과거 안에 사건을 배치하면서도 그 사건이 그때 이후와
현재에 일어난 사건들의 전조였다는 느낌이 들게 했지요. 베르길리
우스와 밀턴 이후에는 이런 작법이 당연한 것이 되었습니다. 하지만
이것이 당연해진 이유는 한 위대한 시인이 거의 해결 불가능한 문제
에 맞서 해답을 찾아내고, 그와 동시에 시 자체에 대한 새로운 가능
성을 발견했기 때문입니다.

　　호메로스를 기준으로 삼아 베르길리우스를 판단하는 어리석은
습관이 생겨났는데, 부분적으로는 낭만주의적 원시주의의 결과로
볼 수 있습니다. 그러나 두 시인의 근본적인 차이점이 《아이네이스》
의 첫 쪽에서부터 드러납니다. 이 시의 세 번째 단락(2권, 12~33)에는

상대적으로 단순한 우화가 헤아릴 수 없는 운명의 무게를 짊어지게 만든 베르길리우스의 온갖 기법들이 거의 다 등장합니다. 핵심 단어들에 주목하십시오. 카르타고는 고대도시로서 저 멀리 테베레Tiber 강의 어귀를 바라보고 있습니다. 이야기가 벌써부터 시공간 상에 넓게 펼쳐지고 있지요. 유노[6]는 운명이 허락하기만 하면 카르타고에 세상의 통치권을 부여하고 싶어 했습니다. 그러나 그녀는 언젠가(*olim*) 트로이아의 씨가 그곳을 상하게 할 거라는 소문을 이미 들었습니다. 포에니전쟁이 통째로 끼어든 것입니다. 그러나 그녀의 마음을 어지럽게 하는 것은 미래뿐이 아닙니다. 옛 전쟁[7]도 있지요. 그녀는 트로이아 성벽에서 자신이 돌보던 그리스 사람들, 파리스의 심판[8] "불멸의 지위로 높임을 받은 가니메데스"[9]를 생각합니다. 그런데 이것도 이야기의 시작은 아닙니다. 출발점이 되는 이야기는 더 먼 과거로 까마득하게 거슬러 올라갑니다. 우리가 따라갈 모험의 주인공들은 이전 질서의 유물(*reliquias*)인 셈인데, 막이 오를 당시 이 질서는 이미 파괴된 지 오래입니다. 생존자들, 말하자면 유령들이(여기서 다시 공간의 확장이

---

6) 유피테르의 아내. 그리스 신화의 헤라.
7) 트로이아 전쟁.
8) 트로이아의 왕 프리아모스의 아들 파리스가 비너스(아프로디테), 유노, 미네르바(아테나) 중 누가 가장 아름다운지 질문을 받고 아프로디테가 가장 아름답다고 하여 유노의 분노를 산 일. 트로이아 전쟁의 발단이 된 사건이다.
9) 트로이아의 미소년. 빼어난 미모 때문에 하늘로 납치되어 유피테르의 술을 따르는 시종이 되었다.

이루어집니다) "온 바다를 다"*maria omnia circum* 뒤졌지만, 유노는 그들이 라티움으로 오지 못하게 막았습니다.

> 그들은 그녀에게 이끌려 머나먼 낯선 바다를 지치도록 떠돌았다.
> 로마 탄생의 산고는 이렇듯 크고도 컸다.

산고*moles*가 핵심입니다. 그들은 호메로스의 영웅들처럼 자기 이익을 위해 싸운 것이 아닙니다. 그들은 소명을 받은 사람들, 짐을 짊어진 사람들입니다.

베르길리우스가 이런 식으로 제재를 확장하는 좀더 분명한 사례들이 자주 주목을 받았습니다. 제1권의 유피테르의 예언, 안키세스[10]의 환상, 방패[11]에서 엿보이는 미래의 모습, 책 전체에 걸쳐 현재의 일과 포에니 전쟁이 연결되는 제4권의 구성 등이 그것입니다. 이렇게 미래와 이어지는 대목들 중에서도 가장 감동적인 부분은 제8권에서 아이네아스가 로마가 세워질 현장을 방문하는 장면입니다. 미래와의 연결과 함께 《아이네이스》의 시적 특성을 결정하는 데 중요한 역할을 하는 것이 과거와의 연결입니다. 제가 잘못 생각한 것이 아니라면, 이 작품은 '시간의 심연'이라는 관념을 실질적으로 담아 낸 첫 번째

---

10) 아이네아스의 아버지.
11) 아이네아스가 어머니 베누스 여신에게 받은 것으로 로마의 영광스러운 역사가 새겨져 있다.

시입니다. 베르길리우스 작품의 핵심 단어는 고대의$_{priscus}$, 옛$_{vetus}$, 오래된$_{antiquus}$입니다. 시인은 제6권부터 제8권 사이, 그러니까 이 시의 진짜 핵심부에서 라티움—Lurkwood, 고령의 사투르누스[12]의 피난처—이 태초부터 이들 트로이아인들을 기다리고 있었다는 사실을 독자가 잊을 수 없게 만듭니다. 라티누스 왕의 궁전은 호메로스에 나오는 어떤 집과도 아주 다릅니다. "숲속에 있고 예부터 외경심으로 인해 두려움의 대상이었던"

> 그곳에는 오래된 삼나무가 있어 그들의 옛 조상들이 순서대로
> 새겨져 있었으니, 시조 이탈로스와
> 포도나무를 사랑하여 가지치기 낫을 든 회색의 사비누스,
> 연로한 사투르누스와 두 얼굴의 야누스 ….(7권, 180)

이 모든 초기 이탈리아의 장면들에는 아무리 많이 읽어도 질리지 않는 시적 느낌이 있습니다. 테베레 강을 처음 보는 장면, 그 미지의 강에 홀로 바치는 기도, 그들이 여러 척의 배를 타고 강을 따라 긴 여행을 할 때 이제껏 침범당한 적이 없던 숲이 깜짝 놀라는 장면 등이 그렇습니다. 그중에서도 카론[13]이 "너무나 오랫동안 보지 못했던"

---

12) 그리스신화의 크로노스.
13) 죽은 자를 저승(하데스)으로 건네주는 뱃사공.

황금가지를 보고 놀라는 대목은 제가 볼 때 최고로 뛰어난 상상력의 사례입니다. 한 행의 절반만으로, 알려진 바 없는 그 지하 세계의 어두운 수세기가 불려 나옵니다(6권, 409행).

그러나 베르길리우스는 단순한 시간의 길이보다 더 미묘한 것을 사용합니다. 우리 삶에는 길이뿐 아니라 굽이도 있습니다. 방금 커다란 모퉁이를 돌았다는 사실, 좋은 쪽으로건 나쁜 쪽으로건 이제부터는 모든 일이 달라질 것임을 깨닫는 순간입니다. 앞서 보았다시피 어떤 의미에서 《아이네이스》 전체는 세계 역사가 변해 가는 이야기, 문명이 동양에서 서양으로 옮겨 가는 이야기, 옛 세상의 '작게 남은 것'reliquias이 새 세상의 기원으로 변화하는 이야기입니다. 따라서 작별의 슬픔과 새로운 시작이 만들어 내는 활기가 제3권에서 두드러지게 결합되어 시 전체를 지배합니다. 그리고 가끔씩 '그것이 지나갔다'paes ofereode는 것을 알리는 표현들이 등장합니다. 트로이아인들이 악티움에 도착하여 자신들이 절망적인 상황을 이겨 내고 마침내 그리스 세계를 벗어났다는 것을 알게 되었을 때, 그 중요한 순간을 강조하기라도 하듯 계절이 변합니다.

그 사이 태양은 느릿느릿 한 해를 다 돌았고
얼음처럼 차가운 겨울이 오자 어두운 파도는 거칠어졌다.(3권, 285)

때로는 이 변화가 너무 미세하여 독자가 알아채지 못할 수도 있습니다만, 그래도 이것이 독자의 경험 전체의 색깔을 결정하는 데 나름의 영향을 끼칩니다. 옛날 에게해에서 그리스인들에게 품었던 증오는 저 멀리 두고 왔기에, 교활한 율리시스[14]도 이제는 불운한 율리시스라고 부르게 됩니다. 베르길리우스가 가장 크게 성공한 대목 중 하나는 아마도 제2권에서 크레우사(아이네아스의 아내)의 유령이 등장하는 장면일 것입니다. 운명으로 인해 밀려난 슬프고 무력한 그 존재는 아이네아스에게 자신의 자리를 대신할 아내와 자신은 차지할 몫이 없는 남편의 운명을 예언해야 합니다. 그녀가 살아 있는 여인이라면 너무나도 잔인한 일일 것입니다. 그러나 그녀는 여인이 아니라 유령이고, 이 시 전체에 걸쳐 아쉬움이 있건 없건 과거로 떠내려가 거기서 자리를 잡는 이의 혼령입니다. 애가 시인이 이런 대목을 노래한다면 돌이킬 수 없는 과거를 놓고 느긋하고 우울하게 인생무상을 곱씹겠지만, 《아이네이스》에서는 다릅니다. 모두가 유피테르의 운명이 정한 일이기 때문이고, 바로 이런 식으로만 모종의 위대한 일이 벌어지기 때문입니다. 아이네아스도 다음 권에서는 유령으로 오인 받습니다. 그러나 어떤 의미에서 보면 그가 로마의 시조가 되기 전까지는 트로이아의 유령이 맞습니다. 이 시 전체를 통해 우리는 역사의 모퉁이를 도는 것입니다. 바로 이런 부분 때문에 《아이네이스》의 독자

14) 오디세우스의 라틴어 이름.

들은 너무나 많은 일을 겪었다는 느낌을 받게 됩니다. 그 시를 제대
로 파악하면서 처음부터 끝까지 읽어 본 사람이라면 누구도 사춘기
에 머물 수 없습니다.

위대한 이행이라는 테마는 베르길리우스가 보여 주는 소명 의식
과 긴밀히 이어져 있습니다. 이것은 베르길리우스와 호메로스를 가
장 날카롭게 구분하는 특징인데, 때로는 두 사람이 표면적으로 가장
비슷해 보이는 대목들에서 더 두드러지게 나타납니다. 아이네아스가
부하들을 격려하는 제1권의 연설(198)은 《오디세이아》 제12권(208)
에 나오는 오디세우스의 연설을 본으로 삼고 있습니다. 아이네아스
와 오디세우스 모두 자신을 따르는 이들에게 그들은 이보다 더한 일
도 겪었노라고 말합니다. 이어서 오디세우스는 여느 선장이 선원들
에게 말하듯 자신의 목표는 안전이라고 말합니다. 그러나 아이네아
스는 호메로스와는 상당히 다른 말을 덧붙입니다. 들어 보십시오.

> 언젠가는 이 고생도 즐거운 추억거리가 될 것이다.
>
> 온갖 희한한 일들을 겪고 여러 위험을 뚫고 나면
>
> 약속된 집, 라티움 땅에 곧장 이르게 될 것이다.
>
> 그곳에서 우리는 안식을 얻을 것이요, 일리움(트로이아)은 다시 태어날
>
> 것이다.(1권, 206)

"경건은 고된 길도 극복한다" *Vicit iter durum pietas*. 베르길리우스는 이

런 생각으로 시에 새로운 차원을 덧붙였습니다. 그러나 그의 주인공 아이네아스가 꿈과 징조의 인도를 받았다 해서 호메로스의 아킬레스에 견주어 볼 때 현실성이 떨어지는 인물로 생각하면 곤란합니다. 아이네아스의 실체는 성인 남자요, 어른입니다. 그에 비하면 아킬레스는 열정적인 소년에 불과합니다. 물론 열정이 소명과 충돌하다가 마침내 화해하는 시보다 즉흥적인 열정이 넘치는 시가 더 맘에 들 수는 있습니다. 사람마다 취향이 다른 법이니까요. 그러나 첫 번째 시가 아니라고 두 번째 시를 탓해서는 안 됩니다. 유럽의 시는 베르길리우스와 함께 장성한 어른이 됩니다. 그의 시에 담긴 독특한 분위기에 비추어 보면 이전의 모든 시는 소년의 시처럼 보입니다. 그런 시들은 순진하다는 점이 매력도 되고 한계도 되는데, 격렬한 황홀함과 절망이라는 공통점은 우리가 되찾을 수도 없고 되찾아서도 안 됩니다. "헛된 눈물이 떨어지는 동안에도 마음은 흔들리지 않는다." 이것이 베르길리우스의 분위기입니다. 그러나 호메로스의 시에는 마음이 흔들리지 않는다고 할 대상, 자신을 넘어서는 무엇이 없습니다. 불행하거나 행복하거나, 그것이 전부입니다. 아이네아스가 사는 세계는 다릅니다. 그는 행복보다 더 중요한 그 무엇을 바라봅니다.

의무와 욕망의 이중인격을 입고 나타나는 것이 소명의 본질이고, 베르길리우스는 둘 모두를 잘 보여 줍니다. 욕망의 요소는 헤스페리아 땅이 암시되고 예언되고 '희미하게 발견되는' 대목에서 다 드러납니다. 먼저 헥토르의 유령의 입을 통해 아직은 이름 없는 땅으로 언급되고, 그다음에는 크레우사의 유령을 통해 헤스페리아와 테베레라는 이름이 더해집니다. 그리고 가장 중요한 제3권에 이르면 아이네아스 일행이 내켜 하지 않으면서도 '영원한 도성'*mansuram urbem*을 찾아 나서는데, 늘 가까이 있을 것 같지만 실제로는 늘 너무나 멀기만 합니다. 이런 과정을 거치면서 그곳에 대한 지식은 서서히 늘어 갑니다. 그곳은 태고의 어머니 땅, 강한 팔과 비옥한 토양을 갖춘 '고대의 땅'*terra antiqua.* 상당히 가까이 있는 곳이지만, 여기저기 멀리까지 많이 다녀 봐야 하는 본인들에게는 그렇게 느껴지지 않습니다. 이제 시야에 들어왔다 싶어도 정작 그들이 찾는 부분은 보이지 않습니다. 이것은 소명의 본질을 보여 주는 초상화와도 같습니다. 부르고 손짓하고 거침없이 외쳐 대지만 그 소리를 알아듣기 위해서는 귀를 곤두세워야 합니다. 자기를 찾으라고 하면서도 한사코 몸을 숨깁니다.

이것에 대한 인간의 반응에는 의무의 요소가 보입니다. 한편에는 괴로워하면서도 순종하는 아이네아스가 있습니다. 그는 제4권에서 한순간 정말 불순종하는데 우리 눈에는 그것이 잘 포착되지 않습니다. 베르길리우스가 아이네아스의 인간적 약함을 드러내려는 (그리고 역사적 시각을 갖춘 독자의 눈에는 그 점이 분명히 드러나는) 바로 그 순간, 그의 모습이 우리 눈에는 비인간적으로 보이기 때문입니다. 오늘날 여성 및 성관계를 많이 존중하게 되면서 따라온 결과이지요. 그러나 그 외의 모든 곳에서 아이네아스는 자신의 멍에를 잘 감당합니다. 물론 그런 부름을 받지 않은 사람들을 부러운 시선으로 곁눈질하기는 하지요.

> 그대들은 행복하게 사시오! 그대들의 이야기는 이미 성취되었소.
>
> 그러나 명령을 받은 우리는, 이 운명 저 운명으로 옮겨 다니오.
>
> 그대들에게는 안식이 주어졌소. 그대들은 더 이상 드넓은 바다를 헤매지 않아도 되고
>
> 언제나 뒤로 물러서는 아우소니아의 해변15)을 찾을 필요도 없소.
>
> (제3권, 496)

　다른 편에는 소명을 듣고 오랫동안 고통스럽게 순종하며 살았지만 결국 버림받는 여인들이 있습니다. 베르길리우스는 그들의 비극을 아주 잘 인식하고 있습니다. 소명을 따른다고 해서 행복이 보장되는 것은 아닙니다. 하지만 소명을 듣고 그것을 따르지 않는 이들에게 행복은 없습니다. 물론 그들은 있던 자리에 남아 있을 수 있습니다. 시칠리아에는 아이네아스 일행이 편안하게 있을 만한 모든 것이 마련되어 있습니다. 그러나 거기 머물면 똑같이 괴로운 두 가지 사이에서 이도저도 못하고 고뇌하게 됩니다.

---

15) 이탈리아 남부에 위치.

지금 있는 땅에 눌러 앉고 싶은 비참한 갈망과

운명의 호령으로 그들을 부르는 저 먼 땅 사이에서.(5권, 656)

　이 두 행에서 베르길리우스는 온전히 거룩해진 사람이나 동물의
수준으로 떨어진 사람을 제외한 대부분의 사람이 경험하는 삶의 특
징을 완벽하게 묘사해 냈습니다. 그가 위대한 기독교 시인에 준하는
인정을 받게 된 것은 〈네 번째 목가牧歌〉 때문만이 아닙니다. 그가 로
마의 운명을 상징하는 한 편의 전설을 만들고 보니 싫든 좋든 인간
의 운명을 상징하는 작품이 탄생했습니다. 그의 시가 '위대하다'는
말은, 그로 인해 앞으로 《일리아스》와 같은 유형의 시가 다시는 위대
한 작품일 수 없게 되었다는 의미입니다. 베르길리우스를 넘어서는
그 어떤 서사적 발전이 가능한가, 이것이 진짜 물어야 할 질문입니다.
한 가지는 확실합니다. 우리가 또 다른 서사시를 갖게 된다면, 그것
은 베르길리우스를 출발점으로 삼고 거기서 더 나아간 것이어야 합
니다. 그저 영웅적인 이야기로 돌아가는 작품이나, 목숨을 구하기 위
해, 혹은 집에 돌아가기 위해, 혹은 친척을 대신해 복수하기 위해 싸
우는 용감한 사람들의 이야기를 나열하는 데 그치는 노래는 아무리
잘 지어도 이제 시대착오적인 작품이 될 것입니다. 젊은 시절을 두 번
겪을 수는 없습니다. 《아이네이스》 이후 모든 서사시의 제재가 명백
하게 종교적인 색채를 띠게 된 것은 베르길리우스가 정해 준 것입니
다. 이제 남은 것은 거기서 더 발전해 가는 일뿐입니다.

VII

이차적 서사시의 문체

> 형식과 비유는 원래 열정의 자식이지만 이제는 권력의 자녀로 입양되었다.
>
> —콜리지

베르길리우스와 밀턴의 문체는 아주 명확한 문제의 해결책으로 떠올랐습니다. 이차적 서사시는 일차적 서사시보다 더한 장엄함 solemnity을 목표로 합니다만, 일차적 서사시가 장엄함을 연출하도록 도왔던 모든 외적 지원은 사라졌습니다. 복장을 갖춰 입고 화관을 쓴 가수aoidos도, 제단도, 홀에서 벌어지는 향연도 없습니다. 안락의자에 혼자 앉아 책을 읽는 사람이 전부입니다. 그러나 혼자 있는 그 사람은 어떤 식으로건 위엄 있는 의식儀式을 거들고 있다는 느낌을 받아야 합니다. 그렇지 않으면 그는 진정한 서사시의 흥분을 맛보지 못할 테니까요. 그러므로 이제 시인은 호메로스가 시 낭송의 외부 환경에 힘입어 했던 일을 글쓰기만으로 해내야 합니다. 베르길리우스와 밀턴의 문체는 부담 없이 서재에서 혼자 묵독하는 사람에게 부족한 부분을 보충하고자, 그런 상황에 대응하고자 만들어진 것입니다. 이 사실을 깨닫지 못한 채로 이 문체에 대해 판단을 내리는 일은 적절치 못합니다. 이차적 서사시가 의식에 참여하는 듯한 느낌이 들게 하고, 주문 같고, 친밀하게 다가오지 않고, 자연스럽게 말하는 느

낌이 아니라고 비판하는 것은 그것이 원래 의도하고 지향하는 모습
에 충실하다는 이유로 비판하는 것과 같습니다. 말하자면 등장인물
들이 말을 하지 않고 노래를 부른다고 오페라나 오라토리오를 비난
하는 것과 같지요.

　일반적이고 분명한 의미에서 이차적 서사시에 필요한 효과를 만
들어 내는 방법은 소위 '웅장'하거나 '고양'된 문체를 사용하는 것입
니다. 밀턴에 관한 한(저는 베르길리우스의 작품을 분석할 만한 학자는 아니
기 때문에) 이 웅장함은 주로 세 가지 방법으로 만들어집니다. (1) 의
고체擬古體를 포함해 다소 낯선 단어와 구조를 사용합니다. (2) 고유
명사를 사용합니다. 음성적 효과를 노려서가 아니라, 그 명사들이
화려하고 외지고 끔찍하고 육감적이거나 기념할 만한 대상들의 이름
이라서 쓰는 것입니다. 이것은 독자가 세상의 풍요로움과 다양함을
한눈에 파악하고 그 시를 읽으면서 호흡할 '탁 트인 대기'*largior aether*
를 공급하기 위해서입니다. (3) 우리의 감각 경험에서 관심을 끄는
것의 온갖 출처(빛, 어둠, 폭풍, 꽃, 보물, 성애 등)를 계속 언급하면서도 대
단히 엄격한 분위기로 그 모두를 제어하고 관리합니다. 시를 읽는 동
안 사라지지 않고 죽 이어지는 감각적 흥분, 한껏 기운을 북돋우는
다채로운 경험은 여기에서 나옵니다. 그러나 이 모두는 서사시가 아
닌 위대한 시를 읽을 때도 얻을 수 있습니다. 제가 주로 지적하고 싶
은 것은 따로 있습니다. 시인 밀턴이 독자들을 끊임없이 조종한다는
점입니다. 그는 실제 낭송회에 참석한 것처럼 우리를 사로잡으며, 시

의 어느 한 행이나 한 단락도 느긋이 즐기도록 내버려 두지 않습니다. 흔히 밀턴의 문체를 오르간 음악에 비유합니다만, 독자를 오르간으로 밀턴은 오르간 연주자로 보는 것이 더 도움이 될 것입니다. 그가 연주하는 악기는 우리입니다. 우리가 허락한다면 말입니다.

도입 단락을 살펴봅시다. 《실낙원》의 공공연한 철학적 목적(인간에 대한 하나님의 길이 옳음을 밝히는 것)은 여기서 그다지 중요하지 않습니다. 이 스물여섯 행의 진짜 기능은 이제 뭔가 큰 일이 벌어질 것 같은 느낌을 주는 것입니다. 시인이 그 느낌을 주는 데 성공한다면, 우리는 1권 나머지 부분에서, 어쩌면 더 오랫동안 그가 마음대로 주무를 수 있는 찰흙이 될 것입니다. 이런 시에서 시인이 벌이는 전투는 대부분 초장에 승패가 갈리는 법이기 때문입니다. 그리고 그는 저를 상대로 완전히 성공을 거두었고, 저는 그의 비결을 어느 정도 알 것 같습니다. 첫째, 시 안에 무게감이 살아 있습니다. 거의 모든 행을 길고 강세가 있는 단음절어로 끝내면서 만들어 낸 효과입니다. 둘째, 두 지점에서 심오한 영적 준비가 이루어짐을 직접적으로 암시합니다. "분명히 더 좋아하시는 성령이여"와 "내 속에 있는 것은 어둡습니다." 위대한 시작을 알리는 이 직접적인 암시가, 뒤를 잇는 몇몇 대목으로 얼마나 훌륭하게 보강되는지 보십시오. 세계 창조를 내비치는 구절("비둘기처럼 품고 앉으시어"), 올라가고 들어 올리는 이미지("이는 중층천中層天에만 머물지 않고… 높이 날아올라… 높여 떠받쳐 주소서. 이 높고 위대한 주제에 어긋남이 없이"), 하늘과 땅이 "혼돈으로부터 생겨났"음을 상기할 때 창조와 올라감이 강력하게 합쳐지는 모습, 여기다가 아리오스토[1]로부터 빌려온("시도된 바 없는"), 다가올 좋은 일에 대한 상쾌한 아침의 기대, "이윽고 한 위대한 분"의 등장으로 생겨난, 역사 전체를 아우르는 방대한 서사시를 읽게 될 거라는 예감. 위대한 일의 시작을 암시하는 모든 이미지가 한데 모였고, 그것을 읽어 나가는 저의 근육은 긴장으로 꿈틀거립니다. 그러나 다시 들여다보면 이 이미지들 사이의 표면적이고 논리적인 연관성은, 제가 추적해 온 정서적 연관성과 정확히 일치하지는 않음을 알 수 있습니다. 이 점이 중요합니다. 한 가지 면에서 밀턴의 기법은 일부 현대인들의 기법과 상당히 유사합니다. 그는 우리의 의식 속에서 정서적 관계로 이어져 있는 개념들을 한데 모읍니다. 그러나 현대인들과 달리, 그는 논리적 연관성의 허울도 항상 제공합니다. 이렇게 하면 좋은 점이 있습니다. 우리의 논리적 기능을 잠재워서 주어지는 것들을 묻지 않고 받아들일 수 있게 해준다는 것입니다.

시인이 표면적으로 제시하는 논리적 연관성과 그가 실제로 우리의 상상력을 조종할 때 쓰는 정서적 연관성이 다르다는 사실이 그의 직유 중 상당수를 이해하는 열쇠입니다. 밀턴의 직유는 그가 내세우는 주장의 실례를 드는 체하지만 실제로는 그렇지 못한 경우도 있습

1) 이탈리아의 시인.

니다. 비교되는 두 대상의 유사성은 종종 사소하고, 논리적 검열관
의 체면을 살려 주는 정도에서 그칩니다. 제1권 끝 부분에서 악마들
은 요정에 비유됩니다. 둘의 닮은 점은 작다는 것뿐입니다. 이 직유
의 첫 번째 용도는 대비하여 부각시키고, 지옥에서 달빛 비치는 영국
의 어느 길로 넘어와 숨통을 트게 해주는 것입니다. 두 번째 용도는
아래 대목을 보면 분명하게 드러납니다.

> 멀리 안쪽에서는
>
> 본래의 크기 그대로인
>
> 거대한 스랍(세라핌)과 그룹(케루빔)의 대공大公들,
>
> 수많은 반신半神들이 밀실의 황금 자리에 앉아
>
> 비밀회의를 한다.
>
> (제2편, 796)

　요정들과의 대비를 통해 회의에 참석한 악마들의 거대함이 부각
되고, 토론 직전의 침묵이 강렬해집니다. 이 강렬함은 독자가 제2편
도입부를 맞이할 마음의 준비를 하게 만듭니다. 더 나아가, 악마들을
난쟁이 크기로 변화시켰던 전체 목적이 이 직유의 지점에서 달성되
었고, 이 변화 자체가 악의 소굴의 거대함을 보여 주는 소급적 효력
이 있다고 말할 수 있을 것입니다. 논리학자의 눈에는 "억지로 끌어
다 붙인" 것으로 보일 수 있지만, 시에서는 이 부분이 제1편 끝 부분

및 2편 도입부와 아주 긴밀하게 얽혀 있어서 이 부분을 떼어 낸다면 그 부작용이 100행 정도까지 영향을 줄 것입니다. 가끔 물리학자들은 물질이 가진 원격 작용력을 인정해야 한다고 생각하는데, 밀턴 시의 거의 모든 문장에 그런 힘이 있습니다.

밀턴의 직유에 숨겨진 이런 장점(말하자면)의 사례들은 누구나 쉽게 떠올릴 수 있을 것입니다. 낙원은 엔나 들판[2]에 비유됩니다. 두 가지 아름다운 경치를 비교하는 것입니다(제4편, 268). 그러나 물론 이 직유의 더 깊은 가치는 눈에 확 띄게 유사해 보이지 않는 유사함에 있습니다. 두 장소 모두 젊고 아름다운 이들이 꽃을 모으다 지하세계에서 올라온 어두운 세력에게 습격을 당한 곳입니다. 이후 에덴은 니사 섬, 아마라 산과 비교됩니다. 학식이 부족하다고 생각하는 독자라도 걱정할 것 없습니다. 이 직유를 해석하기 위해 주석을 뒤질 필요는 없고, 시인이 이 지명들을 선택한 동기에도 현학적 허세가 들어설 자리는 없으니까요. 우리가 알아야 할 내용은 시인이 다 말해 줍니다. 니사 섬은 강에, 아마라 산은 높은 산에 둘러싸여 있습니다. 둘 다 은신처입니다. 질문을 미루고 계속 읽어 나가다 보면, 에덴이 은밀한 곳이라는 느낌, 무한히 소중하여 보호 받으며 고이 모셔진 곳이라는 느낌이 전해집니다. 그리고 밀턴이 독자의 마음속에 불러일으

---

2) 페르세포네가 평화롭게 꽃을 따다가 하데스에게 납치된 곳.

키려 애쓰는 낙원에 대한 자각이 풍성해집니다. 가끔씩 시인 밀턴이
도를 벗어나 도무지 받아들일 수 없는 터무니없는 논리적 연관관계
를 설정한다는 점은 저도 인정합니다. 제4편 160-171에서 밀턴은 사
탄이 에덴에 얼마나 어울리지 않는 존재인지 느끼게 해주고 싶은 마
음에 향긋한 꽃향기 사이로 갑자기 생선 악취를 끌어들이고 아주 불
쾌한 히브리 이야기[3]를 암시합니다. 그러나 두 이야기 사이에 논리적
연결고리가 있는 것처럼 표현한 것(아스모데우스가 물고기 태우는 냄새를
좋아한 정도보다 사탄이 낙원의 꽃들을 좋아한 정도가 더 컸다는 식으로)은 지
나친 억지입니다. 그 부분을 읽을 때는 터무니없다는 생각이 듭니다.

물론 이런 조작 능력은 직유에만 한정되지 않습니다. 제3편 끝
부분에서 밀턴은 사탄이 태양을 방문하게 합니다. 여기서 태양의 열
기와 밝기 얘기만 계속 늘어놓는 것은 큰 의미가 없겠지요. 그랬다가
는 서투른 많은 시인들이 그랬듯 최상급의 수식어들로 채워진 늪에
빠지고 말 것입니다. 밀턴은 그다음 100행 분량을 태양의 모습으로
꽉 채웁니다. 먼저(583) 태양이 우주를 "부드럽고 따뜻하게 감싸는"
그림이 나오고, 그 따스한 햇살이 뚫고 나가는 엄청난 거리가 암시됩
니다. 그다음 588행에서는 '반점'spot이라는 단어를 사용한 말장난에

---

3) 구약 외경 〈토비트〉에 등장하는 유대인 여자 사라는 일곱 번 결혼했으나 그녀를 짝사랑하는
색마色魔 아스모데우스에게 일곱 남편을 다 잃는다. 토비트의 아들 토비아는 천사 라파엘의 도
움에 힘입어 물고기 심장과 간장을 태워 악마를 쫓아낸다.

실낙원 서문

기대어 갈릴레오가 발견한 태양의 흑점sun-spots도 등장합니다. 그다음에는 연금술의 세계가 펼쳐지는데, 연금술이 금에 부여한 거의 무제한의 능력과 금과 태양의 영향력을 결합시킨 힘을 거울 삼아 태양의 장엄함과 활기와 화학적인 것 이상의 특성을 보여 줍니다. 이어서 밀턴은 여전히 간접적인 방식으로 그림자 없는 세계의 경이로움을 깨닫게 합니다(614-620). 그다음에는 우리엘(하나님의 불)이 등장하고, 태양은(플리니우스[4])와 베르나르두스Bernardus를 모르는 아이라 해도 스펜서와 오비디우스를 읽어서 다 아는 바와 같이) 세계의 눈이므로 우리엘은 하나님의 눈이 되는 영들 중 하나이고(650) 물질계에 나타나는 하나님의 특이한 눈(660)이자 "하늘에서 가장 날카로운 눈을 가진 영"(691)이라는 말이 나옵니다. 물론 이것은 현대 과학에서 말하는 태양은 아닙니다. 그래도 밀턴 시대까지 태양이 의미했던 거의 모든 내용이 이 대목에 모여 있고, 밀턴의 표현을 사용하자면 여기엔 "마실 수 있는 황금이 흐릅니다."

밀턴의 시에서 현학적 허세로 오해받은 대목(그의 '어마어마한 학식'이라는 말이 툭하면 들리지요) 중 많은 부분이 실제로는 '환기喚起용 표현'evocation입니다. 시인이 직유와 암시를 찾아 하늘과 땅을 샅샅이 뒤진다면, 그것은 과시하기 위해서가 아니라 독자를 은근히 압박하여

4) Pliny, 고대 로마의 정치가, 군인, 학자.

그들의 상상력이 그가 원하는 방향으로 흘러가도록 물길을 터주기 위해서입니다. 앞에서 보았다시피, 독자가 주어진 암시에 반응하기 위해 갖추어야 할 학식은 밀턴이 그 암시를 찾아내기 위해 갖추어야 했던 학식에 비하면 아무것도 아닙니다. 이 사실을 이해하고 나면 밀턴의 문체에서 가장 혹독한 비판의 대상이었던 라틴어적 구조에 접근할 수 있게 될 것입니다.

서사시의 문체에서는 연속성이 필수입니다. 인쇄된 글이 홀에서 노래하는 시인의 목소리와 같은 영향을 독자에게 끼치려면 노래가 죽 이어져야 합니다. "지치지 않는 날개에 실려" 부드럽고 매끈하게 말이지요. 독자가 각 문장 끝에 눌러 앉게 해서는 안 됩니다. 한 단락이 끝날 때의 약간 긴 휴지부는 한 곡의 음악 안에서 음악의 일부로 등장하는 휴지부 같은 느낌으로 다가와야지, 콘서트에서 한 곡이 끝나고 다음 곡이 시작될 때까지의 침묵 같은 느낌으로 다가오면 안 됩니다. 서사시 안의 한 편과 다음 편 사이에서도 우리는 마법에서 깨어나거나 축제의 옷을 완전히 벗어 버려서는 안 됩니다. 배가 움직이지 않으면 방향타가 듣지 않지요. 우리가 계속 시를 따라가는 동안에만 시인이 우리의 마음을 사로잡을 수 있습니다.

거칠게 말하면, 밀턴은 문법학자들이 단문單文이라 부르는 것을 피함으로써 연속성을 확보합니다. 그런데 그의 문장이 던Donne이나 셰익스피어와 같다면, 독자에게는 참을 수 없이 피곤하게 다가올 것입니다. 그래서 밀턴은 복잡한 구문을 구사하면서도 그것이 상상력에 끼치는 전반적 효과는 단순하고 내용 전개는 순서에 딱 맞아떨어지게 합니다. 이렇게 되면 복잡한 구문의 흐름을 타고 가기만 해도 우리의 감수성은 구문 아래 놓인 단순한 효과에 대체로 열려 있게 됩니다. 후커[5]의 산문을 읽을 때는 그의 문장들을 샅샅이 파악해야 하지만, 밀턴의 운문 문장들은 그럴 필요가 전혀 없습니다. 뭔가 내적으로 긴밀히 연결된 것이 앞에 놓여 있다, 말의 흐름이 덩어리로 뚝뚝 끊어지지 않는다, 지칠 줄 모르는 커다란 음성을 따라간다, 이런 전반적인 느낌(굳이 분석해 본다면 이 느낌은 대체로 옳은 것으로 드러날 것입니다)만 있다면, 시인이 독자를 이끌고 가는 '영향력'을 유지하기에 충분합니다. 예를 하나 들어 봅시다.

> If thou beest he; But O how fall'n! how chang'd
> From him, who in the happy Realms of Light
> Cloth'd with transcendent brightness didst outshine
> Myriads though bright: If he Whom mutual league,
> United thoughts and counsels, equal hope
> And hazard in the Glorious Enterprize,
> Joynd with me once, now misery hath joynd

---

5) Richard Hooker. 1554~1600. 영국 국교회 성직자, 신학자.

In equal ruin: into what Pit thou seest

From what highth fall'n.

만일 그대가 그라면, 아, 너무나 추락했도다! 너무나 변했도다.

행복한 빛의 나라에서

더없는 광휘에 싸여 밝은 뭇별보다

찬란하게 빛나던 그대였건만! 만일 그대가 그라면,

한때는 동맹을 맺고 생각과 뜻을 합쳐

영광스런 대업을 위해

같은 희망으로 모험을 감행했으나,

이젠 같은 파멸에 빠져 불행을 함께하게 되었으니,

그대는 알리라, 얼마나 높은 데서 얼마나 낮은

구렁텅이로 떨어졌는가를.

(1편 84)

상당히 복잡한 문장입니다. 하지만 구문에 신경 쓰지 않고 그냥
읽으면 (그리고 말하는 소리가 아니라 읊조리는 소리의 여운을 느끼면) 자연
스럽게 순서대로 그림이 펼쳐지게 됩니다. 잃어버린 하늘의 영광, 최
초의 음모와 계획, 실제 전쟁의 희망과 위험, 그리고 불행, 파멸, 구렁
텅이. 그러나 복잡한 구문이 쓸모없지는 않습니다. 그 덕분에 노래가
보존되고, 우리가 떠나온 거대한 물줄기의 엄청난 추진력을 단 몇 행
만에 느낄 수 있습니다. 이 시의 거의 모든 문장이 그 점을 보여 주는

사례가 될 수 있습니다.

　문장과 문장 사이의 극도로 라틴어적인 연결도 같은 역할을 하고, 직유의 경우처럼 상당한 정도의 착시 효과를 불러일으킵니다. 제3권 32행에 나오는 "nor sometimes forget(때때로 잊을 수 없는 것은)"이 좋은 예입니다. 이 구절에서 밀턴은 줄곧 간접적으로 암시해 온 인물, 위대한 눈먼 시인을 직접 거론합니다. 고대의 신화적 눈먼 시인들이 투입된다면 우리의 상황은 훨씬 풍요로워질 것입니다. 스펜서 같은 시인이라면 Likewise dan Homer(호메로스처럼)나 그 비슷한 문구로 그냥 새로운 연을 시작했을 것입니다. 그러나 그렇게 해서는 밀턴의 목적을 이룰 수 없습니다. 말이 장황해져서, 마치 의자에 앉은 노신사의 수다처럼 들릴 테니까요. Nor sometimes forget(32행)은 Sion and the flowrie Brooks(시온과 꽃 만발한 시내를, 30행)에서 연속성을 가지고 Blind Thamyris(눈먼 타미리스, 35)로 넘어가는 듯한 인상을 주는데, 무희가 정형화된 춤동작으로 한 자세에서 다른 자세로 넘어가는 것과 같습니다. 26행의 Yet not the more(그러나 여전히 [중단하지] 않고)도 또 다른 사례입니다. Sad task, yet argument(슬픈 일이로다. 그러나 그 주제는, 9권 13행)도 그렇고, Since first this subject(처음 이 주제 [에 끌린] 이래, 9권 25)도 그렇습니다. 이 표현들은 사고의 진정한 연관성을 나타내는 것이 아닙니다. 헨델의 곡에서 길게 늘여서 부르는 음절이 실제 발음에 해당하지 않는 것과 같습니다.

밀턴의 라틴어식 문장 구조는 어떤 면에서 영어 문장을 엄격하게 만들기도 하지만, 이야기가 더 잘 흘러가게 만든다는 사실도 주목해야 합니다. 고정된 어순은 굴절어가 아닌 영어가 치러야 하는 값비싼 대가입니다. 밀턴의 문장 구성은 시인이 고정된 어순에서 어느 정도 벗어나 문장 안에 원하는 순서대로 개념들을 넣을 수 있게 해줍니다. 그렇게 해서 다음과 같은 문장이 탄생했습니다.

> soft oppression seis'd
>
> My droused sense, untroubl'd, though I thought
>
> I then was passing to my former state
>
> Insensible, and forthwith to dissolve.
>
> 그 가벼운 압력에 눌려
>
> 몽롱해졌는데 괴롭지는 않았나이다. 그런데
>
> 이전의 상태, 감각 없던 그때로 돌아가
>
> 당장 몸이 녹아내릴 것 같다는 생각이 들었나이다.
>
> (8편, 291)

이 구문은 너무 인위적이어서 구조가 모호합니다. untroubled가 me를 수식하는지, sense를 수식하는지 모르겠고, insensible이나 to dissolve의 구조에 대해서도 비슷한 의문이 듭니다. 그러나 따지고 보면 저는 알 필요가 없습니다. drowsed(몽롱해졌는데)—untroubled(괴

롭지는 않았고)—my former state(이전의 상태)—insensible(감각 없던)
—dissolve(녹아내릴), 이 단어들이 정확한 순서로 이어집니다. 의식
의 붕괴가 눈앞에 펼쳐지고 있고, 미스터리에 가까운 구문이 그 상
황을 더 실감나게 만듭니다. 또 다른 사례로는 이런 대목이 있습니
다.

> Heav'n op'nd wide
>
> Her ever-during Gates, Harmonious sound
>
> On golden Hinges moving.
>
> 하늘은 영원 불변의 문을 활짝 열고
>
> 황금 돌쩌귀를 움직여 아름다운 소리를 내며
>
> (7편, 205)

　moving은 gates와 호응하고 sound를 지배하는 자동사 분사일
수 있습니다. 아니면 harmonious부터 moving에 이르는 구 전체가
탈격 독립어구일 수도 있습니다. 하지만 어느 쪽이 맞건, 이 대목의
효과는 동일합니다. 극단적인 현대주의자라면 같은 문장을 이렇게
표현할 듯싶습니다.

> Gates open wide. Glide
>
> On golden hinges⋯

Moving…

Harmonious sound.

평범한 발화 단위를 이런 식으로 해체하고 나눌 수 없이 연이어 흘러가는 즉각적 경험과 더 비슷하게 급격히 되돌리는 일을 밀턴도 해냅니다. 그러나 극도로 다듬어진 구조라는 모양새를 갖춤으로써 그는 들뜬 느낌을 피하고, 품위를 유지하고, 독자가 고개를 갸웃거리지 않게 합니다.

끝으로, 이 문체가 서사시 문체로서만이 아니라 밀턴이 선택한 특정한 이야기의 문체로도 적합한지 판단하는 일이 남았습니다. 제가 이야기를 풀어 가는 측면에서 이 시를 살펴보는 동안, 독자께서 인내심을 갖고 따라와 주시면 좋겠습니다. 밀턴은 이 시의 테마에 따라 인간의 정신 안에 존재하는 몇 가지 아주 기본적인 이미지를 다룹니다. 보드킨[6]이 즐겨 쓰는 표현을 빌려 말하면 '원형적인' 패턴들이지요. 천국, 지옥, 낙원, 신, 악마, 날개 달린 용사, 벌거벗은 신부, 외계의 허공 등이 있습니다. 이런 이미지들이 진정한 영적 통찰력에서 나온 것인지, 혼돈스러운 기억으로 남은 태아기적 또는 유년기적 경험에서 나온 것인지는 여기서의 쟁점 사항이 아닙니다. 비평가의 관

---

6) Amy Maud Bodkin. 1875~1967. 문학비평가.

심은, 시인이 그것들을 어떻게 불러일으키고 완벽하게 다듬어 독자의 머릿속에서 반응하게 만드는지에 있습니다. "불러일으킨다"는 말은 심사숙고하여 쓴 것입니다. 어리숙한 독자는 밀턴이 자기가 상상하는 낙원의 모습을 묘사했을 거라고 생각하겠지만, 시인 밀턴은 그것이 소용없는 일이라는 사실을 알고 있었습니다(또는 아는 것처럼 행동했습니다). 행복한 동산(정원)에 대한 그의 개인적 이미지는 여러분이나 저의 경우처럼 적절치 못한 내용들로 가득합니다. 예를 들면 어린 시절 뛰놀던 첫 번째 정원에 대한 추억 같은 것이지요. 그런 특정한 내용들을 철저히 묘사하면 할수록 독자의 머릿속에, 혹은 밀턴의 머릿속에 존재하는 낙원 개념으로부터 더 멀어지게 됩니다. 진짜 중요한 것은 그 특정한 것들을 통해서 오는 어떤 것, 그것들을 변모시키는 모종의 빛이기 때문입니다. 그런데 특정한 것들에 집중하면 그것들은 죽어 버리고 우리 손에서 차갑게 식어 갑니다. 정교하게 지은 신전을 완성한 후, 신은 떠나고 없다는 사실을 발견하게 되는 것이지요. 하지만 밀턴은 무엇인가를 묘사하는 것처럼 보여야 할 입장에 있습니다. 《실낙원》에서 낙원에 대해 아무 말도 안할 수는 없습니다. 자신이 상상하는 내용을 묘사하는 것 같은 인상을 주면서 사실은 독자의 상상력을 일깨워야 합니다. 독자의 상상력을 깨운다는 것은 명확한 그림을 그리는 것이 아니라, 독자의 깊은 내면에서 낙원의 빛을 다시 찾게 하는 것을 말합니다. 모든 외적 이미지들은 그 빛에 대한 일시적인 반사체에 불과합니다. 독자인 우리는 그의 오르간입니다. 그는 낙원을 묘사하는 것처럼 보이지만, 실제로 그가 한 일은 우리 안에 있는 낙원의 음전陰栓을 끌어내는 것입니다. 그가 이 작업을 주로 하고 있는 대목(4편, 131-286)을 자세히 살펴봅시다. 그럴 만한 가치가 충분한 일입니다.

그 대목은 "so on he fares(이렇게 그는 계속 나아간다)"(131)로 시작합니다. 여기서는 "계속"on이 중요한 단어입니다. 사탄은 계속계속 나아갑니다. 낙원은 멀리 떨어져 있습니다. 우리는 낙원의 "경계"로 다가가고 있습니다. 거리는 서서히 다가감을 뜻합니다. 이제 "더욱 가까워"집니다(133). 그러다 장애물이 나타납니다. "황막한 산"과 "우거진 산비탈"입니다(135). "우거진"hairy이라는 단어를 허투루 보지 마십시오. 밀턴은 행복한 정원이 인체의 이미지라는 프로이트의 생각을 끔찍하다고 생각지는 않았을 것입니다. 물론, 여기서의 요점은 낙원으로 오르는 일이 "기괴하고 거칠고"(136) "가까이 갈 수 없다"(137)는 것입니다. 그러나 장애물만으로는 뭔가 부족합니다. 이런 유의 시에서 시인의 승패는 대부분 초장에 갈린다는 사실을 기억하십시오. 그가 우리에게 커져 가는 기대, 오고 있지만 아직 다다르지 않은 낙원의 빛 개념을 갖게 할 수 있다면, 그가 마침내 동산 자체를 설명할 무렵쯤에서 우리는 이미 그의 설명을 받아들일 준비가 되어 있을 것입니다. 그는 절정의 대목에서 그가 할 일을 우리가 알아서 할 수 있게끔 준비 작업을 하고 있는 것입니다. 그래서 밀턴은 137행에서 진행의 분위기, 위로 진행하며 수직으로 한 단계씩 올라가는 분위기를 만들어 내기 시작합니다. "머리 위에는" "지극히 높은 나무들" 이 있습니다(138). 그러나 그것만으로는 부족합니다. 이 나무들은 계단 모양이거나 층층이 올라가는 형태의 수목(삼나무, 소나무, 전나무)이고, 여기에 전통적으로 승리를 뜻하는 동양의 나무(종려나무)들이 더해집니다(139). 수목들은 극장의 무대처럼 서 있고(140) 여기서 밀턴은 *silvis scaena coruscis*(흔들리는 나무들의 무대세트, 《아이네이스》, 1권, 164)를 염두에 두고 있습니다. 나무들은 극장처럼 층을 이루며 서 있습니다(140-142). 이 대목을 읽고 있으면 점점 높아지는 나무들을 상상하느라 나도 모르게 목이 뻣뻣해집니다. 그러나 그다음 대목에 이르면 뜻밖의 광경이 펼쳐집니다. 꿈속에서 보이는 풍경처럼, 나무 꼭대기가 꼭대기가 아닌 것을 알게 되지요. 그 모든 수목들 위, "훨씬 높은"(142) 곳에 낙원의 푸르고 싱그러운 담장이 솟아올라 있습니다. 그리고 그곳을 올려다보던 우리에게 잠시 휴식이 허락됩니다. 마법 지팡이라도 휘두른 듯, 어느새 우리는 다른 시각에서 세상을 보고 있습니다. 우리는 지상의 왕 아담이 되어 그 푸른 성벽에서 아래 세상을 "내려다"봅니다(144-145). 물론 원래 시각으로 돌아오면 담장은 더 높아 보입니다. 그런데 사실은 그 담장도 진짜 꼭대기는 아니었습니다. 담장 위로, 믿기 어렵지만 마침내, 이번에는 인간의 눈으로 낙원의 나무들을 봅니다. 147-149행에서 우리는 직접적인 묘사의 첫 몇 구절과 대면합니다. 물론, 나무에는 금빛 열매가 달려 있습니다. 우리가 늘 알던 바와 같습니다. 모든 신화가 그렇게 가르쳤으니, 이 지점에서 '독창성'을 요구하는 것은 참으로 무감각한 처사입니다. 그러나 우리에겐 그것들을 계속 쳐다보고 있을 여유가 없습니다. 무지개 직유(150-152)가 나오고, 그 즉시 우리의 낙원 풍경은 무지개의 끝자락으로 물러납니다. 그다음에는 순차적으로 정도를 더해 가는 테마가 다시 등장하는데, 이번에는 공기가 매순간 더 맑아집니다(153). 미풍이 살랑살랑 불어올 때마다(*Quan la douss aura venta*) 오감 중 환기 효과가 가장 큰 후각을 활용해 19행에 걸쳐 그곳의 분위기를 그려 낸 다음, 갑자기 사탄의 악취를 내놓습니다(167). 그다음에는 멋진 관현악 작품이 끝난 후처럼, 잠시 쉬었다가 서서히 다가가는 이미지로 돌아갑니다. 사탄은 여전히 "계속" 나아가고 있습니다(172). 그런데 장애물들은 갈수록 어마어마해지고, 이내 진짜 입구는 "반대쪽에" 있다(트로이아인들이 이탈리아를 보았을 때 발견했던 것처럼)는 사실이 드러납니다(179). 이어지는 대목은 이야기의 중심 테마와 관련된 것이기에 여기서는 건너뛰겠습니다. 205행에서 다시 낙원 이야기가 나옵니다. 우리는 마침내 낙원 안에 들어왔고, 이제 시인은 묘사라고 할 만한 무엇인가를 제시해야 합니다. 그로서는 다행히도, 이제는 우리 안에 있는 낙원 관념이 완전히 깨어났기에 그가 제시하는 웬만한 특정 이미지는 거의 다 받아들이고 흡수할 만한 상태가 되었습니다. 그러나 그는 특정한 이미지가 아니라 "좁은 장소에 담긴 자연의 모든 부"라는 개념으로 시작합니다. 그 "좁은 장소"에는 방비가 갖춰진 작은 공간과 무도회장으로 밀려드는 달콤함의 이미지가 담겨 있습니다. 하나님은 그 모두를 심으셨습니다(210).
창조하신 것이 아니라 심으셨습니다. 에스겔 31장에 나오는 신인동
형론적 하나님이 어린아이가 장난감 정원을 만들듯 만드신 것입니
다. 가장 이른 단계, 가장 낮은 단계가 드러나고 있습니다. 한때 이
일대는 부유한 고대 도시들이 들어찬 즐거운 땅(214)이었지만, 낙원
의 산은 황금에 박힌 보석처럼 한층 더 즐거운(215) 곳입니다. 휘황
찬란한 그 도시들에서 슬쩍 가져온 느낌이 이제 낙원에 대한 우리
의 느낌으로 흘러듭니다. 이어서 나무들, 신화적이고 누멘[7]적인 나
무들과 헤스페로스의 정원[8]에서 따온 "식물성 황금"이 등장합니다
(217-222). 그리고 강이 나타납니다. 강은 알프 강[9]처럼 어둠 속으로
스며들었다가 자연적 갈증에 이끌려 여러 구멍을 통해 밖으로 나옵
니다(228). 이 부분에서 우리는 다시 인체를 떠올리게 됩니다. 위쪽
에는 이 유기체적 어둠과 대비되는 "청옥青玉의 샘"(237)이 있고, 단단
하고 밝은 것을 암시하는 "진주"와 "황금"(238)이 있습니다. 끝으로,
245-265행에서 낙원 풍경을 묘사하는데, 그 내용이 하나같이 뻔하
고 두루뭉술하고 짧습니다. 이런 유의 시를 싫어하는 독자는 밀턴
의 낙원에 거부감을 표현할 수도 있습니다. 향액香液, 금빛 과일, 가

---

7) *Numen*, 신神의 행위, 영향력, 신비스런 힘을 뜻하는 고대 라틴어.
8) 그리스신화의 헤라 여신의 동산. 불멸을 가져다주는 황금 사과나무가 있는 곳.
9) 새뮤얼 콜리지의 시 〈쿠블라칸〉에 나오는 강.

시 없는 장미, 졸졸졸 흐르는 물 등 "뻔한 좋은 것들" 말고 예상 못한 것이 나오면 좋겠다고 말이지요. 그러나 여기에는 뜻밖의 것이 들어올 자리가 없습니다. 시인이 이 대목에서 분명하고 유서 깊은 내용을 언급한 것은 잃어버린 동산에 대한 참신한 생각을 드러내기 위해서가 아니라 그 동산을 찾았다는 사실, 우리가 마침내 집에 돌아왔다는 사실을 말하기 위해서입니다. 시인의 사적인 생각의 중심부가 아니라 미로의 중심부, 우리의 중심부, 인류의 중심부에 다다른 것입니다. 동산의 묘사는 딱 그 사실을 알리는 데 충분할 만큼만 이어집니다. 264행에 이르면 "바람"이 불안하게 반복되면서 묘사가 고조되고 떨리기 시작합니다. 이것은 다음 행들에서 터져 온갖 신화 속 장면들로 흘러듭니다. 우리는 이 대목에 말 그대로 푹 잠깁니다. 이것이 진짜 절정입니다. 낙원에 들어온 우리는 288행에 이르러서야 마침내 희고 곧고 엄격하고 육감적인 모습을 한 우리 첫 번째 부모를 만날 준비가 됩니다.

VIII

이 문체에 대한 옹호

한 손에 들린 완전한 수정, 그녀[1]의 밝은 눈에서 나오는 천 개의 빛을
한데 모으니 혼란이 불타 사라지고 인간의 모든 지위를 분간한다.
도덕과 외모가 그 정교함에 힘입어 보기 좋은 옷을 갖춰 입는다.
그녀의 다른 손, 월계수 가지를 휘둘러 야만성과 탐욕을 물리친다.
놈들은 흙과 배설물과 인간의 사지를 먹으며 따라왔고
예절이 죽임을 당하는 순간 신들의 자리로 뻔뻔하게 올라갈 것이다.
—채프먼[1], 〈헤로와 레안드로스〉, III. 131

7장의 내용을 읽은 많은 독자들의 반응을 다음과 같은 말로 표현할 수 있을 것 같습니다.

"루이스는 우리가 시詩가 아니라고 생각하는 것을 정확히 묘사했어. 그가 말한 대로 밀턴처럼 청중을 조종하는 것이야말로 시인의 사심 없는 활동과 구분되는, 수사학자와 선동가의 사악한 행위의 본질이지. 관습적인 상황에 대해 상투적 반응(당신은 그것을 '원형적 패턴'이라 부르지요)을 이끌어 내는 것이야말로 싸구려 작가의 확실한 증표라니까. 이런 식의 계산된 화려함과 거창함은 참된 시적 성실과 정반

---

*1) Those of the goddess Ceremony, 예절 여신.
1) George Chapman, 1559~1634. 영국의 시인이자 극작가. 호메로스의 《일리아스》와 《오디세이아》를 번역하여 영국 문학에 크게 기여했다.

대되는 것이며, 키가 커 보이려고 죽마에 오르는 한심한 시도지. 한 마디로, 밀턴이 가짜가 아닌지 늘 의심스럽던 차에 루이스가 나서서 그 의심이 옳았음을 확인해 준 셈이군. 피고가 유죄를 인정했다 *Habemus confitentem reum*."

이런 견해를 가진 분들이 제가 설명을 더 한다고 해서 생각을 바꾸는 경우는 그리 많지 않겠지만, 그분들과 저의 차이점이 본질적인 것임을 분명히 해두는 것이 합당하다는 생각이 듭니다. 저의 입장이 오류라면 그것은 무심코 빠진 오류가 아니라 '영혼에 담긴 거짓'일 것입니다. 또 제 입장이 진실이라면, 그것을 잃으면 상상력이 죽는다고 할 만큼 기본적인 진실일 것이고요.

첫째, 조종에 대하여. 저는 수사학자의 기술이 반드시 악하다고만은 생각하지 않습니다.(위대한 문명을 이룬 사람들 중 그렇게 생각한 경우는 없었습니다.) 그것은 그 자체로 고귀한 것입니다. 물론 대부분의 기술이 그렇듯 이 기술도 악하게 쓰일 수는 있습니다. 저는 수사와 시의 차이점이 수사는 청중을 조종하는 것이고 시는 청중에 무관심한 채 그 고유의 목적인 순수한 자기표현을 하는 것이라고 생각하지 않습니다. 제가 볼 때, 두 기술 모두 청중을 향해 어떤 일을 하는 것을 분명한 목적으로 삼고 있습니다. 그리고 수사와 시, 모두 언어를 사용해 우리 머릿속에 이미 존재하는 것을 제어하는 방식으로 그 일을 합니다. 수사는 우리 마음에 (워렌 헤이스팅스[2]를 탄핵하겠다거나 에스파냐의 펠리페 2세에게 선전포고를 하겠다는 등의) 실제적인 결심을 하게

끔 하고, 이성을 돕도록 감정을 불러내어 그 일을 한다는 점이 다릅니다. 웅변가 스스로 합리적이라고 믿는 일에 대해 감정의 지원을 호소할 경우 그는 정직하게 수사를 구사한 것이며, 이 신념이 옳은 것이라면 유용하게 활용한 것입니다. 그러나 실제로는 불합리한 일에 대해 그가 감정의 지원을 호소한다면 수사를 해롭게 구사한 것이며, 불합리한 일인지 알면서도 그렇게 했다면 부정직하게 수사를 구사한 것입니다. 수사를 적절히 사용하는 것은 적법하고 필요한 일입니다. 아리스토텔레스가 지적한 것처럼, 지성 그 자체는 "아무것도 변화시키지 못하기" 때문입니다. 거의 모든 순간, 거의 모든 사람의 경우, 생각에서 행동으로 이행하기 위해서는 적절한 감정 상태의 도움이 필요합니다. 수사의 목적은 행동에 있기 때문에, 수사가 다루는 대상들은 축소되고 그 실체는 상당 부분 생략됩니다. 따라서 펠리페 2세의 야망은 사악하고 위험한 측면만 제시됩니다. 분개와 적당한 두려움은 사람들이 생각에서 행동으로 넘어가게 하는 정서적 통로이기 때문입니다. 그런데 좋은 시는 펠리페 2세의 야망을 다루면서, 그 총체적 실체에 훨씬 가까운 모습을 제시할 것입니다. 크고 복잡한 세상에서 펠리페 2세의 위치에 있는 사람이 펠리페 2세로 사는 심정이 어떤 것인지 알려 줄 것입니다. 시인의 펠리페 2세는 웅변가의 펠리

---

2) Warren Hastings. 영국의 인도식민지 총독. 1750년부터 20년 동안 식민통치에 관여했다. 1788년에 인도 통치시대의 부패와 흑정黑政을 이유로 의회의 탄핵을 받았다.

페 2세보다 더 구체적일 것입니다. 시가 목표로 삼는 결과물은 행동보다는 비전과 더 비슷하기 때문입니다. 그러나 이런 비전은 감정을 아우릅니다. 어떤 대상은 사랑스럽거나 혐오스러운 것으로 보아야 합니다. 그렇지 않다면 올바로 본 것이 아닙니다. 누군가에게 치통을 싫어하는 마음을 갖게 하여 치과에 가도록 설득하는 것은 수사입니다. 그러나 실제 행동을 끌어내려는 의도 없이 그냥 경험담을 들려줄 목적이거나 치통의 실체를 전달하고 싶을 뿐이라 해도, 우리의 이야기를 듣고 친구의 머릿속에 생겨난 관념에 치통의 불쾌함이 들어 있지 않다면 우리 이야기는 실패라고 해야 할 것입니다. 불쾌함이 빠진 치통은 추상 개념에 불과합니다. 따라서 독자나 청자의 감정을 일깨우거나 빚어내는 것은 시가 이끌어 내려는 구체적 현실에 대한 비전에도 꼭 필요한 요소입니다. 아주 거칠게 표현하자면, 수사에서는 상상력이 감정을 위해 (따라서 장기적으로는 행동을 위해) 존재하지만, 시에서는 감정이 상상력을 위해 존재합니다. 따라서 시의 감정은 장기적으로 볼 때 지혜나 영혼의 건강—세계에 대한 올바르고 넉넉한 총체적 반응—을 위해 존재한다고 말할 수 있을 것 같습니다. 물론 그런 올바름은 올바른 행동에 간접적으로 보탬이 되는 경향이 있고, 그 자체로 즐겁고 마음의 안정을 가져다줍니다. 그렇기 때문에 '시는 독자를 즐겁게 해서 가르치거나 가르쳐서 즐겁게 한다'고 했던 옛 비평가들의 말이 백 번 옳다고 볼 수 있지요. 리처즈I. A. Richards 박사와 제임스 D. G. James 교수의 팽팽하게 맞선 두 이론은 접촉점을 찾을 수 없을 만

큼 다른 것이 아닐 수도 있습니다. 리처즈 박사의 경우, 시는 우리 안
의 여러 심리적 태도가 온전한 평형을 이루게 해줍니다. 제임스 교수
에게 시는 "이차적 상상"의 대상을 제공하고, 세계를 보는 하나의 견
해를 제시합니다. 물론 현실을 보는 (순전히 개념적인 것에 그치지 않는)
구체적인 견해라면 실제로 여러 올바른 태도를 포함할 것이고, 인간
이 그가 거하는 세계에 적응하는 존재라면 그의 올바른 태도들의 총
체는 아마도 온전한 평형을 이룰 것입니다. 그러나 그렇다 해도, 시는
분명 독자의 마음이 시를 읽기 전과 다른 상태가 되게 하는 것을 목
표로 삼습니다. 시인만을 위해 존재하는 시, 대중은 그저 엿듣는 자
리에만 있게 되는 시라는 개념은 몇몇 비평가들이 최근에 들고 나온
어리석은 주장입니다. 독백에는 딱히 감탄할 만한 것이 없습니다. 아
니, 사람은 자신이라는 청중 앞에서 가장 가식적으로 행동하고 가장
정교한 속임수를 쓴다고 할 수 있습니다.

　다음으로 '상투적 반응'이라는 문제가 있습니다. 리처즈 박사가
말한 '상투적 반응'은 의도적으로 조직해 낸 태도이며 "경험의 직접
적이고 자유로운 작용"을 대신합니다. 제가 볼 때 이런 의도적인 조
직화는 인간의 삶에 꼭 필요하고, 이것을 지원하는 일이 예술의 주
요 기능입니다. 우리가 사랑이나 우정에서 절조라고 부르는 것, 정치
생활에서 충성이라고 부르는 것, 일반적으로는 뚝심이라고 부르는 모
든 것—모든 굳건한 미덕과 안정된 즐거움—은 특정한 태도들을 선택하고
조직화하는 일이며, 즉각적인 경험의 외부적 변화(또는 "직접적이고 자

유로운 작용")에 휘둘리지 않고 그것을 잘 유지하는 것이 중요합니다.
리처즈 박사도 이것을 부인하지는 않을 것입니다. 그러나 그의 학파
는 반대쪽에 강조점을 둡니다. 그들은 우리 반응이 늘 더 예민한 안
목을 갖추고 더 까다로워지는 방향으로 개선되어야 하는 것처럼 말
합니다. 지금보다 더 통상적이고 관습적인 반응이 필요한 것처럼 말
하는 법은 결코 없습니다. 하지만 제 생각은 다릅니다. 대부분의 경
우, 사람들의 반응은 충분히 '상투적이지' 않은 반면, 경험의 작용은
너무나 자유롭고 직접적이어서 안전이나 행복, 인간의 존엄을 위협
합니다. 이와 반대되는 생각이 나타난 여러 원인을 따져 볼 수 있습
니다. (1) 논리의 쇠퇴. 여기서 특수한 것이 진짜고 보편적인 것은 진
짜가 아니라는 속 편한 생각이 나옵니다. (2) 낭만주의적 원시주의
(리처즈 박사는 여기에 동의하지 않습니다). 이것은 정교한 것보다 자연적
인 것, 의도한 것보다 의도하지 않은 것을 선호합니다. 이것의 등장과
함께 '경험' 그 자체는 존경할 만한 대상이 아니며 의지를 발휘해 자
기 것으로 삼고 만들어 가고 북돋워야 할 원재료일 뿐이라는 오래된
확신(한때 힌두교 신자, 플라톤주의자, 스토아학파, 그리스도인, '휴머니스트'가
모두 공유했던 확신)이 사라졌습니다. (3) 조직화된 반응과 가장한 반
응의 혼동(둘 다 자발적인 것이라는 사실에서 생긴 혼동입니다). 폰 휘겔Von
Hügel은 어디선가 이렇게 말했습니다. "사랑하기 때문만이 아니라 사
랑하기 위해서도 아들에게 뽀뽀한다." 이것이 조직화이고, 선한 것입
니다. 그러나 아이들을 사랑하는 것처럼 보이려고 뽀뽀할 수도 있습

니다. 이것은 가장이고 악한 것입니다. 이 구분을 무시해서는 안 됩니다. 예민한 비평가들은 나쁜 작가들이 좋은 상투적 반응을 흉내 내는 모습을 보는 데 지친 나머지 진짜를 만나고도 가식적 행동의 또 다른 사례로 오해합니다. 그들은 내가 아는 누군가와 같습니다. 그는 물에 비친 달을 그린 시원찮은 그림을 너무 많이 본 탓에, 진짜 둑에 비친 진짜 달의 모습을 보았을 때도 '틀에 박힌' 광경이라며 비판했습니다. (4) 기본적으로 올바른 특정한 인간 반응은 본성 자체에서 '주어지는' 것이고 당연한 것으로 여길 수 있기에, 이 토대를 갖춘 시인들은 독자에게 더욱 섬세하고 세련된 구분을 가르치는 심화 작업에 자유롭게 몰두해도 된다는 믿음(나중에 다루게 될 '변하지 않는 인간의 마음'설과 연관이 있습니다). 저는 이것이 위험한 망상이라고 생각합니다. 아이들이 흙장난을 좋아하는 것은 타고나지만, 어른들이 흙을 대할 때의 상투적 반응은 배워야 하는 것입니다. 정상적인 성性의식은 '주어진 것'이 아니라 길고 정교한 암시와 적응 과정을 거친 끝에 얻게 되며, 그 과정이 너무 어려워서 끝내 그것을 얻지 못하는 개인들도 있고 그런 사회도 있습니다. 밀턴이 사탄을 묘사하면서 독자들에게 기대했던 상투적 반응은 낭만주의 운동이 시작된 이래 줄곧 약화되어 왔는데, 이것이 제가 이 강연을 진행하는 이유 중 하나입니다. 이제는 배신에 대한 상투적 반응도 모호해졌습니다. 불과 며칠 전에 저는 점잖은 노동자가 호호 경卿[3]을 태연하게 (그 어떤 분노나 반어법의 기미도 없이) 옹호하며 "그 사람은 그렇게 생활비를 번다는 걸

기억해야죠"라고 말하는 것을 들었습니다. 죽음에 대한 상투적 반응도 불분명해졌지요. 어떤 사람이 말하는 것을 들었는데, 병원에 있을 때 벌어진 '흥미로운' 일이라고는 같은 병동의 환자 한 사람이 죽은 것뿐이었다고 하더군요. 고통에 대한 상투적 반응도 마찬가지입니다. '저녁 시간'을 '수술대에 누운 환자'에 비유한 엘리엇 씨의 표현을 좋게 여기는 사람도 있으니까요. 그 표현은 감수성의 붕괴를 보여주는 충격적 사례로 등장한 것이 아니라 너무나 "유쾌할 만큼 불쾌"하다는 이유로 찬사의 대상이 되었습니다. 이제는 쾌락에 대한 상투적 반응조차도 신뢰할 수 없습니다. 저는 한 남자(젊은 남자였습니다)가 관능이 두드러지는 던Donne의 시를 폄하하는 것을 들었습니다. 그 이유는 "섹스"라는 말만 나오면 "소독제와 고무 제품을 떠올리게 된다"는 것이었습니다. 우리는 기본적으로 올바른 인간다운 반응에다 "상투적", "조악한", "부르주아적", "인습적" 등의 모진 수식어를 쉽게 갖다 붙이지만 그런 반응은 '주어지는' 것과는 거리가 멀고 습득하는데 힘이 많이 들며 잃어버리기는 쉬운, 훈련된 습관들의 절묘한 균형 상태입니다. 이 균형 상태를 유지하지 못하면 우리의 미덕은 물론 쾌락도 보장할 수 없고, 어쩌면 인류의 생존조차도 위태로울 수 있습니다. 인간의 마음은 수시로 변하지만 (눈 깜짝할 사이에 알아볼 수 없을 만

---

3) Lord Haw Haw. 제2차세계대전 중 독일에서 영국을 향해 선전 방송을 한 영국인 윌리엄 조이스의 별명.

큼 변하지만) 인과 작용은 변하지 않으니까요. 독이 유행이 된다고 해
도 독초를 먹으면 죽습니다.

　제가 제시한 사례들에는 우리가 사람으로 존재하기 위해 필요
한 상투적 반응들이 이미 위험에 처했다는 경고가 담겨 있습니다.
이 우려스러운 발견에 비추어 보면, 밀턴이나 낭만주의 이전의 다
른 시인들은 대단히 훌륭했습니다. 그런 옛날 시들은 '사랑은 달콤하
다, 죽음은 쓰라리다, 미덕은 사랑스럽다, 아이들이나 정원은 유쾌하
다' 등의 일정한 상투적 테마들을 끊임없이 내세움으로써 도덕적, 사
회적으로뿐 아니라 생물학적으로도 중요한 기여를 했으니까요. 시가
"기쁨을 줌으로써 가르쳤다"고 말한 옛 비평가들은 역시 옳았습니
다. 예전에는 새로운 세대가 주로 시를 통해서 올바른 상투적 반응
을 배웠기 때문입니다. 상투적 반응을 흉내 내는 법을 배운 것이 아
니라 흉내를 냄으로써 그렇게 반응하게 된 것입니다[2]. 시가 그런 역
할을 하지 않게 됨으로써 세상이 더 나아진 것은 아닙니다. 현대인들
이 의식意識의 새로운 영토를 정복하고자 돌진하는 사이, 인간이 살
아갈 수 있는 유일한 영역인 옛 영토가 무방비로 방치되었고, 우리
는 배후에서 적을 만날 위험에 처했습니다. 비정상적인 반응을 연출
하지 않고도 다채롭게 반응하고 평범하면서도 저속해지지 않는, 잃

---

[2] "우리는 어떤 일을 하는 법을 어떻게 배우는가? 그 일을 해봄으로써 배운다." 아리스토텔레스
　의 말입니다(《니코마코스 윤리학》, 2권, 1).

어버린 시적 기술을 회복해야 할 필요가 절실합니다. 이 회복이 이루어지기 전까지는 밀턴의 시와 같은 시가 그 어느 때보다 필요합니다.

더욱이 신화적 서사시가 그 구성 요소에 있어서 새로움을 시도해서는 안 되는 특별한 이유가 있습니다. 구성 요소를 활용하여 새로운 시도를 하는 것은 얼마든지 가능합니다. 그러나 거인, 용, 낙원, 신 등은 인간 영혼이 경험하는 분명한 기본 요소들을 표현한 것입니다. 이런 의미에서 볼 때 그것들은 소설에 등장하는 인물이나 장소라기보다는 다른 방식으로는 말할 수 없는 것을 말하는 단어에 가깝습니다. 거기에 완전히 새로운 특징을 부여하는 것은 독창적이라기보다는 문법에 맞지 않는 일입니다. 그런 식으로 창조력과 저속함이 기묘하게 뒤섞인 사례가 만화영화 〈백설공주〉입니다. 영화 속의 왕비에게는 뛰어난 비독창성이 있습니다. 그녀는 아름답고 잔인한 모든 왕비의 원형입니다. 예상했던 왕비의 모습 그대로이면서, 더없이 전형에 충실하다는 점만 다르지요. 거만하고 술 취한데다 희극배우 같은 얼굴을 한 난쟁이들의 모습에는 나쁜 독창성이 있습니다. 진짜 난쟁이의 지혜, 욕심, 현실성은 온데간데없고 제멋대로 지어낸 우둔함뿐입니다. 그러나 백설공주가 숲속에서 깨어나는 장면에서는 제대로 된 독창성과 비독창성이 모두 쓰였습니다. 좋은 비독창성은 진짜 동화 *märchen*의 문체로, 작고 섬세한 동물들을 위로자로 등장시킨 데서 볼 수 있습니다. 좋은 독창성은 처음에 우리가 그 동물들의 눈을 괴물의 눈으로 착각하게 만든 데 있습니다. 예상 밖의 상황을 그리는 것

이 아니라, 우리를 평생 따라다녔던 이미지를 예상을 뛰어넘을 정도
로 완벽하고 정확하게 그려 내는 것이 비결입니다. 밀턴의 낙원이나
지옥의 놀라운 점은 마침내 작품으로 구현된 천국과 지옥이 우리가
꿈꾸던 모습 그대로 우리 앞에 꿋꿋하게 서 있다는 것입니다. 이렇게
낚싯바늘 하나로 거대한 바다괴물을 낚아 올릴 수 있는 시인은 많지
않습니다. 이것에 비하면 시인 밀턴이 집어넣었을지 모르는 새로움과
그것이 주는 즐거움은 덧없고 시시할 뿐입니다.

　계산된 웅장함이니 '죽마' 운운하는 공격이 남아 있는데요, 여기
서 곤란한 점은, 현대 비평가들이 밀턴은 어떻게든 우리를 속이려 든
다고 생각하는 경향이 있다는 것입니다. 《실낙원》의 모든 단어에는
시인이 부과한 압력, 곧 시어의 작위성이 느껴지는데, 오늘날 이런 효
과를 살리고 싶어 하는 시인은 거의 없으니 밀턴도 가능하면 이런
특성을 숨기고 싶었을 테고, 그런데도 이런 특성이 드러났다는 것은
그가 자연스러운 느낌을 만들어 내는 데 실패했다는 뜻이라고 생각
할 위험이 있습니다. 그러나 밀턴이 즉흥적으로 말하고 있다는 느낌
을 주고 싶어 합니까? 그는 자신의 시가 미리 계획한 것이 아니라 뮤
즈에게서 나온 것이라고 말합니다. 그 말이 사실일지도 모릅니다. 어
쩌면 그 무렵 그의 서사시 문체가 "스스로 생각하고 시를 짓는 언어"
가 되어 버렸는지도 모릅니다. 그러나 그것은 중요하지 않습니다. 즉
흥적인 분위기, 즉 이 시가 그 자리에서 우러난 시인의 감정을 표현
한 것이라는 인상을 주는 일이 이런 종류의 작품에 과연 적절한가,

이것이 진짜 문제입니다. 저는 아니라고 생각합니다. 그런 인상을 받아 버리면 '뭔가 비범한 일이 벌어지고 있다'는 가장 중요한 느낌을 놓치게 됩니다. 던의 전통에 속한 시원찮은 시인들은 한껏 기교를 부려 시를 써놓고는 일상적 표현 같은 느낌을 주려고 노력합니다. 만약 밀턴이 속임수를 쓴다면, 이와 정반대 방향으로 이루어질 것입니다. 의식을 행하는 사람은 자신이 평소처럼 자연스럽게 걷고 있다거나, 자신의 몸짓이 집에서처럼 즉흥적으로 나온 것이라는 느낌을 주려고 노력하지 않습니다. 몸에 익어서 의식하지 않고도 의식이 진행될 정도라면, 그는 의식이 의도적인 것으로 보이도록 애를 쓸 것입니다. 그래서 의식의 보조자인 우리가 그와 우리의 어깨를 동시에 짓누르는 장엄한 의식의 무게를 느낄 수 있게 할 것입니다. 그의 태도에서 격식을 갖추지 않거나 친숙한 요소가 보인다면 그것은 '진심'이나 '자연스러움'의 표시가 아니라 부적절한 모습입니다. 실제로는 예복이 무겁지 않아도 무겁게 보여야 마땅합니다. 그러나 그것을 속임수라고 생각할 필요는 없습니다. 습관과 경건한 정신 집중, 또는 뮤즈라 불러도 될 만한 다른 어떤 것이 작용하여 《실낙원》의 시어가 고심하지 않고도 떠올라 그의 머릿속에 흘러들었을 수도 있으니까요. 그러나 그 내용은 일상 대화와는 거리가 멀었고, 신비한 진리를 해설해 주는 양식화된 것이었습니다. 가수가 노래할 때 말하는 척 가장하지 않듯, 이 문제는 '자연스러움'을 가장하지 않습니다.

　　시인 밀턴이 자신의 시에 일인칭으로 등장할 때도 개인 존 밀턴

으로 받아들여서는 안 됩니다. 만약 그가 개인 밀턴이라면 그의 등장
은 부적절할 것입니다. 시 안에서 그는 눈먼 시인이라는 하나의 이미
지가 되고, 우리는 그 원형적 인물상을 제시하는 데 도움이 되는 이
야기만 듣습니다. 노래로 표현되는 것은 그의 인격이 아니라 직책입
니다. 《투사 삼손》의 도입부와 《실낙원》 3편의 도입부에 나오는 내용
이 밀턴이 자신의 눈먼 상태에 대해 실제로 느낀 바라고 생각한다면
큰 오해입니다. 물론 실제 인물 밀턴은 눈먼 상태에 대해 시에서 표현
한 것보다 더 많은 것을 느꼈을 테고, 그중에는 덜 흥미로운 내용도
있을 것입니다. 시인은 그런 총체적 경험 중에서 서사시와 비극에 적
절한 내용을 각각 골라냅니다. 《투사 삼손》에는 초조함, 굴욕, 섭리에
대한 의문이 들어갑니다. 비극의 역할은 "연민과 우려, 또는 두려움
을 잘 모방한 작품을 읽고 모종의 기쁨을 얻어… 그런 격정들을 마
음에서 몰아내는 것"이기 때문입니다. 밀턴 본인이 눈이 멀지 않았다
해도, 그는 다른 맹인의 경험 중에서 비극에 적절한 요소들을 선택해
삼손의 입에 넣어 주었을 것입니다.(눈먼 상태에 대한 지식은 아무래도 부
족했겠지만 말입니다.) "그의 이야기"가 "핍진성逼眞性[4]과 적정률適正率[5]을
만족시키는 구성"을 갖추려면 그렇게 해야만 하기 때문입니다. 반면,
그는 눈먼 상태의 차분하고 좋은 점, 눈먼 상태를 좋은 것으로 연상

---

4) 진실인 것 같은 느낌.
5) decorum, 문학 작품에서 장르, 등장인물과 행위, 이야기와 서술 문체 등이 서로 잘 어울리는 것.

하게 만드는 모든 내용을 골라 《실낙원》 3편 도입부에 싣고 있습니다. 두 경우 모두 성실이나 위선 같은 단어가 쓰일 자리가 아닙니다. 《실낙원》에는 위대한 눈먼 시인이 필요하고 《투사 삼손》에는 고통받아 의문을 제기하는 죄수가 필요합니다. "적정률이야말로 최고의 작품이 갖추어야 할 요소입니다."[6]

시인 밀턴이 시적 역량을 발휘해 웅장한 시를 쓴다고 해서 거부감을 가져서는 안 됩니다. 그것은 독자인 우리의 유익을 위한 것이니까요. 그가 서사시를 의식儀式으로 만든 이유는 우리가 거기에 참여하게 하려는 것입니다. 그것이 의식적인 것이 될수록 우리는 참여자라는 더 높은 위치로 올라갑니다. 시인이 사사로운 개인이 아니라 신비의 해설자나 합창단 지휘자로 등장하기 때문에, 그의 시를 읽을 때 우리가 듣는 것은 한 개인이 인간의 타락에 대해 생각하고 느낀 바가 아니라 그의 지휘하에서 모든 기독교계가 추는 거대한 춤에 참여하라는 부름입니다. 우리도 그들을 따라 하늘 높이 솟구쳤다가 추락하고, 지옥과 낙원, 타락과 회개의 공연에 동참하라는 것이지요.

이제까지는 흔히 생각하는 것처럼 《실낙원》의 문체가 딱딱하고 인위적인 것이라는 가정 하에서 밀턴의 문체를 다루었습니다. 저는 그의 문체를 옹호했을 뿐, 그 가정에 의문을 제기하지는 않았습니다. 《실낙원》의 문체는 딱딱하고 인위적이어야 한다고 생각하기 때문입

6) 밀턴이 《교육론》에서 한 말.

니다. 그런데 저는《실낙원》문체의 이런 특성이 과장되어 있다고 봅니다. 그리고 이런 생각을 밝히지 않는 것은 부정직한 일이라고 생각합니다. 우리가《실낙원》에서 전형적인 '시적 표현'이라고 생각하는 문구는 실은 그런 것이 아니며, 오로지 밀턴이 그것을 썼다는 이유로 이후 시어로 정착되었습니다. 그가 'optic glass'(망원경, 1편, 288)라고 쓴 것을 보고 우리가 에두른 시적 표현이라고 생각하는 이유는 톰슨[7]이나 애컨사이드[8]를 떠올리기 때문입니다. 그러나 밀턴 시대에는 그것이 일상적인 표현이었던 것 같습니다. "ruin and combustion"(추락과 파멸, 1편, 46)을 읽을 때 우리는 자연스럽게 이렇게 생각하게 됩니다. 'aut Miltonus aut diabolus'(밀턴 얘긴지 악마 얘긴지)! 하지만 장기의회[9] 문서에 동일한 표현이 등장한다 합니다. "alchymy"(놋쇠악기, 2편, 517)는 밀턴이 만들어 낸 모호한 단어 같지만, 실제로 이 단어는 거의 상호처럼 쓰인 말이었습니다. 운문에 적용된 numerous(허다한, 5편, 150)는 '시적'으로 들리지만 실은 그렇지 않았습니다.《실낙원》을 원래의 의미 그대로 읽는다면 지금 우리가 생각하는 것보다 더 '일상어로 된 작품'을 만나게 될 것입니다. 그러나 그 차이가 그리 크지는 않을 겁니다. 저는 지금 밀턴의 문체를 의식적 문체로 바라보

---

7) James Thomson. 1700~1748. 스코틀랜드의 시인, 극작가.
8) Mark Akenside. 1721~1770. 영국의 시인, 의사.
9) 1640년 소집되어 1653년에 해산된 영국 의회. 1640년 3주 만에 해산된 단기의회와 구별하여 이런 이름이 붙었으며, 밀턴이 열성적으로 동참한 청교도혁명의 중심 무대였다.

며 옹호하고 있습니다.

옛 비평가들은 이런 시에 대한 합당한 반응이 '흠모' 내지 '놀라움'이라고 하며 우리를 잘못 인도했을지도 모르겠습니다. '흠모'라는 말을 현대적 의미로 받아들이면 엄청난 오해가 생기지요. 저라면 '흠모' 대신 차라리 기쁨이나 흥분이라고 하겠습니다. 황홀한 요소와 고통스러운 요소를 아우르는 총체적 경험 속에 솟아나는 확고하고 평온한 행복이라고 하겠습니다. 엘리엇 씨는 〈드라이 샐비지즈The Dry Salvages〉에서 "너무나 몰입하여 듣느라 들리지 않는 음악"에 대해 말합니다. 우리가 교향곡에 몰입한 상태에서 벗어나지 않으면 그 몰입을 유도한 소리들이 귀에 분명하게 들어오지 않습니다. 마찬가지로, '웅장한' 문체가 전달하는 경험 속으로 빠져들어야 비로소 우리는, 어떤 의미에서 그 문체를 더 이상 의식하지 않게 됩니다. 향은 써야 소모됩니다. 시가 흠모에 불을 붙이면 우리는 시를 흠모할 여유가 없어집니다. 의식에 완전하게 참여할 때 우리는 더 이상 의식을 생각하지 않고 의식을 행하는 목적에 몰두하게 됩니다. 그리고 의식이라는 수단을 거쳐야만 그런 집중에 이를 수 있음을 알게 됩니다. 《실낙원》을 읽는 내내 거기서 나오는 소리와 양식에만 주목하는 이들은 그 소리와 양식의 원래 목적을 알아 내지 못한 것입니다. 그들보다는 우연히 밀턴의 시 한 쪽을 처음으로 읽고 어떻게 된 일인지 모르지만 새로운 힘과 넓이와 밝음과 열정을 느끼고 세상이 달라졌음을 깨달아 고개를 들고 "세상에!" 하고 말하는 어린 학생이 더 진실에 가깝다고 할 수 있습니다.

IX

'변하지 않는 인간의 마음'설

모든 시대에 거하기를 거부하고
모든 나라의 아름다움을 보기를 등한히 하는 것은
자신을 대단히 부당하게 대우하는 일이다.
—트러헌[1]

이제까지는 거의 《실낙원》의 형식만 살펴보았지만 이제 그 내용을 다룰 때가 되었습니다. 현대의 독자들은 이 부분에서도 어려움을 겪습니다. 크리켓 선수이자 사립학교 교사인 브라이언 혼 씨는 밀턴이 현대의 책을 읽는다면 얼마나 많은 주註가 필요하겠느냐고 학생들에게 말했더니 밀턴을 읽을 때 주註가 필요한 이유를 납득하더라는 이야기를 해주었습니다. 괜찮은 접근 방법 같습니다. 밀턴이 살아 돌아와서 우리 시대의 문학 작품을 한 주 동안 읽는다면, 그가 우리에게 얼마나 많은 질문을 하게 될까요? liberal(진보적), sentimental(감상적), complacent(안일한) 같은 단어들이 어떻게 해서 못마땅한 의미로 쓰이게 되었는지 그에게 설명하다 보면 이야기가 아주 복잡해질 테고, 설명을 끝내기 전에 우리는 이것이 그저 어휘적 질문들에

---

1) Thomas Traherne. 1637?~1674. 영국의 시인.

대한 답변이 아니라 하나의 철학을 해설하는 일임을 깨닫게 될 것입니다. 그런데 우리가 《실낙원》을 읽을 때는 입장이 뒤바뀝니다. 밀턴은 그에게 익숙한 땅에 있고, 배워야 할 쪽은 우리입니다.

시를 공부하는 사람은 시대 간의 이런 간극을 어떻게 다뤄야 할까요? 자주 추천되는 방법은 '변하지 않는 인간 마음' 탐색법이라 부를 만한 것입니다. 이 방법에 따르면 한 시대와 다른 시대를 가르는 차이점들은 피상적입니다. 중세 기사의 갑옷과 찰스 1세의 조신들이 입었던 레이스 달린 옷을 벗기면 우리와 똑같은 인간의 몸을 보게 될 것처럼, 베르길리우스에게서 로마 제국주의를 벗겨 내고, 시드니[2]에게서 기사도 정신을 벗겨 내고, 루크레티우스에게서 에피쿠로스 철학을 벗겨 내고, 종교를 가진 모든 사람에게서 종교를 벗겨 내면 '변함없는 인간의 마음'을 얻게 될 것인데, 우리는 바로 이것에 집중해야 한다는 주장입니다. 저도 오랫동안 이 견해를 주장했지만 지금은 포기했습니다. 물론 사람들의 다른 점들을 제거하면 똑같은 것만 남을 테고, 인간의 마음에서 변하는 것들을 무시하면 변하지 않는 부분만 남는 것처럼 보일 것입니다. 그러나 저는 이런 식의 최소공배수 연구가 옛 시를 연구하는 사람이 세울 수 있는 최고의 목표인

2) Philip Sidney. 1554~1586. 영국의 군인, 정치가, 시인, 평론가. 전투에 참가해 치명상을 입고도 빈사 상태에 있던 병사에게 자기 물을 준 이야기는 유명한데, 당시 이상적인 신사상像, 기사도 정신의 전형典型으로 추앙받았다.

지 의심하게 되었습니다. 우리가 모든 시에서 최소공배수를 찾는다면, 차이가 나는 요소를 다 벗겨 내었을 때 남는 최소공배수에 해당하는 것들을 가장 중요하게 여기고 싶은 유혹을 받을 것입니다. 그러나 만약 그것이 우리가 읽는 시 전체에서 가장 중요한 요소가 아니라면 어떻게 될까요? 그렇게 되면 우리의 시 연구 전체가 저자와 벌이는 전투가 될 것입니다. 우리는 시인이 의도한 적이 없는 형태로 작품을 일그러뜨리고, [피아노에 비유하자면] 시인이 소프트페달을 밟은 지점에서 라우드페달을 쓰게 만들고, 시인이 가볍게 넘어간 부분을 억지로 부각시키고, 그가 강조한 대목은 대충 넘겨 버릴 것입니다. 현대에 와서도 처음에는 단테의 《신곡》을 읽을 때 〈지옥편〉에 초점을 맞추었고, 그중에서도 파올로와 프란체스카[3]의 사연을 지나치게 강조했는데, 이것이 바로 저자와 벌인 전투의 사례입니다. 장 드 묑Jean de Meun이 이어 쓴 《장미 이야기Romance of the Rose》 후반부에 나타나는 풍자적 요소들에 공통적으로 집중한 것도 같은 사례입니다. 때로는 우리가 이렇게 부각시키는 특징들이 인간성의 변하지 않는 요소가 표현된 것이 아니라, 오랜 과정을 거쳐 변화한 끝에 옛 저자와 현대 분

---

3) 리미니 성주의 딸 프란체스카는 이웃 나라 성주인 잔초토 말라테스타와 정략결혼을 하게 된다. 추남에 절름발이였던 잔초토는 자기 대신 잘생긴 동생 파올로를 보내 선을 보게 하고 결혼식을 올렸다. 결혼 후 이 사실을 알게 된 프란체스카는 파올로를 더욱 사모하게 되고 잔초토가 자리를 비운 사이 둘은 사랑을 나눈다. 시종의 밀고로 사실을 알게 된 잔초토는 결국 두 사람을 살해한다.

위기 사이에 유사성이 생겨난 것일 수도 있습니다. 우리는 변함없는 요소가 아니라 변화한 우리 모습과 운 좋게 닮은 부분을 발견한 것입니다. 이것은 스코틀랜드 사람이 킬트를 입은 그리스 보병을 보고 그가 장로교인이 분명하다고 생각하는 것과 같습니다. 이런 착각 속에서 우리는 베르길리우스가 특별히 디도[4] 이야기에서 변하지 않는 인간의 마음을 표현하고 있다거나, 압살롬의 죽음이 아벨의 죽음보다 더 '중심적'이라고 생각하게 될 수 있습니다. 물론 이런 방식으로 작품을 읽으면 아무 유익도 얻을 수 없다고 말하는 것은 아닙니다만, 이렇게 해서 옛 저자들이 쓴 작품의 진면목을 헤아리고 있다고 생각해서는 곤란합니다.

다행히 좀더 나은 길이 있습니다. 기사의 갑옷을 벗기는 것이 아니라 그의 갑옷을 직접 입어 보는 것입니다. 레이스 달린 옷을 벗은 조신朝臣의 모습을 생각해 보는 것이 아니라 레이스 달린 옷을 입으면 어떤 느낌일지 알아보는 것입니다. 《아르타멘, 또는 키루스 대왕 Artamène ou le grand Cyrus》[5]에 나오는 조신의 명예, 재치, 왕정주의, 용맹함을 다 갖춘 상태 말입니다. 저는 제가 루크레티우스의 신념들을

4) 카르타고의 여왕. 살아남은 트로이아인들을 이끌고 새로운 정착지를 찾아 항해하다 카르타고에 도달한 아이네아스를 사랑하게 되었다. 아이네아스가 새로운 정착지를 찾아 다시 떠나자 절망한 디도는 불 속으로 뛰어들어 자살하였다.
5) 17세기 프랑스 작가 마들렌 드 스퀴데리의 작품. 페르시아 역사에서 소재를 끌어왔지만 당시의 대표적인 문예 살롱인 랑부예의 단골손님들의 모습을 묘사해 놓았다.

받아들일 때 어떤 기분일지 알고 싶습니다. 그런 신념이 없는 루크레티우스가 어떤 심정일지에 대해서는 관심이 없습니다. 루크레티우스 안에 있을지 모르는 C. S. 루이스보다는 제 속에 있을지 모르는 루크레티우스에 더 관심이 갑니다. 체스터턴G. K. Chesterton의 《공언과 부정 Avowals and Denials》에는 〈모든 세대의 상속자, 인간에 대하여On Man: Heir of All the Ages〉라는 참으로 훌륭한 에세이가 있습니다. 상속자는 유산을 물려받는 사람인데, "과거에서 끊어진 사람은… 더없이 부당한 방식으로 상속권을 박탈당한 자"입니다. 우리의 인간됨을 최대한 누리기 위해서는 가능한 한 모든 시대의 잠재력을 우리 안에 담아내야 하고, 가끔은 그동안 인간이 지나온 온갖 시기의 느끼고 생각하는 방식을 구체화해야 합니다. 호메로스를 읽는 동안에는 자기 힘이 미치는 한 아카이아의 대장이 되어야 하고, 맬러리[6]를 읽을 때는 중세 기사가 되어야 합니다. 존슨전[7]을 읽을 때는 18세기의 런던 사람이 되어야 하구요. 그렇게 할 때 비로소 "저자가 기록할 당시의 정신으로" 작품을 읽을 수 있고 터무니없는 비평을 피할 수 있습니다. 인간의 마음은 대체로 변화하는 법이니 그 변화를 연구하는 것이 마음의 불변성에 대한 허구를 붙들고 흥겨워하는 것보다 낫습니다. 이런

---

6) Thomas Malory, 1405~1471. 영국 작가. 아서 왕과 원탁의 기사들의 성공과 몰락을 영어로 쓴 최초의 산문 《아서 왕의 죽음Le Morte d'Arthur》(1470)으로 유명하다.
7) 영국의 변호사이자 전기 작가 제임스 보즈웰이 쓴 대시인 새뮤얼 존슨의 전기.

저런 문화에서 인간의 마음이 실제로 보여 준 모습을 벗겨 내면 그 자리에는 어느 누구의 실생활과도 다른 앙상한 추상만이 남습니다. 좀더 단순한 예를 찾아봅시다. 시대와 장소를 달리하는 여러 사회에 다양하게 나타나는 요리 문화에서 고유한 성질을 갖는 모든 것을 제거해 버리면 결국 남는 것은 그저 물리적 행위에 불과합니다. 인간의 사랑에서 그에 따르는 온갖 다양한 금기, 감정, 윤리적 구별을 제거하면 남는 것은 시로 노래할 만한 대상이 아니라 치료 가능한 대상에 불과합니다.

논리학자들은 '변하지 않는 인간 마음'설의 오류가 보편적인 것에 대한 최소공배수 이론의 또 다른 예라는 사실을 인식할 것입니다. 증기나 가스나 전기로 움직이는 것도 아니고, 고정되어 있거나 움직이는 것도 아니며, 크지도 작지도 않은 엔진이 진정한 엔진이라는 생각이지요. 그러나 엔진의 본질, 인간성, 그 외의 모든 보편적인 것을 이해하는 실제적인 방법은 그것이 나타낼 수 있는 다양한 모든 모습을 연구하는 것뿐입니다. 나무의 가지들을 따라가야지 잘라내서는 안 됩니다.

그러므로 우리는 "밀턴의 사상에서 영속적 독창성을 보이는 요소를 연구하고 신학의 쓰레기에서 인간의 영구적인 관심사를 분리해 내야"(*Milton*, p. 111) 한다는 소라Saurat 교수의 말에 귀를 닫아야 합니다. 이것은 복수 코드라는 '쓰레기'를 제거한 후《햄릿》을 연구하라거나, 부적절한 다리들을 제거한 지네나 뾰족 아치를 없앤 고딕

건축을 연구하라는 말과 다를 게 없습니다. 신학을 제거한 밀턴의 사상은 존재하지 않습니다. 우리의 계획은 전혀 다른 것이 되어야 합니다. '쓰레기' 속으로 곧장 뛰어들어 그런 것을 믿는 것처럼 세상을 바라보고, 상상 속에서 그 자리에 버티고 선 채 어떤 시가 따라 나오는지 봐야 합니다.

독자를 부당하게 속이는 일이 없도록 먼저 말씀드려야겠습니다. 저는 기독교인이고, 무신론 독자가 '믿는 것처럼 느끼도록 노력'해야 할 내용 중 일부(전부는 아닙니다)를 분명히 말해 실제로 믿습니다. 그러나 저의 기독교는 밀턴 연구자에게 이점으로 작용합니다. 루크레티우스[8]를 읽을 때 살아 있는 진짜 에피쿠로스학파 철학자를 곁에 둘 수 있다면 무엇인들 못 내놓겠습니까?

8) Lucretius. B.C. 94?~B.C. 55?. 로마의 시인, 유물론 철학자.《만물의 본성에 대하여》에서 에피쿠로스를 찬미하고 원자론적 합리주의를 다루었다. 고대 원자론의 원칙에 의거해 자연 현상, 사회 제도, 관습을 자연적, 합리적으로 설명하고 무신론을 주장했다.

X

밀턴과 아우구스티누스

오만한 태도, 거만한 자부심아,
너희는 여기서 크게 미움을 받는다. 나도 너희를 미워하노라.
— 〈진주Pearl〉, 401

    밀턴이 들려주는 타락 이야기는 본질적으로 아우구스티누스의 이야기이고, 대체적으로는 기독교회 전체의 이야기입니다. 그가 들려주는 이 이야기를 연구하면 이것이 밀턴과 그의 동시대인들에게 대체로 어떤 의미가 있었는지 배우게 되고, 현대의 독자들이 오해하기 쉬운 여러 잘못된 강조점을 피할 가능성도 더 높아집니다. 이 이야기의 핵심 내용은 다음과 같습니다.

    1. 하나님은 만물을 예외 없이 선하게 창조하셨습니다. 따라서 "어떤 자연도(즉, 어떤 적극적 실재도) 악하지 않습니다. '악한'이라는 단어는 선의 부재를 뜻할 뿐"(《신의 도성》, 11권, 21, 22)입니다. 밀턴의 하나님은 아담에 대해 "나는 그를 옳고 바르게 만들었느니라"고 말씀하시고 이렇게 덧붙이셨습니다. "하늘의 모든 영체靈體들도 그렇게 만들었느니라"(《실낙원》, 3편, 98). 천사는 이렇게 말합니다. "유일하신 전능자가 계셔서 그로부터 만물이 나오고… 이토록 완벽하게(즉, 선하게) 창조되었도다. 선에서 타락하지만 않는다면"(5편, 469).

2. 우리가 악하다고 하는 것들은 선한 것들이 왜곡된 것입니다 《신의 도성》, 14권, 11장). 의식을 갖춘 피조물이 하나님보다 자신에게 더 관심을 가지고(같은 책, 14권, 11장) "혼자 힘으로" 존재(*esse in semet ipso*, 14권, 13)하기를 바랄 때 이런 왜곡이 생겨납니다. 이것이 교만의 죄입니다. 교만의 죄를 저지른 최초의 피조물은 사탄인데, "그 교만한 천사는 하나님을 등지고 자신에게로 돌아섰으니, 신하가 되기를 바라지 않고 독재자처럼 신하를 두고 즐거워하기를 바랐"(14권, 11장)습니다. 밀턴의 사탄은 이런 묘사에 정확히 부합합니다. 그자의 주된 관심사는 자신의 위엄입니다. 그자는 "스스로 열등해졌다고 생각했기"(《실낙원》, 5편, 665) 때문에 반역했습니다. 그자는 하나님에 의해 창조되지 않았다는 의미에서 자신이 "혼자 힘으로" 존재한다고 말하고 "스스로의 활력에 의해 스스로 태어나 스스로 컸다"(5편, 860)고 주장합니다. 그는 "위대한 술탄"(1편, 348)이고 "절대군주"(2편, 467)이며 동양의 폭군과 마키아벨리풍 군주의 조합입니다(4편 393).

3. 이런 선악의 교리에서 다음의 결론이 따라옵니다. (a) 밀턴의 하늘과 낙원에서 볼 수 있듯, 선은 악 없이 존재할 수 있으나 악은 선 없이 존재할 수 없습니다(《신의 도성》, 14권, 11장). (b) 선한 천사와 악한 천사의 본질은 같고, 하나님을 붙들면 행복해지고 자기 자신을 붙들면 비참해집니다(같은 책, 12권, 1장). 이 두 가지 결론을 고려하면 《실낙원》에서 자주 오해를 사는 대목들, 즉 사탄의 의지가 악해지고 왜곡되었지만 그 본질은 여전히 탁월하다고 내세우는 구절들을 이

해할 수 있습니다. 왜곡될 선(혹은 존재)이 남아 있지 않다면, 사탄의 존재도 사라지게 될 것입니다. 그렇기 때문에 "그의 모습에서 본연의 광채가 아직 사라지지 않았"지만 "영광은 이제 희미"(《실낙원》, 1편, 591)하다는 말이 나오는 것입니다.

4. 하나님은 모든 피조물을 선하게 만드셨지만, 그중 일부가 자발적으로 악해질 것을 미리 알고 계시고(《신의 도성》, 14권 11장) 그때 가서 그들의 악함을 선하게 사용하실 것도 미리 아십니다(같은 책). 하나님은 선한 자연을 창조하심으로 그분의 자애로움을 보이시듯, 악한 의지를 이용하심으로 그분의 정의를 보이십니다.(*Sicut naturarum bonarum optimus creator, ita voluntatum malarum justissimus ordinator*[1], 11권, 17장)《실낙원》에서는 이런 그림이 거듭 모습을 드러냅니다. 하나님은 사탄이 인간을 타락시키러 오는 것을 보시고 "정녕 인간은 타락하리라" 하고 말씀하십니다(3편, 92). 하나님은 죄와 죽음이 우주로 들어오도록 그렇게 쉽게 허용하시는 그분을 그들이 "어리석다고 여길 줄" 아십니다. 그러나 죄와 죽음은 하나님이 "지옥의 개인 그들을 그곳에 불러들여… 찌꺼기와 오물을 핥게 한"(10편, 620 이하) 줄을 모릅니다. 한심한 무지 속에 있던 죄는 이런 하나님의 "부르심"을 자신과 사탄 사이에 작용하는 "공감력, 혹은 자연의 힘"으로 오인했습

---

1) 그분은 선한 자연의 최고로 선한 창조주이시며, 악한 의지에 대해서는 가장 정의로운 심판자이시다.

니다(10편, 246). "만물을 다스리는 하늘의 높은 관용"(1편, 212)의 허락을 받아 불타는 호수에서 사탄이 머리를 추켜드는 제1편에서도 동일한 교리가 강조되고 있습니다. 천사들이 지적하는 것처럼, 하나님께 반역하는 자는 누구나 그 의도와 반대되는 결과를 낳습니다(7편, 613). 이 시의 끝 부분에서 아담은 "이 모든 선을 악에서 나오게 하는" 능력에 놀랍니다(12편, 470). 이것은 사탄이 제1편에서 하나님이 그를 통해 어떤 선이든 이루려고 한다면 "그 목적을 꺾기를" 바란다고 하면서 구상했던 계획과 정반대의 결과입니다. 그자는 원하는 악을 모두 저지르도록 허용 받았지만 자신이 선을 낳았음을 발견합니다. 하나님의 아들이 되기를 거부하는 자는 그분의 도구가 됩니다.

5. 만약 타락이 없었다면, 인류는 그 충만한 수까지 늘어난 후 천사의 지위로 격상되었을 것입니다(《신의 도성》, 14권, 10장). 밀턴도 여기에 동의합니다. 하나님은 인간이 하늘이 아닌 땅에서 살다가 "공적에 의하여 점차로 높여져, 드디어 스스로 여기까지 올라올 길 열면"《실낙원》, 7편, 157)[2]이라고 말씀하십니다. 천사는 아담에게 "때가 오면" 땅의 몸이 "모두 영靈으로 되어" "날개 돋쳐 하늘로 올라갈" 것임을 암시합니다(5편, 493 이하).

6. 사탄이 아담보다 하와를 공격한 이유는 그녀가 아담에 비해

---

2) 땅은 하늘 되고 하늘은 땅이 되어 끝없는 희열과 융합의 한 왕국이 되리라, 160-161.

지력이 떨어지고 더 쉽게 믿는다는 것을 알았기 때문입니다(《신의 도성》, 14권 11장). 그래서 밀턴의 작품에 나오는 사탄은 여자가 남편과 떨어져 "유혹하기에 적절하게 혼자 있는" 것을 보고 좋아합니다. 남자에 대해서는 "그의 뛰어난 지혜를 나는 더욱 피하리라"(《실낙원》, 9편, 483)라고 말하지요.

7. 아담은 속지 않았습니다. 그는 아내의 말이 옳다고 믿지 않았지만 둘 사이의 관계 때문에 아내 말을 따랐습니다(《신의 도성》, 14권 11장). 밀턴은 아담의 동기에서 애정의 요소를 희생시키고 관능의 요소를 살짝 강조하여 같은 취지의 말을 이렇게 표현합니다. "그는 속은 것은 아니나 어리석게도 여인의 매력에 기꺼이 팔려 선한 지식을 버리고"(《실낙원》, 9편, 998). 그러나 둘 사이의 차이점을 과장해서는 안 됩니다. 아우구스티누스의 문구("유일한 동반자와 분리되는 것을 견딜 수 없었다*ab unico noluit consortio dirimi*")는 아담의 말에 거의 그대로 메아리칩니다. "그대 없는 이 세상 나 혼자 어찌 살 것인가. 그대와의 달콤한 교제와 이토록 깊이 맺어진 사랑을 버리고 어떻게 산단 말인가"(같은 책, 908). 이제껏 우리 마음이 원하는 대상으로만 등장하던 시 속의 에덴동산이 "쓸쓸한 자연림"으로 바뀌는 이 갑작스러운 이행은, 그 어떤 시에 나타난 것보다 멋진 이별 예감의 표현일 것입니다.

8. 타락의 본질은 불순종이었습니다. 마법의 사과에 대한 온갖 생각은 시야에서 사라졌습니다. 그 과일은 "금지되었다는 점을 빼면

나쁘거나 해롭지 않았"고 그것을 금지한 유일한 취지는 순종을 심어
주는 것이었는데, 순종은 "이성적 피조물(강조점은 피조물에 있습니다.
이성적이긴 하지만 자존하는 존재가 아니라 피조물에 불과합니다) 안에 있는
소위 모든 미덕의 어머니이자 수호자"(《신의 도성》, 14권, 12장)입니다. 이
것은 정확히 밀턴의 견해입니다. 그 과일 안에 어떤 본질적 중요성이
담겨 있다는 말은 악한 캐릭터들의 입에서 나옵니다. (사탄이 불어넣
어 준) 하와의 꿈에서 그것은 "거룩한 열매"이며 "신들에게 합당"하고
"인간을 신으로 만들 수 있"는 과일입니다(5편 67 이하). 사탄은 그 과
일에 마법적인 방식으로 지식이 들어 있어서 그것을 먹지 말라고 명
한 이들의 뜻과 상관없이 그것을 먹는 사람에게 지식이 전해질 거라
고 추정합니다(9편, 721 이하). 그러나 선한 캐릭터들의 말은 전혀 다
릅니다. 그들에게 그 과일은 "유일한 순종의 표지"(3편 95), "우리의
순종을 바라는 표시"(4편 428), 오직 하나인 올바른 명령의 내용(5편
551), "나의 유일한 명령"(8편 329)입니다. 그 과일에 본질적인 마법이
없다면 그것을 먹지 말라는 명령을 어기는 것은 사소한 일이 될 거
라는 생각, 다시 말해 《실낙원》의 하나님은 아무것도 아닌 일로 법석
을 떨고 있다는 견해를 표명한 존재는 사탄뿐입니다. "나는 그 인간
을 기만하여 조물주로부터 유혹해 냈는데, 사과를 유혹의 미끼로 이
용한 것은 그대들을 한층 놀라게 하리라. 실로 웃을 일이지만, 신은
그만 노해서 그 사랑하는 인간과 그 세계를 몽땅 내주고 말았다"(10
편 485). 아우구스티누스는 순종이 그렇듯 쉬운 상황이었기 때문에

이 불순종이 더욱 끔찍하다고 봅니다(《신의 도성》, 14권, 12장).

9. 타락의 본질은 불순종이지만, 그 원인은 사탄의 경우와 마찬가지로 교만이었습니다(《신의 도성》, 14권, 13장). 그래서 사탄은 하와의 교만을 통해 그녀에게 접근합니다. 먼저 그녀의 아름다움은 "천사들의 찬미와 섬김을 받아야 할" 것이라고 아첨하지요(《실낙원》, 9편, 532-548). 둘째, (이것이 더 중요한데) 그녀가 다스림을 받는다는 사실 자체에 직접 반역하도록 그녀의 자아를 충동합니다. 이렇게 묻는 겁니다. "왜 금했을까? 그의 숭배자인 그대들을 낮고 우매한 상태에 두고자 함이 아니라면 무슨 이유일까?"(9편, 703). 이것은 '혼자 힘으로' 존재(esse in semet ipso)하고자 하는 유한한 피조물의 욕망에 직접 호소한 것입니다. 먹는 순간에는 "신성을 얻는 듯한 생각까지 들었"(9편, 790)습니다.

10. 타락의 본질이 상급자에 대한 불순종이었기 때문에, 그에 대한 벌로 인간은 하급자에 대한 권위를 상실했습니다. 주로 그의 감정과 신체에 대한 권위를 잃었지요(《신의 도성》, 14권 15장). 인간은 무정부 상태를 요구했고 하나님은 그 요구를 허락하십니다. 그래서 시 속의 하나님은 인간의 힘이 "사라졌고", "몰수당했고" "빼앗겼"다고 말씀하십니다(《실낙원》, 제3편, 176). 제9편에서는 인간의 타락 이후 이성은 다스림을 멈추었고, 의지는 이성의 말을 듣지 않고, 둘 모두 지배권을 찬탈하는 육욕에 굴복한다는 말이 나옵니다(제9편 1127 이하). 이성의 지시가 먹히지 않을 때, "갑자기 부상한 감정이 주권을 차지합

니다"(제12편, 88).

11. 인간의 신체가 인간에게 불순종함은 지금과 같은 모습의 성욕에서 분명하게 드러납니다. 타락이 없었다면 성욕은 지금과는 달랐을 것입니다(《신의 도성》, 14권, 16-19장). 여기서 아우구스티누스가 뜻하는 바는 매우 분명하지만 전부 다 다루지 않으면 오해의 소지가 많기 때문에 허투루 넘어갈 수 없습니다. 그가 뜻하는 바는 성기性器가 의지의 직접적인 지배 아래 있지 않다는 것입니다. 인간은 화를 내지 않고도 주먹을 꽉 쥘 수 있고 주먹을 꽉 쥐지 않고도 화를 낼 수 있습니다. 싸움을 준비하는 손의 변화는 의지의 직접 지배를 받고 감정에 의해서는 간접 지배만 받습니다. 그러나 그에 대응하는 성기의 변화는 의지만으로는 생겨나지도 없어지지도 않습니다.*1) 그래서 밀턴은 타락 직후에 성적 방종의 장면을 배치합니다(제9편 1017-1045). 그는 이 장면과 제4편과 7편(500-520)에 나오는 타락 이전의 성행위 장면을 대비시키려 한 것이 분명합니다. 그러나 그가 타락 이전의 성관계를 너무 관능적으로 그려 놓은 데다, 타락 이후의 성관계는 또 너무 시적으로 묘사하는 바람에 둘의 대비가 제대로, 선명하게 제시되지는 못했습니다.

---

*1) 물론 아우구스티누스의 생리학 지식은 피상적이었습니다. 맛있는 음식이 앞에 놓여 있을 때 자기도 모르게 입에 침이 고이는 현상이 우리 지체의 불순종을 똑같이 잘 보여 주는 그림이라고 생각합니다.

이 짧은 분석이 지침이 되어, 비평가들을 막다른 골목으로 이끌었던 몇몇 질문들이 독자를 방해하지 않게 해주기를 바랍니다. 우리는 '사과가 무엇입니까?'라고 물어서는 안 됩니다. 그것은 사과입니다. 알레고리가 아닙니다. 데스데모나의 손수건[3]이 그냥 손수건이듯, 사과도 그냥 사과입니다. 모든 것이 거기 달려 있지만, 사과 자체는 중요한 것이 아닙니다. 일부 위대한 비평가들의 마음을 심히 흔들어 놓은 또 다른 질문, '타락이 무엇인가?'도 무시할 수 있습니다. 타락은 단순히 불순종입니다. 하지 말라는 명령을 들은 일을 한 것이지요. 그 원인은 교만, 자신의 분수를 모르는 것, 자신의 위치를 잊고 자신이 하나님이라고 생각하는 것입니다. 이것이 아우구스티누스의 생각이고 (제가 아는 한) 기독교회가 늘 가르쳐 온 내용입니다. 밀턴은 이것을 제1편 첫 행에서 밝히고, 푸가의 주제라도 되는 듯 그의 모든 캐릭터들이 시 전체에 걸쳐 온갖 관점에서 다양하고 끈질기게 반복합니다. 사과를 먹는 일을 지지하는 하와의 논증은 그 자체로 충분히 합리적입니다. 그에 대한 답변은 "먹어선 안 돼. 먹지 말라고 하셨잖아"를 상기시키는 것이 전부입니다. 애디슨은 이렇게 말했습니다. "밀턴의 작품을 지배하는 위대한 교훈은 우리가 상상할 수

3) 오셀로의 아내 데스데모나의 손수건은 악당 이아고가 오셀로로 하여금 아내의 부정을 확신하게 만드는 도구가 된다.

있는 가장 보편적이고 가장 유용한 교훈이다. 하나님의 뜻에 순종할 때 사람은 행복해지고 불순종하면 비참해진다는 것이다." 틸리야드 박사가 이것을 "다소 모호한 설명"(《밀턴*Milton*》, p. 258)이라고 하여 저는 깜짝 놀랐습니다. 따분하다, 진부하다, 가혹하다, 고지식하다 등의 표현을 쓸 수는 있을 겁니다. 하지만 어떻게 모호할 수가 있습니까? 이 교훈은 우리가 어린 시절에 들었던 고전적인 발언들의 삭막한 명료함과 구체성을 띠고 있지 않습니까? "허리 굽혀." "자리 가." "'말씀 잘 듣겠습니다'라고 백번 써." "입에 음식이 있는 채 말하지 마." 그토록 눈에 확 띄게 단순한 것을 위대한 현대의 학자들이 놓쳤다는 사실을 어떻게 설명해야 할까요? 타락의 진짜 본질과 이 시의 진짜 교훈에는 그들이 볼 때 너무나 진부하고 불쾌하기 짝이 없는 생각이 들어 있어서 그들로서는 그것을 숨기고 그냥 넘어갈 수밖에 없는 심리적 필연성이 있었다고 봐야 할 것 같습니다. 밀턴이라면 틀림없이 그보다 심오한 것을 의미했을 거라고 생각한 겁니다! 여기서 다시 한 번, '변하지 않는 인간의 마음'설이 작동합니다. 하나님이 존재하지 않는다면, 애디슨의 해석이 보여 주는 밀턴의 시는 우리 실생활과 아무런 관련이 없습니다. 그렇다면 밀턴이 쓰고 있는 주요 내용은 역사적 우연 정도로 여기고 그의 작품의 상당히 주변적이고 부수적인 측면을 진짜 핵심으로 진단하며 집중할 필요가 있겠지요. 밀턴이 말한 내용이 애디슨이 설명한 바로 그것이라는 사실에는 의심의 여지가 없으니까요. 넘치지도 모자라지도 않고 다른 내용이 섞이지도 않았지요. 그것에 관심을 가질 수 없다면,《실낙원》에 관심을 가질 수 없습니다.

그러면 어떻게 그것에 관심을 가질 수 있을까요? 저는 두 가지 길이 있다고 생각합니다. 우선, 그런 경우가 점점 줄어들고 있긴 하지만, 시에 본능적 열정이 있는 독자라면 밀턴의 순종 교리를 그냥 받아들이면 됩니다. 《로엔그린》[4],《신데렐라》,《큐피드와 프시케》에 나오는 설명할 수 없는 금지 사항을 그냥 받아들이는 것처럼 말이지요. 금기는 가장 흔한 테마입니다. 피터 래빗조차도 맥그리거 씨의 텃밭에 들어가려다 사고를 당하지 않습니까. 좀더 평범한 독자라면 좀더 먼 길을 돌아가야 합니다. 그들은 애써 역사적 상상력을 발휘해 밀턴의 시가 받아들인, 위계를 갖춘 우주 개념을 떠올리고 그것을 믿는 것처럼 느끼는 훈련을 해야 합니다. '변하지 않는 인간의 마음'설을 포기하고, 마음의 실제 변화 중 일부를 체험해 보려고 노력해야 합니다. 위계 개념을 제대로 다루려면 책 한 권은 써야 하지만, 저는 한 장 정도를 할애하여 설명할 생각입니다.

4) 성배聖杯의 기사 로엔그린은 왕녀 엘자를 대신해 결투에 나서면서 자신의 출신과 이름과 신분을 결코 물어서는 안 된다고 당부한다. 로엔그린이 결투에서 승리하고 두 사람은 혼례를 올리지만 엘자는 물어서는 안 될 질문을 하고 로엔그린은 자신의 정체를 밝히고 떠나간다. 엘자는 충격을 받아 죽고 만다.

XI

위계질서

우주적 질서 개념은 인도와 페르시아의 종교 발달에서도 근본적으로 중요하다.
그것은 리그베다[1]에 … 르타(Rta 또는 Rita)라는 이름으로 등장한다.
흔히 질서Order나 옳음Right으로 번역되지만
우주적, 의식적, 도덕적 의미를 모두 갖고 있는 이 단어의 등가어를
현대 영어에서 찾기는 어렵다.
　　　　　　　—크리스토퍼 도슨, 《진보와 종교Progress and Religion》, 6장

수많은 왕족 조상들이 물려준 군주 대신
우리와 동등한 신하의 독재적 멍에를 메는 일이 있을 수 없듯,
당신의 평소 용맹이 그런 비열함으로 변하게 둘 순 없어요.
　　　　　　　—《아케이디아Arcadia》(1590), 2편 28장

　　존슨[2]은 밀턴이 남자는 오로지 반역을 위해, 여자는 오로지 순
종을 위해 만들어졌다고 생각한다며 불평했습니다. 밀턴은 스튜어
트 왕가의 군주제를 반대하는 사람이었으니 하나님의 군주제에도
반대할 것이 분명하고, 은밀하게 악마의 편에 서 있다고 생각하는 사
람들도 있었습니다. 그 정도까지는 아니어도, 지상의 공화주의와 하
늘의 왕정주의 사이에 끼인 듯한 거북함을 호소하는 경우도 있습니

---

1) 고대 인도의 힌두교 성전聖典인 네 가지 베다 중 하나. 신을 찬미하는 운문 형식의 찬가 모음
　집이다.
2) Samuel Johnson, 1709~1784. 영국 시인 겸 평론가.

다. 그러나 제 생각에, 이런 모든 의견은 밀턴의 중심 사상을 심각하게 오해한 결과입니다.

밀턴의 중심 사상은 밀턴만의 독특한 것이 아닙니다. 이것은 유럽 윤리학 전통 중 아리스토텔레스부터 존슨에 이르는 유서 깊은 정통에 속합니다. 이것을 이해하지 못하면 《실낙원》만이 아니라 혁명기 이전의 거의 모든 문학 작품을 잘못 비평하게 됩니다. 이것은 위계 개념이라고 부를 수 있겠습니다. 이 개념에 따르면, 우주에는 가치의 등급이 객관적으로 존재합니다. 하나님을 제외한 모든 것에는 자연적 상급의 존재가 있고, 형성되지 않은 물질을 제외한 모든 것에는 자연적 하급의 존재가 있습니다. 모든 존재의 선, 행복, 위엄은 자연적 상급자에게 순종하고 자연적 하급자들을 다스리는 데 있습니다. 어떤 존재가 이 이중의 임무 중 어느 쪽이든 감당해 내지 못할 때 세상의 질서에 질병이나 기형이 생겨나고 그 그릇된 존재는 결국 파괴되거나 교정되기에 이릅니다. 어느 쪽으로건 분명히 결론이 날 것입니다. 전체 체계에서 자기 자리를 벗어남으로써(반역하는 천사처럼 올라가든가 공처가 남편처럼 내려가든가) 세상의 본질을 원수 삼아 버린 존재는 성공할 수가 없지요.

아리스토텔레스는 다스리고 다스림을 받는 것이 자연을 따르는 일이라고 말합니다. 영혼은 몸의, 남성은 여성의, 이성은 감정의 자연적 지배자입니다. 노예제는 어떤 사람들과 나머지 사람들의 관계가 몸과 영혼의 관계와 같다는 논리로 정당화됩니다(《정치학》, 1권, 5). 하지만 노예에 대한 주인의 지배나 몸에 대한 영혼의 지배가 유일한 지배 형태라고 생각해서는 안 됩니다. 지배의 종류는 우월성이나 열등성의 종류만큼이나 많습니다. 따라서 노예는 독재적으로 다스려야 하고, 자녀는 절대군주처럼, 아내는 정치력을 발휘해서 다스려야 한다고 합니다. 영혼은 몸의 독재자, 이성은 감정의 입헌군주가 되어야 합니다(같은 책, 1권 5, 12). 어떤 통치 사례가 정의로운지 불의한지는 사회 계약의 종류가 아니라 양측의 본질에 전적으로 달려 있습니다. 시민들이 정말 평등하다면 모두 돌아가며 한 번씩 다스리는 공화국에서 살아야 할 것입니다(같은 책, 1권 12, 2권 2). 그러나 그들이 평등하지 않다면 공화정체는 불의한 것이 됩니다(같은 책, 3권 13). 왕과 독재자의 차이점은 한쪽은 부드럽게 다스리고 다른 쪽은 가혹하게 다스린다는 사실만이 아닙니다. 왕은 진정한 자연적 하급자들을 다스립니다. 자신과 자연적으로 동등한 자들을 후계자도 없이 영구적으로 다스리는 사람은 설령 (짐작건대) 그 통치가 제대로 이루어진다 해도 독재자입니다. 그는 도를 넘어선 자입니다(같은 책, 3권 16, 17, 4권 10). 동등한 자들에게는 평등이, 동등하지 않은 자들에게는 불평등이 정의입니다(같은 책, 3권 9). 지금 우리가 던진 질문, 민주주의와 독재주의 중 어느 쪽이 더 나은 정치체제인가 하는 것은 아리스토텔레스에게 무의미할 것입니다. 그는 "누구에게 민주주의가?", "누구에게 독재주의가?" 합당하냐고 묻겠지요.

아리스토텔레스는 주로 시민사회를 생각했습니다. 위계 개념을 사생활이나 우주적 삶에 적용하는 일은 다른 작가들에게서 찾아야 합니다. 던은 "당신의 사랑이 내 사랑의 영역이 될 것"이라고 말했는데, 여기에는 플라톤주의 신학자들, 특히 아브라바넬[3]이 가르친 우주적 위계질서가 배경에 깔려 있습니다. 모든 존재는 우월한 사랑 아가페를 그보다 낮은 존재에게 전달하는 도체導體이거나 열등한 사랑 에로스를 그보다 높은 존재에게 전달하는 도체입니다. 지도하는 지성과 지도를 받는 대상 사이에 존재하는 사랑의 불평등이지요.[*1] 이것은 은유가 아닙니다. 르네상스 시대의 사상가 밀턴은 스콜라 철학자 아브라바넬 못지않게 우주를 의인화된 생명이 가득 차 약동하는 곳으로 보았습니다. 그 모습을 제대로 담아 낸 그림은 오래된 2절판 책의 정교한 속표지에서 볼 수 있습니다. 모퉁이에서는 바람이 불고 바닥에서는 돌고래들이 물을 뿜어냅니다. 도성과 왕들과 천사들을 거쳐 위로 죽 올라가면 맨 꼭대기에 히브리어 네 문자가 있습니다. 빛을 쏟아내는 네 문자는 형언할 수 없는 이름을 나타냅니다. 스펜서[4]의 아테걸[5]은 파괴를 일삼는 거인을 꾸짖으며 이렇게 말합니다. '만

---

3) Judah Leon Abrabanel, 1437~1508. 유대인 정치가, 신학자, 성서해석학자, 재무관.

*1) Abrabanel, *Dialoghi d'Amore*(사랑에 관한 대화집). 영역본 *Philosophy of Love by Leone Ebreo*(아브라바넬의 영어식 이름). Friedeburg-Seeley and Barnes 영역. Soncino Press, 1937, p. 183.

4) Edmund Spenser, 1552 추정~1599. 영국의 시인.

5) 《선녀여왕》에 나오는 정의의 기사.

물은 "적절하게 창조되었고" "자신의 분명한 한계를 알고 있다." 그래
서 언덕은 골짜기를 무시하지 않고 골짜기는 언덕을 "시기하지" 않는
다. 이 모두는 왕들이 명령을 내리고 신하들은 거기에 복종하게 만드
시는 위대한 권위자 덕분이다.' 스펜서에게 이것은 가상의 비유가 아
니었습니다. 사회의 위계와 우주의 위계는 그 근원이 같고, 다른 종
류의 밀랍에 찍힌 같은 모양의 인장입니다.

사회와 우주의 삶 모두에 해당하는 위계 개념을 가장 잘 표현한
진술은 셰익스피어의 《트로일러스와 크레시다 *Troilus and Cressida*》에 나
오는 율리시스의 연설일 것입니다. 이 부분이 특별히 중요한 이유는
위계의 대안이 무엇인지 분명하게 밝히고 있기 때문입니다. "등급"을
제거해 버리면 "모든 만남은 대립으로 끝나고" "힘"이 주인이 되어
모든 것이 "권력에 발을 담글" 것입니다. 다시 말해, 셰익스피어의 율
리시스에게는 위계와 평등 중 하나를 선택할 수 있다는 현대의 생각
이 헛소리에 불과합니다. 위계의 진정한 대안은 독재입니다. 권위를
인정하지 않으면 폭력에 복종하는 신세가 될 것입니다.

위계질서는 셰익스피어가 좋아하는 테마입니다. 그가 내세우는
자연적 권위 개념을 받아들이지 않으면, 예를 들어 《말괄량이 길들
이기》 같은 작품은 이해하기 어렵습니다. 그래서 계관시인[6]은 복종

---

6) 존 메이스필드John Masefield, 1878~1967.

을 권하는 카타리나의 연설을 '우울한 허튼소리'라고 묘사한 것입니다. 이것 때문에 현대의 제작자들은 카타리나가 관객에게 그녀의 복종은 전술적인 것 또는 반어적인 것임을 알리게 합니다. 하지만 셰익스피어가 그녀에게 할당한 대사에는 그런 암시가 전혀 없습니다. 카타리나의 복종이 나타내는 징조가 무엇이냐고 묻는다면, 셰익스피어가 페트루키오의 입을 통해 이미 대답을 했다고 생각합니다. "그야 평화의 징조지. 사랑과 평온한 생활의 징조요, 멋진 다스림과 정당한 우위성의 징조지. 한마디로, 뭐랄까, 아름답고 행복한 생활의 징조 아니겠소?" 이 말을 액면 그대로 받아들이면 현대의 관객에게 큰 놀라움으로 다가오게 됩니다. 그런 놀라움을 대면하지 못하는 사람이라면 옛날 책을 읽어서는 안 됩니다. 카타리나가 교정되는 모습을 보며 관객이 기뻐하는 것이 셰익스피어의 의도가 아니었다면, 그는 그녀를 좀더 호감 가는 캐릭터로 만들었을 것입니다. 남자들을 증오하는 연출된 겉모습 아래 숨어 있는 진면목, 여동생을 질투하며 윽박지르는 모습을 드러내려고 공을 들이지도 않았겠지요. 셰익스피어가 '정당한 우위성'을 온전히 받아들였음을 입증할 증거는 그가 쓴 다른 희곡에도 있습니다. 《실수연발Comedy of Errors》에서 우리는 (여자가 남자를 상대로 펼치는) "고집불통의 자유는 불행을 부른다"는 것을 배웁니다. 부모에게 아이는 "밀랍에 찍힌 형체일 뿐"이라고 테세우스는 말합니다. 아버지에게 말대꾸하려던 아이는 (그 아버지는 현자 프로스페로였지요) 한마디 대답을 듣게 되지요. "뭐? 아이고, 발이 스승이 되려

고?" 부모와 군주의 권위를 마지못해 양해하는 정도의 현대적 시각
으로는 《리어 왕》 역시 제대로 이해할 수 없습니다. 남편을 상대로 한
아내의 지배가 '부조리한 통치'임을 깨달으면 《맥베스》를 이해하기
쉬워집니다. 셰익스피어는 "순종은 이성적 영혼의 합당한 직무"라는
몽테뉴의 말에 분명히 동의했을 것입니다.

　　그런데 위계질서 개념을 제대로 파악하면, 이 질서가 두 가지 방
식으로 파괴될 수 있음을 알게 됩니다. (1) 자연적으로 동등한 상대
를 다스리거나 그에게 복종함으로써. 다시 말해 독재나 굴종입니다.
(2) 자연적 상급자에게 순종하지 않거나 자연적 하급자를 다스리
지 않음으로써. 다시 말해 반역이나 태만입니다. 이 두 가지의 죄질
이 같은지 아닌지는 몰라도, 둘 다 몹쓸 일이라는 것은 분명합니다.
그러므로 하나님의 군주제를 내세우면서 찰스 2세의 군주제는 거부
하는 일에 논리적 모순이나 정서적 부조화가 있다는 생각은 혼동에
서 나온 것입니다. 우리는 찰스 2세가 우리의 자연적 상급자인지 여
부를 먼저 물어야 합니다. 만약 그렇지 않다면, 그에 대한 반역은 위
계의 원리에서 벗어나는 일이 아니라 그 원리에 충실한 일이 될 것이
기 때문입니다. 같은 이유로 우리는 하나님께 복종하고 찰스에게 불
복종해야 합니다. 현대인이 법에는 복종하지만 폭력배의 말은 따르
지 않는 것도 이와 같은 이유 때문입니다. 이런 분명한 진실을 혹시라
도 독자가 놓칠까 봐, 밀턴은 두 개의 대비되는 대목에서 분명히 밝
혀 놓았습니다.

첫 번째 대목은 《실낙원》 제5편에 나오는 사탄과 아브디엘의 논쟁입니다. 둘 다 건전한 아리스토텔레스주의자이지만, 사탄은 사실의 문제에서 틀렸다는 것이 핵심입니다. 사탄은 자신의 무리 내부에서는 평등을 피하고 싶어 하다 보니 논증이 꼬이는 바람에 잠시 말을 돌려 "위계와 계급은 자유와 충돌하지 않고 잘 조화된다"라고 말합니다(789 이하). 그는 이 주제를 명쾌하게 설명하지 않는데, "그럴 수밖에 없습니다"et pour cause. 이 대목은 으스스한 희극적 요소가 허용되는 부분이니까요.(정당한 일이요 불가피한 일입니다.) 그러나 사탄의 주요 주장은 분명합니다. 그 자는 성자聖子의 섭정이 아리스토텔레스적 의미에서 독재라고 주장합니다. "권리로는 그와 동등한 자들 위에"(792) 군림하는 일은 불합리하다는 것이지요. 아브디엘은 두 가지로 대답합니다. 첫째, 그는 사탄에게는 창조주이신 하나님의 행적을 비판할 권리가 없다고 말합니다. 하나님은 창조주이시기 때문입니다. 창조주로서 그분은 원하는 바를 행하실 초월적 부모의 권한을 갖고 계십니다. 그것에 의문을 제기한다면 이렇게 말할 수 있겠지요. "발이 스승이 되려고?" 둘째, 그는 독재에 대한 사탄의 정의를 받아들인다 해도 사탄이 제시하는 사실 관계를 인정할 수는 없다고 말합니다. 성자聖子는 천사들과 본질이 다르고 그분을 통해 천사들이 만들어졌습니다. 물론 그분이 그들과 자연적으로 동등한 존재가 아니라면 그분의 "무궁한 권력"(unsucceeded power, 818, 여기서 '무궁한'이라는 단어가 이 대목과 아리스토텔레스의 연관성을 보여 줍니다)은 독재가 아니라 정당한 다스림일 것입니다. 너무나 분명한 이 사실 앞에서 대답이 궁해진 사탄은 나머지 천사들이 "운명의 과정"이라는 키메라(상상의 괴물)의 친절한 도움을 받아 "스스로 태어났다"(858)는 우스꽝스럽고 일관성 없는 이론을 내세울 수밖에 없게 됩니다.

또 다른 대목은 12편 첫 부분에 등장합니다. 거기서 인간의 군주제가 어떻게 생겨나는지가 나옵니다. "야심 있는 자" 하나, 즉 사탄과 똑같은 죄를 짓는 자가 등장합니다.[7] 그자는 자연적으로 동등한 자들 사이에 있어야 할 형제의 평등에 불만을 갖습니다. 그는 평등을 거부하고 '자연 법칙'에 저항합니다. 그러므로 그의 "제국"은 "독재적이고", 신적 권리를 내세우는 그의 주장("하늘로부터 제2의 주권을 요청")은 거짓입니다. 참된 위계의 원칙에 따르면, "절대 주권"은 짐승 일반을 다스리도록 인간 일반에게 주어진 것이지 한 사람을 다른 사람들 위에 세우신 것이 아니기 때문입니다(제12권, 24-70). 앞으로 독재에 의해 위계의 원칙이 깨어질 것을 알게 된 아담은 "아버지답게 불쾌해져서" 이 사실을 지적합니다.

사탄의 반역과 니므롯이나 찰스 같은 이들의 독재는 모두 같은 이유로 잘못되었습니다. 동등한 자들을 열등한 자들처럼 다스리는 독재는 반역입니다. 셰익스피어의 율리시스가 말한 것처럼, 반역 역

---

7) 창세기 10장 8-12절에 나오는 니므롯을 말한다. 뛰어난 사냥꾼이었던 니므롯은 최초의 제국을 건설한다.

시 독재입니다. 독재를 향한 밀턴의 증오는 《실낙원》에 남김없이 표현되어 있습니다만, 그가 내세우는 독재자는 하나님이 아니라 사탄입니다. 그자는 술탄입니다. 술탄이라는 이름은 밀턴 당시 자유인이자 그리스도인이었던 모든 유럽인에게 혐오의 대상이었습니다. 그자는 추장, 장군, 위대한 사령관입니다. "독재자의 구실과 필요"를 내세워 "정치적 현실주의"를 합리화하는 마키아벨리식 군주입니다. 그의 반역은 자유에 대한 말로 시작하지만 이내 "우리가 더욱 바라는 명예, 주권, 영광, 명성"(제6권, 421)으로 넘어갑니다. 하와의 마음속에서도 같은 과정이 펼쳐집니다. 그녀는 과일을 삼키기 무섭게 아담과 "더 동등해지고" 싶어 하고, "동등"이라는 단어를 입 밖에 내기 무섭게 그 말을 '우월'로 바꾸어 말합니다(제9권, 824).

어떤 분들은 하나님이 군주로 세상을 다스리신다는 밀턴의 입장이 그의 공화주의와 논리적으로는 양립할 수 있을지 몰라도, 논리만으로는 충분하지 않다고 할 것입니다. 그분들은 《실낙원》에서 정서적 부조화를 감지합니다. 밀턴이 신적 군주제에 대해 무슨 말을 하건, 그가 자유를 말할 때 느껴지는 묵직한 권위가 느껴지지 않는 겁니다. 그분들은 《실낙원》을 읽을 때 우리가 실제로 경험하는 내용이 중요한 것이지, 그것에 대한 논리적 해석이 관건은 아니라고 봅니다. 그러나 우리가 책을 읽으며 경험하는 내용은 《실낙원》뿐 아니라 그 시를 읽을 때 가지고 있던 선입견에도 영향을 받습니다. 대체로 평등주의적이거나 도덕률폐기론적인 사상까지 배우고 자란 우리가 하나님보다 사탄을, 아담보다 하와를 편드는 선입관을 가지고 《실낙원》을 대하고, 더 나아가 그런 선입관에 대한 그 시에 존재하지도 않는 공감을 시인 밀턴에게서 읽어 낸다 해도 놀랍지 않을 것입니다.

저는 이런 일이 실제로 벌어졌다고 믿습니다. 그러나 여기에는 한 가지 구분이 있어야 합니다. 밀턴이 위계 사상을 본인에게 적용하지 못했다고 말하는 것과 위계 사상에 대한 그의 믿음이 진실하지 않았다는 말은 다릅니다. 우리는 "가르침은 매우 진실하면서도 실행은 대단히 불완전할 수 있다는 사실을 모를 만큼 인간성에 완전히 무지하지는"(새뮤얼 존슨) 않습니다. 밀턴 본인이 순종과 겸손의 미덕을 발휘하지 못했을 거라는 점은 제가 기꺼이 인정합니다. 《실낙원》에 있는 부조화라는 말이 그저 밀턴의 사상이 그의 삶보다 고상했고 그가 도달했던 미덕보다 더 고결한 미덕을 사랑했다는 뜻이라면, 그 시는 분열되었다고 할 수 있을 것입니다. 그러나 그가 종속의 원리를 말로만 인정했고 그런 피상적이고 관습적 양심의 명령은 그의 마음속 가장 깊은 충동과 반대되는 것이었다고 그 말을 해석한다면, 저는 동의할 수 없습니다. 위계적 사고는 《실낙원》에서 교리상 필요한 대목에만 있는 것이 아니라, 작품 전체에 내주하는 생명이고, 거기서 매 순간 거품이 생겨나고 자라납니다.

그가 그리는 지복의 삶은 질서 잡힌 삶입니다. 너무나 복잡한 나머지 규칙성이 극에 달할 때 오히려 불규칙해 보이는 복잡한 춤입니다(제5편 620). 그는 전 우주를 뿌리부터 줄기, 줄기부터 꽃, 꽃부터 호흡, 과일부터 인간 이성까지, 등급으로 나뉜 곳으로 생각합니다(제5편, 480). 그는 동등하지 않은 이들이 한쪽에서는 자기를 낮춤(condescension, 이제는 생색낸다는 뜻으로 변질된 아름다운 단어)으로, 다른 쪽에서는 공경으로 격식을 갖추고 예의를 주고받는 것을 기뻐합니다. 그는 "직사광선으로" 성자를 환히 비추는 성부와 "홀 위에 몸을 굽히며 일어서는" 성자의 모습을 보여 줍니다(6편, 719, 746). 천사장을 맞으러 나간 아담은 "두렵진 않으나" "웃어른(a superior Nature)"에게 "고개 숙여 절하고", 천사는 목례를 하지는 않지만 인간 부부에게 우아하고 정중하게 인사말을 전달합니다(5편, 359-390). 하위 천사가 상위 천사에게 보이는 예의는 "합당한 명예와 존경을 소홀히 여기지 않는 하늘에서 익숙한"(3편, 737) 모습입니다. 위대한 천부신天父神이 지모신地母神에게 미소를 짓듯 아담은 "순종의 매력"이 넘치는 하와에게 "우월한 사랑"으로 미소 짓습니다(4편, 498). 짐승들은 키르케[8]가 짐승을 부를 때처럼 하와의 말을 잘 따릅니다(9편, 521).

제가 볼 때 이 모든 것이 나타내는 의미는 분명합니다. 《실낙원》은 위계 원리를 마지못해 받아들인 사람이 아니라 그것에 매료된 사람이 쓴 작품입니다. 전혀 놀랄 일이 아닙니다. 밀턴에 대해 알려진 내용을 고려하면 그가 위계질서에 매료되었을 것이라 짐작할 수 있

---

8) 태양의 신 헬리오스의 딸. 아름다운 외모를 지녔으며 인간을 동물로 바꾸는 마법을 부리는 마녀.

고, 위계질서가 그의 양심뿐 아니라 상상력에도 호소력을 발휘했을 것이며 주로 그의 상상력을 통해 그의 양심에 영향을 주었을 것이라고 확신할 수 있습니다. 그는 단정하고 우아한 사람이고, '그리스도의 신부'이며 깔끔한 정원을 거니는 꼼꼼한 사람입니다. 문법학자, 검객이며, 푸가를 특히 사랑하는 음악가입니다. 그가 아끼는 것들은 모두 질서, 균형, 측정, 통제를 요구합니다. 그는 시에서 적정률_decorum_을 최고의 작품이 갖추어야 할 요소로 보았습니다. 정치를 대할 때는 민주주의자와 가장 거리가 먼 귀족적 공화주의자로서 이렇게 생각했습니다. "머릿수가 아니라 지혜와 미덕에서 작은 자가 큰 자에게 복종하는 것이 자연의 질서나 인류의 이익에 가장 부합한다"(《영국 국민을 위한 두 번째 변호_Defensio Secunda_》, Trans. Bohn. Prose Wks., Vol. I, p. 256). 그리고 정치를 훌쩍 뛰어넘어 이렇게 적고 있습니다. "규율은 무질서의 제거가 전부가 아니다. 신성한 것들에 고결한 형식과 이미지가 가시적으로 주어질 수 있다면, 규율은 천상의 발걸음에서 볼 수 있는 규칙적 몸짓과 움직임뿐만 아니라 인간의 귀에 들려오는 조화로운 목소리로도 나타날 것이다. 그렇다, 황홀경 상태에서 천사를 본 사도의 묘사에 따르면, 무질서를 염려할 필요가 없는 천사들은 하나님이 친히 내리신 칙령에 따라 광대한 하늘 영토에서 각기 영역과 관할 구역을 할당받고 구별되어 있다. 낙원에 있는 복된 자들의 그지없이 완벽한 상태에도 여전히 규율이 남아 있고, 그 황금 측량 막대가 새 예루살렘의 모든 구역과 도로를 표시하고 측정한다."

그 이유에 주목하십시오. 구원받은 영혼들조차도 여전히 유한한 존재이기 때문이 아닙니다. 규율의 철회가 피조물에게 허락할 수 없는 너무나 고귀한 특권이라서도 아닙니다. 분명, 하늘에도 규율이 있을 것입니다. 그래서 "우리의 행복이 제 궤도를 잡고 영광스럽고 즐겁게 천 가지 방식의 유랑vagancies을 하면서도 모두가 모종의 이심궤도에 머무르는, 말하자면 기쁨과 조화의 불변 행성으로 드러날 것입니다"(《교회 치리론Reason of Church Government》, 1권 1장, Prose Wks. Bohn, Vol. II, p. 442.). 다시 말해, "가장 불규칙해 보일 때 가장 규칙적일" 수 있다는 겁니다. 이 개념이 무의미하게 느껴지는 사람들은 밀턴의 작품을 감상하겠다고 시간을 허비해서는 안 됩니다. 이것은 밀턴의 비전에 담긴 역설의 핵심이기 때문입니다. 세상이 아직 타락하기 전에도 규율은 그 반대로 보이는 것, 자유와 과도하다 싶은 재량을 위해 존재합니다. 춤에 깊이 숨겨진 패턴, 너무 깊이 숨겨져서 천박한 구경꾼의 눈에는 보이지 않는 패턴만이 격렬하고 자유로운 몸짓에 아름다움을 부여합니다. 10음절 시행 규칙 덕분에 시인이 자유롭고 다양하게 구사하는 온갖 시구가 아름다울 수 있는 것과 같습니다. 행복한 영혼은 행성처럼 '방랑하는 별'입니다만, 방랑하는 가운데 (천문학이 가르치는 대로) 불변합니다. 도저히 예측할 수 없는 방식으로 원궤도에서 벗어나지만 그 이심궤도 안에서 한결같습니다. 이 하늘 유랑의 배후에는 곡조가 맞는 오케스트라가 있고, 예절 규칙들은 그것을 따르는 사람들 사이에서 완전한 편안함과 자유를 누리게 합니

다. 죄가 없다면 우주는 '장엄한 놀이'인데, 좋은 놀이에는 규칙이 있
습니다. 이번 장의 내용이 과연 밀턴이 순종의 원리를 진심으로 사
랑했는지 묻는 온갖 질문을 단번에 잠재우면 좋겠습니다. 안타깝게
도 현대인들이 종종 위대한 시인들의 작품에서 제멋대로 상상하여
읽어 내는, 윤리적 제약과 시적 자유 사이의 충돌도 진정시킬 수 있
으면 좋겠습니다. 《실낙원》에는 그런 분열이 없습니다. 밀턴은 "고결
한 형식"의 비전에 온전히 불붙은 사람입니다. 이 사실을 명심하지
않으면, 우리는 《코머스》도 《실낙원》도 《선녀여왕》도 《아케이디아》도
이해할 수 없을 것입니다. 시인은 완벽함에 매료되어 말하고 있건만,
우리는 그가 규칙을 주입하고 있다고 생각할 위험에 끊임없이 처하
게 될 것입니다.

XII

《실낙원》의 신학[*1]

> [거짓 증인들이 일어나서] 내가 알지도 못하는 일을 캐묻는구나.
> ―시편 35:11(새번역)

《실낙원》은 아우구스티누스의 신학을 따르고 위계질서를 전제하고 있을 뿐 아니라, "언제 어디서나 모두가" 받아들인 개념들에 근거한 시라는 뜻에서 보편적Catholic이기도 합니다. 이 보편적 특성은 너무나 두드러지기 때문에 편견 없는 독자라면 누구라도 이 특성을 알아볼 수 있을 것입니다. 이단적 요소들이 포함되어 있기는 하지만 일부러 찾아야 알아볼 수 있는 정도입니다. 따라서 그런 요소를 억지로 전면에 내세운 《실낙원》 비평은 잘못된 것이고, 신학적 기반이 탄탄한 여러 세대의 예리한 독자들이 이 시를 정통에 속한 것으로 받아들였다는 사실을 무시하는 것입니다.

밀턴 연구는 소라Denis Saurat 교수에게 큰 빚을 지고 있지만, 저는

[*1] 이 주제에 대해 독자는 수얼Sewell 교수의 훌륭한 책 《밀턴의 기독교 교리 연구 Study in Milton's Christian Doctrine》를 참고하시길 바랍니다. 수얼 교수와 저는 여러 사소한 부분에서 견해를 같이하거나 달리하는데, 각각 내용을 모두 다루려면 많은 각주가 필요하고 이번 장의 분량 정도로는 지면이 부족합니다.

그가 개척자 특유의 열정이 넘친 나머지 지나친 주장을 내세웠다고
생각합니다. 그의 주장을 발췌해 보겠습니다[1]. "밀턴의 하나님은 민
간 신앙의 하나님이나 정통 신학의 하나님과 많이 다르다. 피조 세계
외부에 있는 창조주가 아니라 자신 안에 온 공간과 온 시간을 포함
하는 총체적이고 완전한 존재이다"(p. 113). "…물질은 하나님의 일부
이다"(p. 114). 《실낙원》은 하나님을 원시의 무한한 심연과 동일시한
다"(p. 115). 그분은 "전혀 드러나지 않는다. 세상에서 활동이 시작되
는 부분에서부터 밀턴은 더 이상 하나님에 대해 말하지 않는다. 성
자에 대한 언급만이 있을 뿐이다"(p. 117). 하나님의 "단일성은 삼위일
체와…양립할 수 없다"(p. 116). "성자聖子의 창조는 특정한 날에 이루
어졌다"(p. 119). 성자는 "성부聖父의 유일한 현현"(p. 120)이고 성부는
여전히 "완전한 미지의 대상"이다(p. 121). 하나님은 창조로 "자신의
존재를 강화시켰는데, 자신의 선한 부분은 영광스럽게 하였고 악한
부분은… 밖으로 내쫓아 … 무한자 안에 잠재하는 악을 몰아내었다"
(p. 133). 밀턴의 우라니아[2]는 《조하르》(13세기에 편집된 유대교 문서)[3]에
서 '세 번째 세피라'[4]로 불리고, 밀턴은 "신성의 품 안에서 이루어지

---

1) 《밀턴Milton: Man and Thinker》에서 발췌함.
2) '하늘에 있는 자'라는 뜻. 그리스 신화에서 우라니아는 천문을 관장하는 뮤즈, 시의 여신이지
만 여기서 밀턴이 말하는 우라니아는 성령을 가리킨다.
3) 유대교 신비주의 카발라의 기본 경전이다.
4) Third Sephira, 카발라에서는 천상천하의 모든 것을 아우르는 도식 〈생명수〉의 교차점에 발생
하는 10개의 수(세피라)를 통해서 창조주인 〈신〉이 현 세계에 나타난다고 본다.

는 행위들"에 "성적 특성"(근친상간이 이루어지는 것처럼 보이게 만드는 표현)을 부여한다(p. 291). 하나님이 빛이시라는 밀턴의 표현은 플러드[5]의 《우주의 역사_De Macrocosmi Historia_》를 염두에 둔 것이었다(p. 303).

소라 교수가 이 중에서 얼마나 많은 교리를 '민간 신앙'이나 '정통 신학'과 동떨어진 것으로 생각하는지는 확실하지 않습니다. 그의 저작에 대한 비평이 저의 주요 목적이라면 물론 이 부분을 확실히 하도록 노력해야 할 것입니다. 하지만 지금 우리의 목적상 그 문제는 한쪽으로 제쳐 놓고, 소라 교수가 언급한 교리들을 편의상 다음과 같이 네 그룹으로 나누어 보겠습니다. (1) 《실낙원》에 실제로 등장하고 기독교 신학의 통상적 가르침에 해당하는 교리. (2) 이단적인 내용이지만 밀턴의 글에 나오지 않는 교리. (3) 이단적이면서 밀턴의 《기독교 교리론_De Doctrina_》에 등장하지만 《실낙원》에는 등장하지 않는 교리. (4) 이단적일 여지가 있고 《실낙원》에 등장하는 교리.

1. 《실낙원》에 등장하고 이단적이지 않은 내용

(a) 성부는 드러나지 않으며 알 수 없고, 성자가 그분의 유일한 현현이라는 것. 이 내용은 《실낙원》에 등장하고 소라 교수가 제3편 384행 이하에서 제대로 인용하고 있는데, 그 부분에서 "어떤 피조물

---

5) Robert Fludd. 1574~1637. 영국의 철학자, 의사, 신비 사상가. 근대 경험과학에 반대하여 연금술, 점성술, 카발라적 마술, 수비학 등의 오컬트 과학을 제창했고 세계와 인간과 신, 이 3자간에 성립하는 조응관계의 파악을 추구했다.

도 볼 수 없는" 아버지가 아들 안에서 "보이게" 되었다는 말이 나옵니다. 이것은 밀턴이 사도 바울의 글에서 그리스도는 "보이지 아니하는 하나님의 형상"(골 1:15)이시며, 그 하나님은 홀로 "죽지 않으시고, 사람이 가까이할 수 없는 빛 속에 계시고, 사람으로서는 본 일도 없고, 또 볼 수도 없는 분"(딤전 6:16, 새번역)이심을 읽었다는 사실을 입증할 뿐입니다.

(b) "세상에서 활동이 시작되는 부분에서부터 밀턴은 더 이상 하나님에 대해 말하지 않는다. 성자에 대한 언급만이 있을 뿐이다." 이것이 사실이라면 성자는 창조의 대행자라는 뜻입니다. 밀턴은 이 교리를 사도 요한("그가 세상에 계셨으며 세상은 그로 말미암아 지은 바 되었으되", 요 1:10), 바울("만물이 그에게서 창조되되…보이는 것들과 보이지 않는 것들…이 다", 골 1:16), 니케아 신경에서 배웠습니다.

(c) "하나님은 빛이시라"(《실낙원》, 3편, 3). 밀턴 시대에 교육을 받은 모든 아이는 이 문장이 사도 요한의 첫 번째 서신(1:5)에서 가져온 인용문임을 알아보았을 것입니다.

2. 이단적인 내용이지만 밀턴의 글에 나오지 않는 교리.

(a) 하나님 안에 악이 잠재한다는 교리. 이 주장의 유일한 근거는 《실낙원》 제5편 117-119행인데, 여기서 아담은 하와에게 악은 "하나님이나 인간의 마음에 드나들 수 있지만" 그것을 인정해서 받아들이지 않는 한 "오점이나 가책을 남기지 않는다"고 말합니다. 아담의 말은 의지로 악을 인정할 때 마음이 악해지는 것이지 생각의

대상으로 악이 존재한다고 해서 마음이 악해지는 것은 아니라는 취지이므로—삼각형에 대해 생각한다고 우리가 삼각형이 되는 것은 아니듯 악에 대해 생각한다고 해서 악해지는 것은 아닙니다—이 대목을 밀턴이 이 충격적인 교리를 내세웠다고 주장하는 근거로 삼기에는 턱없이 부적절합니다. 본문에 나오는 "하나님God"이 일반적인 "신a god" 이상의 의미가 있는지도 분명하지 않습니다(제3편 341행에서는 천사들도 대문자 "Gods"로 쓰고 있기 때문입니다).

　(b) "신성의 품에서 이루어지는" 행위의 성적 특성. 밀턴이 이런 것을 믿었다는 증거는 어디서도 찾을 수 없습니다. 소라 교수의 주장은 《실낙원》 제7편 10행의 단어 "노닐며play"와 《테트라코르돈 Tetrachordon》[6]의 한 대목[*2]을 성적 의미로 해석한 데 근거하고 있습니

---

6) 이혼론에 관한 밀턴의 논문.

[*2] *Tetrachordon*, Prose Wks. Bohn, Vol. III, p. 331. 소라 교수는 신적 생명에 성性적 특성이 있다는 교리가 이 "끔찍한" 대목에 "의미"를 부여한다고 여긴다. 그렇다면 밀턴이 인간의 결혼의 비성적非性的 요소를 옹호하는 주장을 펼치는 것은 정말 이상하지 않은가! 그의 논증은 다음과 같다. (a) 하나님이 아담에게 남자 대신 여성 동반자를 주신 유일한 목적이 성교라는 아우구스티누스의 생각은 잘못되었다. 왜냐하면 (b) 남자와 여자의 어울림에는 생식동침genial bed '이외의'(즉, 그에 더해서, 그와 별도로) '특유의 위로'가 있기 때문이다. (c) 성경을 통해 우리는 하나님 안에도 "놀이"나 "긴장을 늦춤"과 유사한 일이 일어난다는 것을 안다. 성경의 아가서는 "육적 쾌락의 이쪽 깊숙이 놓여 있는… 천 가지 환희"를 묘사하고 있다. 소라 교수가 말한 신적 행위의 '성적 특성'을 문자적으로 받아들인다면, 《테트라코르돈》의 해당 대목은 그의 주장을 지지하기는커녕 반대하는 것 같다. 여기서 말하는 '성적 특성'이 남성 사회의 긴장으로부터 "긴장 완화" 내지 "벗어남"을 제공하는 모든 이성 간의 교유가 갖는 특성을 말하는 것이라면, 그 "끔찍한" 대목은 결국 19세기 목사관의 누구도 놀랄 일 없는 평범한 내용이라 할 것이다.

다. 물론 밀턴은 성애性愛가 교회와 하나님의 사랑의 유비이거나 모형이라고 생각했을 수 있습니다(다른 어느 그리스도인 시인보다 그 얘기를 적게 합니다만). 만약 그렇다면, 그는 결혼에 대한 사도 바울의 가르침(엡 5:23 이하)과 신부에 대한 사도 요한의 가르침(계 21:2), 구약성경의 몇몇 대목과 엄청나게 많은 중세 시인들과 신비가들을 본받은 것입니다.

(c) "하나님은…자신 안에 모든 시간을 포함하는 총체적 존재이다." 소라 교수는 이 주장의 근거로《기독교 교리론》의 다음 대목을 인용합니다. 하나님은 "자유로운 행위자들의 생각과 행동을 미리 아신다. …하나님의 예지는 하나님의 지혜이자 그분이 어떤 것도 명하시기 전부터 모든 것에 대해 갖고 계신 생각이다." 그러나 이 인용문은 그의 주장을 뒷받침하지 않습니다. 제가 알기로 그리스도인, 유니테리언, 유대인, 이슬람교도 할 것 없이 이런 내용을 믿지 않는 유신론자는 없습니다. 이 예지 교리가 하나님이 그분 안에 모든 시간을 다 포함한다(그것이 무슨 의미이건)는 것을 함축한다 해도, 그것은 이단적인 내용이 아니라 모든 유신론자가 공통적으로 받아들이는 내용일 것입니다. 그러나 제가 볼 때 이 예지 교리는 그런 결론을 함축하지도 않습니다. 소라 교수는《실낙원》7편 154행("나는 순식간에 또 다른 한 세계를 창조하리라")과 176행("하나님의 행위는 신속하나" 등)도 인용합니다. 이 구절들은 하나님의 행위가 실제로는 시간 안에서 이루어지지 않지만 우리로서는 그런 것처럼 상상하지 않을 도리가 없다

는 뜻입니다. 이것은 독자가 보에티우스[7](《철학의 위안》 5권 시 6)와 아우구스티누스(《신의 도성》 11권 6, 21)와 토머스 브라운(《의사의 종교Religio Medici》 1권 11장)에서 찾아볼 수 있는 교리입니다. 이것이 하나님이 "모든 시간을 포함한다"는 사실을 함축한다면, 저로서는 '포함한다'는 말을 셰익스피어가 《햄릿》의 극적 시간을 포함한다(즉, 그 속으로 들어가지는 않지만 그것을 정한다)고 할 때의 의미로 이해할 수밖에 없습니다. 이것은 분명 이단적인 주장이 아닙니다. 공간에 대한 질문은 더 까다로우니 아래에서 따로 다루겠습니다.

3. 밀턴의 《기독교 교리론De Doctrina》에 등장하지만 《실낙원》에는 등장하지 않는 이단적 교리.

이 항목에 해당하는 교리는 하나뿐입니다. 밀턴은 아리우스주의자였습니다. 즉, 삼위의 영원한 공존과 동등한 신성을 믿지 않았습니다. 밀턴은 정직한 작가입니다. 《기독교 교리론》 1권의 2장부터 4장까지 하나님에 대해 다룬 다음, 그는 5장 '성자에 대하여'를 시작하면서 이제부터 자신이 정통적이지 않은 내용을 이야기할 것임을 분명히 밝힙니다. 그 이전까지 말한 내용은 공통적인 믿음에 해당한다는 것을 짐작하게 하는 대목이지요. 지금 우리가 다루는 내용과 관련이 있는 그의 아리우스주의는 다음 글에 나와 있습니다. "이 모든 구절

---

7) Anicius Manlius Severinus Boethius, 480?~524, 고대 로마 말기의 철학자.

들은 세상이 만들어지기 전에 성자가 존재했음을 입증하지만, 그분
이 영원부터 계셨다는 내용에 대해서는 어떤 결론도 보장해 주지 않
는다." 소라 교수는 이 이단적 주장이 《실낙원》 5편 603행에 나온다
고 밝히는데, 이 부분에서 성부께서는 천사들에게 "오늘 나는 내 외
아들이라고 선언할 자를 낳았다"라고 선언하십니다. 그런데 이 말을
문자적으로 받아들이면 성자께서 천사들보다 늦게 창조되었다는 뜻
이 됩니다. 그러나 그것은 《실낙원》에서 있을 수 없는 일입니다. 제3
편 390행에는 하나님이 성자를 통해 천사들을 창조하셨다는 구절이
나오고 제5편 835행에서 아브디엘은 동일한 주장으로 사탄을 반박
합니다. 이에 대해 사탄이 내놓을 수 있는 최선의 답변은 "우리는 그
런 일이 이루어지는 것을 보지 못했다" 정도입니다. 여기까지만 놓고
보면 해당 구절은 풀리지 않는 수수께끼로 남을 것 같지만, 밀턴은
《기독교 교리론》 1권 5장에서 해결책을 제시합니다. 그는 성부가 성
자를 "낳았다"고 할 때는 두 가지 의미가 있다고 밝혔습니다. "하나
는 아들을 생산한다는 문자적인 의미이고, 또 하나는 그분의 높아짐
을 가리키는 은유적인 의미이다"(*Bohn*, Prose Wks, 4권 p. 80). "오늘 내
가 낳았다"는 말은 "오늘 내가 너를 높였다"는 뜻임이 분명합니다. 그
렇지 않으면 이 말이 《실낙원》의 나머지 부분과 일관성이 없으니까
요."[3] 그 말이 그런 뜻이라면, 우리는 밀턴이 《실낙원》에서 아리우스
주의를 내세운 것이 아님을 인정해야 할 것입니다. 사탄이 하나님과
그의 아들 이외엔 어떤 피조물도 두렵지 않다고 말한 대목(2편 678)

을 근거로 밀턴이 성자를 피조물로 보았다고 주장하면 곤란합니다.
그렇게 읽어 내자면 성자뿐 아니라 성부도 "피조물"이라고 해야 할
것입니다. 이것은 "그녀의 딸들 중 누구보다 예쁜 하와"(4편 324)라는
표현을 곧이곧대로 읽어 하와가 그녀가 낳은 딸들 중 하나라는 비논
리적 주장을 내세우는 꼴입니다. 제3편 383행에서 성자에게 적용된
"최초의 창조물"이라는 표현은 사도 바울의 πρωτότοκος πασής κτίσεως
(골 1:15)의 번역입니다. 아리우스주의 이단을 피하고 싶어 하는 작가
라면 다른 번역을 택했을 수도 있지만, 시 전체는 물론이고 바로 이
구절에서도 우리는 외적 증거의 도움 없이는 시인의 아리우스주의를
알아채지 못했을 것입니다.[4]

   4. 이단적일 여지가 있고 《실낙원》에 등장하는 교리.

   (a) "하나님은 온 공간을 포함하신다." 중요한 대목은 제7편 166
행 이하인데, 여기서 성부는 성자에게 세계를 창조하라고 명령하십

---

[3] 이 점에 대한 소라 교수와 허버트 그리슨 경 사이의 진짜 문제는, 특정 대목의 의미를 시의 나머지 줄거리와 모순되게 이해하는 것이 일관성 있게 이해하는 것보다 더 개연성이 있느냐의 여부임니다.

[4] 저는 《실낙원》에서 성령을 언급한 대목이 몇 군데 안 된다는 사실도 본문에서 밝히지 않았습니다. 다른 사람이 말해 주지 않는 한 그 사실을 몰랐을 것이고, 설령 알았다 해도 그로부터 어떤 신학적 추론을 이끌어 내지 않았을 거라고 생각하기 때문입니다. 시인은 제1편의 기도에서 성령을 언급하고, 12편(484-530)에서는 성령의 활동을 꽤 충실하게 다룹니다. 누구도 더 이상 기대할 수 없을 만큼 충실한 내용입니다. 성령은 서사시의 제재가 아닙니다. 타소의 시에서는 성령에 대해서는 거의, 삼위일체에 대해서는 전혀 들을 수 없습니다.

니다. 성자는 "심연에 명하여 하늘과 땅을 있게" 해야 합니다. "무한
을 채우는 자는 나이니" 심연은 "한계가 없"습니다. 그다음에 결정적
인 말이 나옵니다.

> 내 비록 제한 받고 스스로 물러나서
>
> 나의 선을 나타내지는 않는다 해도
>
> (그것을 하고 안 하고는 자유지만)
>
> 공간은 공허하지 않도다.

소라 교수는 밀턴이 이 구절을 쓸 당시에 염두에 두었을 것이 거
의 분명한 교리를 《조하르》에서 찾아냈습니다. 그의 중요한 업적이지
요. 이 교리는 하나님이 (에테르처럼) 공간상에 무한히 펼쳐져 계시기
에, 창조하기 위해서는—하나님이 아닌 어떤 것이 존재할 자리를 마련하기 위
해서는—자신의 무한한 본질을 줄이거나 물러나게 해야 한다는 말처
럼 들립니다. 이런 생각을 《조하르》의 저자와 밀턴이 각기 따로 떠올
렸을 것 같지는 않기에, 밀턴이 하나님에 대해 "스스로 물러나서"라
고 말한 대목이 《조하르》의 영향을 받았을 거라는 소라 교수의 주장
은 인정할 만합니다. 그러면 이것이 어떤 의미에서 이단이 될 수 있
는지 규정하는 문제가 남습니다. 하나님은 어디에나 계신다는 말은
정통적인 주장입니다. "여호와가 말하노라 나는 천지에 충만하지 아
니하냐"(렘 23:24). 하지만 하나님이 형체를 가지고 있다고 말하면 이

단입니다. 그러므로 우리가 하나님이 어떤 방식으로 무소부재하신지 정의해야 한다면(제가 아는 한, 어떤 그리스도인도 그렇게 해야 할 의무는 없습니다만) 몸이 공간을 차지하는 방식으로 하나님이 공간을 차지하신다고 정의해서는 안 됩니다. 《조하르》는 하나님이 다른 존재들을 배제하는 방식으로 존재하시게 만들어(하나님이 다른 존재들을 배제하시지 않는다면, 왜 그들을 위한 자리를 만들어 주려고 스스로 물러나셔야 한단 말입니까?) 이런 오류를 범한 것처럼 보일 수 있습니다. 그러나 밀턴이 이 오류를 따라하고 있습니까? 《조하르》의 내용에 충실하려면 밀턴의 하나님이 "내가 물러났으므로 공간은 공허하도다"라고 말씀하셔야 할 것입니다. 그러나 실제로 그분은 "내가 물러나고도 공간은 공허하지 않도다"라고 하십니다. 밀턴은 여기서 더 나아가 하나님의 물러나심은 공간적 수축이 아니라 '그분의 선을 나타내지 않으심'이라고 설명합니다. 하나님은 모든 공간에 정의되지 않은 어떤 방식으로 존재하시지만, 그중 어떤 공간에 대해서는 효력 있는 영향력His efficacy을 행사하지 않으신다는 것입니다. 이것은 전혀 다른 이단으로 빠질 가능성이 있습니다. 하나님 안에 가능태가 있다는 이단입니다.[8]

---

8) 중세의 스콜라 신학자들은 아리스토텔레스를 추종하여 모든 것이 형상form과 질료matter의 결합이라 보았다. 모든 것은 현실태actuality와 가능태potentiality를 소유하고 있다. 사물의 형상이 사물의 현실태를 결정하고, 질료는 다양한 가능태의 조건이 된다. 나무로 만든 책상을 예로 든다면, 책상이 현실태라면 나무로 만들 수 있었을 의자나 탁자 등은 가능태가 된다. 그런데 가능태는 일종의 불완전으로 볼 수 있으므로, 하나님만은 순수 현실태, 순수 형상이라 보았다.

그러나 이것을 하나님이 물질처럼 공간을 차지하는 존재라는 주장으로 볼 수는 없습니다. 《조하르》에 그런 주장이 있는지도 의심스럽습니다. 《조하르》는 하나님이 "자신의 본질을 줄이신다"라고 말하지만 그렇게 해서 자신을 줄이시는 것은 아니라고 단언합니다. 그러나 몸의 공간적 수축에는 그 크기가 줄어드는 현상이 따라올 것입니다. 그러므로 《조하르》가 말하는 수축은 우리가 생각하는 공간의 문제가 아니라는 것을 알 수 있습니다. 밀턴은 말할 것도 없고 《조하르》도 우리가 처음 의심했던 조악한 시각적 사고를 한다고 자신 있게 비판할 수 없습니다. 끝으로, 저는 "제한받지 않는"uncircumscribed이라는 단어에 주의를 기울이고 싶습니다. 소라 교수가 《조하르》의 어떤 문장이 이 단어에 대응한다고 생각하는지는 분명하지 않습니다. 그런데 이와 유사성을 보이는 다른 저자가 있습니다. 토머스 아퀴나스는 하나님의 무소부재無所不在, omnipresence 방식을 정의하면서 "한 장소에 있다"(또는 '공간에 있다')는 표현의 세 가지 다른 의미를 구분했습니다. 몸은 한 장소의 제약을 받는 방식으로 그 장소에 있습니다. 즉, 몸은 제한적으로circumscriptive 한 공간을 차지합니다. 천사는 한 장소에 있으되 그 장소의 제약을 받지 않습니다. 그러나 그 장소에 있으면 다른 장소에는 없기 때문에 확정적definitive으로 존재합니다. 하나님은 제한적으로도 확정적으로도 한 장소에 계시지 않습니다. 그분은 모든 곳에 계시기 때문입니다(《신학대전》Ia. Q. LII, Art. 2). 스콜라철학이라면 무조건 무시하는 인문주의자들의 속물적 태도를 그대로 공유했던 밀턴이기에 이런 내용을 읽어 봤을 것 같지는 않지만, 당시 케임브리지에서 이런 의미의 제한성circumscription 개념을 몰랐을 거라고 생각하기는 어렵습니다. 제한성 개념이 알려져 있었다면, 밀턴이 쓴 '제한받지 않은'이라는 단어만으로도 독자들은 완전히 정통적인 하나님의 무소부재설을 연상할 수 있었을 것입니다. 설령 이런 추측을 받아들이지 않는다 해도, '제한받지 않은'이 《조하르》에 나오는 "자신을 줄이시는 것이 아니"라는 말을 달리 표현한 것이라고 본다면, 이 표현으로 인해 《조하르》에서 하나님의 존재 방식을 순전히 공간적 개념으로 이해하지 않게 해주는 그 단서 조항이 부각될 것입니다. 결국, 대단히 시적이긴 하지만 철학적으로는 모호한 이 구절에서 우리가 끌어낼 수 있는 최대한의 결론은, 밀턴이 《조하르》가 이단적 주장을 하는지도 모를 대목에서 《조하르》를 따르고 있을 수도 있다는 것 정도입니다.

(b) 물질은 하나님의 일부이다. 밀턴은 《기독교 교리론》 1권 7장에서 하나님이 "무無로부터", 선재하는 어떤 원재료도 없이 물질계를 만드셨다는 정통 교리를 분명하게 반대합니다. 그는 "그런 다양하고 형태도 많은 무궁무진한 장점"(즉, 물질의 장점)이 "하나님 안에 존재하고 그분 안에 본질적으로 내재해야 한다는 주장은 더없이 강력하고 건전한 논증"이라고 주장합니다. 밀턴에 따르면 영靈은 "실제적, 본질적으로 더 탁월한 실체이기 때문에 그 안에 열등한 실체를 담고 있"습니다. 이 교리를 이해하기는 쉽지 않지만, 이것이 "무로부터의 창

조" 교리가 경계하고자 했던 이단에 해당하지 않는다고 할 수는 있습니다. 원래 그 교리는 하나님이 세상의 유일한 근원이 아니며 처음부터 자신과 별개의 어떤 대상을 대면하고 있었다고 하는 이원론을 겨냥한 것이었습니다. 밀턴은 이것을 믿지 않았습니다. 만약 그가 오류를 범했다면 이원론으로부터 너무 멀리 벗어나고자 했고 하나님이 세상을 "자신으로부터" 만드셨다고 믿은 오류일 것입니다. 이 견해는 어떤 의미에서 모든 유신론자들이 받아들여야 합니다. 세상은 하나님의 마음에 존재하는 생각을 본으로 만들어졌다, 하나님이 물질을 발명하셨다, (외람된 말씀이지만 salva reverentia) 디킨스가 피크위크 씨[9]를 "생각해 냈듯" 하나님이 물질을 "생각해 내셨다"는 의미에서 그렇습니다. 이런 관점에서 본다면 셰익스피어가 햄릿을 "담고 있었던" 것처럼 하나님이 물질을 "담고 계셨다"고 할 수 있습니다. 아닌 게 아니라, 시인은 시를, 발은 빠름을 사실상 담고 있다고 할 수 있듯이 하나님도 물질을 "사실상 담고 계신다"고 하는 선에서 밀턴이 만족했다면, 그의 주장은 정통적인 것이 되었을 것입니다(저는 그렇게 믿습니다). 그가 거기서 더 나아가 "본질적으로"라는 말을 덧붙였을 때 뭔가 이단적인 어떤 것을 의미했을 가능성이 높고 (그래도 저는 그것이 무엇인지 정확히 이해하지 못하겠습니다) 그것이 《실낙원》 제5편 403행 이

---

9) 찰스 디킨스의 소설 《피크위크 클럽의 기록 Pickwick Papers》의 주인공.

하에 등장한다고 볼 수 있겠습니다만, 그나마도 《실낙원》에서는 빛바랜 색깔로 칠해져 있기에 《기독교 교리론》이라는 외부 증거의 도움이 없이는 탐지가 불가능한 정도입니다.

이쯤에서 밀턴이 구속救贖을 제시하는 방식에 대한 소라 교수의 생각을 (제가 《복낙원》을 다룬다면 더욱 관심을 가질 주제이지만) 언급하는 것이 유용할 것 같습니다. 소라 교수는 십자가 처형이 《실낙원》의 신학에서 "눈에 띄는 역할을 하지 않"(p. 177)고 "대리적 속죄"는 밀턴이 받아들이지 않는 개념이라고 말합니다(p. 178). 그러나 《실낙원》 제3편(210행 이하)에서 성부께서 내세우시고 성자가 받아들이는 것이 바로 안셀무스가 가르친 가장 엄격한 형태의 대리적 속죄론입니다. "당신의 분노를 제게 내리소서. 저를 인간으로 보소서"(제3편, 237). 미가엘은 그 모든 일을 법정 용어로 설명합니다. 그리스도께서 "그대의 죄에 합당한 형벌인 고통스러운 죽음을 당함으로써" 인간을 구원하실 것이다(제12편, 398). "그분은 그대의 형벌을 대신 받으실 것이다"(제12편, 404). 그분의 "전가된" 공덕이 인간들을 구원할 것이다(409). 그분은 우리의 적들을 "십자가에 못 박으시"(415)고[10] 우리의 "몸값"을 지불하실 것이다(424). 밀턴은 소라 교수의 비평과 같은 오해를 미연에 방지하기 위해 할 수 있는 일을 다 했습니다. 도대체 무엇을 더

---

10) 골 2:14-15 참조.

할 수 있다는 말입니까?《복낙원》에서도 그리스도께서 광야에서 일
으키시는 것은 하늘이 아니라 에덴일 뿐입니다(《복낙원》, 1편 7). 아담
이 상실한 완전한 인간성은 그리스도께서 그곳에서 사탄과 싸우는
가운데 성숙하고, 바로 그런 의미에서 에덴, 낙원, 완전한 상태가 회
복됩니다regained. 그러나 대리적 속죄는 아직 완성되지 않았습니다.
이것이《실낙원》에서 대리적 속죄 이야기가 뜸한 이유입니다. 광야
의 시험은 "연습"(1편 156), "기초"(1편 157)로서 구속 사역의 준비는 되
지만, 광야의 시험과 대리적 속죄는 다릅니다. 광야의 그리스도는 사
탄의 "유혹"만 이기면 되지만(1편 152) 십자가 처형 시에는 "그자의
온갖 거대한 세력"을 이겨 내야 하기 때문입니다(1편 153).《복낙원》
끝 부분에서 천사들은 그리스도께 그분의 진정한 과업으로 "이제 들
어가셔서" 인류 구원을 "시작하시라"고 합창합니다(4편 634). 사탄의
"도덕적 패배"는 이루어졌지만, 그자의 실제 패배는 아직 오지 않았
습니다. 비유하자면, 밀턴은 영웅의 유년기enfances와 기사 임명식까
지 다룬 것이고, 용 사냥이 주제가 아님을 분명히 밝혔습니다. 물론,
밀턴에게 왜 십자가 처형을 다루는 시를 쓰지 않았느냐고 물을 수는
있겠습니다. 저로서는 그에게 분별력이 있었다는 것이 답이라고 봅
니다. 그러나 그런 질문이 왜 나와야 할까요? 어떤 시인에게 어울리
겠다 싶은 시를 다 그가 써야 할 의무가 있는 것은 아니지 않습니까?
　《실낙원》이 이단적이라는 주장들은 이와 같이 대단히 사소하거
나 다소 모호한 것으로 드러납니다. 제가《실낙원》을 법률 문서처럼

다루어 그 시에 나오는 밀턴의 말만 그의 주장으로 인정하고, 그가 그 구절들로 "실제로 의미한" 바를 보여 주는 그의 다른 저작들의 증거를 무시한다는 반론이 가능할 것입니다. 우리가 밀턴의 사적인 생각들을 추적하고 이해를 돕는 자료로서만 《실낙원》의 가치를 인정한다면, 저의 방법론은 대단히 비뚤어진 것이 되겠지요. 그러나 "정말 의미했다"really meant는 중의적 표현입니다. "밀턴이 그 시로 정말 의미했던 바"는 (a) 그 시에 언급된 모든 주제에 대한 그의 생각 전체를 뜻할 수도 있고 (b) 그가 쓰려고 했던(즉, 의도했던) 시, 즉 그가 독자들 안에 만들어 내고자 했던 경험을 이끌어 내기 위해 사용한 수단을 뜻할 수도 있습니다. 우리가 둘 중 두 번째 것을 다룰 때는 《기독교 교리론》이나 《조하르》의 도움을 받아야만 이끌어 낼 수 있는 효과는 배제할 수 있을 뿐 아니라 배제해야 마땅합니다. 《실낙원》은 두 작품 중 하나라도 연구한 사람을 대상으로 쓴 시가 아니기 때문입니다. 시인이 읽은 책을 참고해야만 이해할 수 있는 시를 쓰는 현대의 습관은 특이하고 우발적인 이해에 그칠 위험을 감수하게 만듭니다. 이것은 밀턴이 갖고 있던 고전적, 공적, 객관적 시 개념과 맞지 않는 낯선 것입니다. 시를 쓸 때는 우연히 관심을 갖게 된 내용을 집어넣는 것이 아니라, 독자에게 즐거움과 기쁨을 주는 일반적 목표에 적절한 내용과 작품의 줄거리와 종류에 알맞은 내용을 넣었습니다. 적정률이 걸작의 필수 요소였습니다. 《실낙원》이 당시의 평범한 식자층 기독교인들의 마음에 일으킬 것으로 예상되었던, 혹은 일으키도록 계산

된 효과를 외면한 채 밀턴이 개인적으로 어떤 것을 연상했을지 다각
도로 고려하는 것은 무대에서 비극이 공연 중일 때 객석을 떠나 무
대 주위를 돌아다니며 거기서 보이는 광경이 어떻고 무대 밖에서 배
우들이 어떻게 말하는지를 보는 것과 같습니다. 그렇게 하면 흥미로
운 사실을 많이 알게 되겠지만, 공연 중인 비극을 판단하거나 즐길
수는 없을 것입니다. 《실낙원》에서 우리는 노래하는 복장을 갖춘 시
인이 우리에게 들려주는 내용을 연구해야 합니다. 그렇게 하면 그가
서사 시인으로 일하는 동안에는 신학적으로 엉뚱하고 사적인 생각
들을 대부분 옆으로 치워 놓는다는 것을 알게 됩니다. 그는 훈련되
지 않은 사람이었을지 몰라도, 고도로 훈련된 예술가였습니다. 그래
서 이단적 주장이라고 할 만한 것이 일부 사람들이 생각하는 것보다
적었고, 《실낙원》에는 그중에서도 일부만이 등장합니다. 우라니아가
그를 붙들고 있었습니다. 밀턴 사상의 정수는 그의 서사시에 있습니
다. 그런데 구성의 법칙, 제한된 목적, 혹은 반쯤 무의식적으로 발휘
된 저자의 신중함에 의해 그 고귀한 구조물에서 기꺼이 배제했던 돌
무더기들을 도로 들여다 놓겠다고 기를 써야 할 이유는 뭘까요? 시
속의 노아는 언제나 벌거벗고 취한 모습으로 등장하고 결코 방주를
건설하지 말아야 합니까?

　종교시로서의 《실낙원》을 불만스럽게 여기는 그리스도인 독자들
은 시가 실패한 부분적 이유가 밀턴의 이단적 신념들 때문이라고 생
각하는 것이 자연스러운 일일 것입니다. 그들은 밀턴의 다른 작품들

을 근거로 그의 이단성을 자신 있게 지적할 수 있을 것입니다. 심판의 날이 올 때까지는 확증되지도 사라지지도 않을 의심이지요. 그러나 그 전까지는 《실낙원》의 본문에 교리적 오류를 넣어 읽어서 예단하지 않고 그 가치에 따라 판단하는 것이 바람직한 방향입니다. 그런데 교리만 놓고 보자면 《실낙원》은 압도적으로 기독교적인 작품입니다. 동떨어진 소수의 몇몇 대목을 제외하면 딱히 개신교적이거나 청교도적이지도 않습니다. 기독교의 위대한 중심 전통을 제시할 뿐입니다. 정서적으로 보면 이런저런 결점이 있을 수 있지만, 교리적으로 보자면 타락을 재현하는mimesis 이 위대한 의식에 합류하라고 이 작품이 초청하는 것은 시대와 장소를 막론하고 모든 기독교계가 받아들일 수 있는 내용입니다.

모든 밀턴 애호가는 소라 교수에게 큰 빚을 졌습니다. 그래서 이번 장을 끝내기에 앞서 다시 한 번 소라 교수에게 감사를 표하고 싶습니다. 저 개인적으로는 그분의 책에 그분이 제기한 질문들에 대한 잘못된 답변들이 가득하다고 생각하지만, 그분이 그런 질문들을 제기했다는 것, 밀턴 비평을 그의 "오르간 음악"에 대한 지루한 찬사와 "위풍당당하게 울리는 고유명사들"에 대한 횡설수설로부터 구해냈다는 것, 밀턴이 바라던 대로 독자들이 그를 진지하게 받아들이는 새 시대를 열었다는 것은 대단히 유용하고 지극히 독창적인 업적입니다. 제가 소라 교수의 질문들에 대해 찾아 낸 전혀 다른 답변들이 옳다 해도, 그분에게 진 빚은 여전합니다. 그분 덕분에 해답을 찾는 법을 처음으로 배웠고, 답을 찾는 일이 가치가 있다는 생각을 하게 되었습니다. 그분은 이전의 밀턴 비평 대부분을 다소 유치한 취미 활동 정도로 보이게 만들었습니다. 그분의 의견에 동의하지 않는 비평가들도 어떤 의미에서는 그분의 학파에 속한다고 할 수 있습니다.

XIII

사탄

지성의 행복을 놓쳐 버린 한스러운 사람들
le genti dolorosi C'hanno perduto il ben de l'intelletto
─단테, 《신곡》, 〈지옥편〉 제3곡 17–18

밀턴의 사탄 캐릭터를 고려하기 전에, 중의적으로 해석할 수 있는 여지를 제거하는 것이 바람직할 것 같습니다. 제인 오스틴의 베이츠 양은 대단히 재미있다고 할 수도 있고 대단히 지루한 사람이라고 할 수도 있습니다. 첫 번째 말은 그녀에 대한 저자의 묘사가 우리를 즐겁게 해준다는 뜻일 것입니다. 두 번째 말은 저자가 그려 내는 모습대로라면 《엠마》에 등장하는 다른 인물들이 그녀를 지루한 사람으로 여길 것이고 우리도 실생활에서 그런 사람을 만난다면 역시 지루하게 여길 거라는 뜻입니다. 예술에서 불쾌한 대상을 흉내 낸 작품이 유쾌한 흉내가 될 수 있다는 것은 아주 오래된 비평적 발견입니다. 밀턴의 사탄이 훌륭한 캐릭터라는 명제 또한 두 가지 의미를 지닐 수 있습니다. 밀턴이 사탄을 표현해 낸 방식이 훌륭한 시적 성취를 이루어 독자의 마음을 사로잡고 감탄을 자아낸다는 뜻일 수도 있습니다. 반면, 밀턴이 묘사하는 실제 존재(존재한다면), 또는 사탄과 비슷한 실제 존재, 밀턴의 사탄과 닮은 실존 인물이 시인이나 독자에

게 의식적이건 무의식적이건 감탄과 공감의 대상이거나 그렇게 되어
야 마땅하다는 뜻일 수도 있습니다. 제가 아는 한, 현대 이전의 시대
에 첫 번째 의미가 부인된 적은 없었고, 블레이크[1]와 셸리[2] 이전의
시대에는 두 번째 의미가 인정받은 적이 없습니다. 드라이든[3]이 사
탄을 밀턴의 'hero'라고 한 것은 상당히 다른 의미[4]로 한 말입니다.
저는 사탄을 밀턴의 영웅으로 보는 시각이 완전히 잘못된 것이라 생
각합니다. 하지만 이렇게 말하면 순수한 문학 비평의 경계를 넘어서
게 되지요. 그래서 저는 이어지는 내용에서 사탄을 존경하는 사람
들의 마음을 바꾸려는 대신, 그들이 존경하는 대상이 어떤 존재인
지 좀더 분명하게 하는 데 집중할 것입니다. 그렇게 하면, 밀턴이 그
들의 존경에 동의했을 리가 없다는 사실은 논증이 불필요한 문제가
될 것입니다.

　　주된 어려움은, 사탄의 캐릭터와 사탄의 곤경을 제대로 설명하려
고 하면 "그럼 《실낙원》을 희극시로 보는 겁니까?"라는 질문이 나올
가능성이 높다는 데 있습니다. 이 질문에 대한 답변은 '아니다'입니
다. 하지만 《실낙원》이 희극시일 수도 있었다는 것을 알아보는 사람

---

1) William Blake. 1757~1827. 영국의 화가, 판화가. 신비적 경향의 시인으로 낭만주의의 선구자.
2) Percy Bysshe Shelley. 1792~1822. 영국 낭만주의 시인.
3) John Dryden. 1631~1700. 영국 시인, 극작가 겸 비평가. 왕정복고 시기의 대표적인 문인.
4) '주인공'이라는 뜻.

들만이 이 작품을 온전히 이해할 것입니다. 밀턴은 사탄의 곤경을 서사시 형태로 다루기로 했고, 사탄의 부조리보다는 사탄이 당하고 가하는 비참함을 더 비중 있게 다루었습니다. 또 다른 작가 메러디스[5]는 사탄의 곤경을 희극으로 다루었고 그 비극적 요소를 좀더 가볍게 썼습니다. 그러나 메러디스의《에고이스트_Egoist_》(1879)는《실낙원》의 부록처럼 남아 있고, 메러디스가 윌러비 경의 비애감을 완전히 배제할 수 없듯, 밀턴도 사탄의 부조리를 다 배제할 수 없고 그럴 마음도 없습니다. 이것이《실낙원》에서 일부 독자들의 심기를 건드린 신의 웃음의 등장 배경입니다.《실낙원》의 진짜 거북한 요소는 따로 있습니다. 밀턴이 성부 성자를 지나치게 의인화하는 바람에 그들이 웃는 대목에서 독자에게 반감이 인다는 것입니다. 사람들 사이에 평범한 충돌이 일어날 때처럼 승자가 패자를 조롱해서는 안 된다고 느끼는 것이지요. 그러나 사탄과 윌러비 경이 우주 전체를 향해 호통치며 자기가 최고인 듯 행동하게 하고, 그래도 다들 그것을 끝까지 진지하게 받아들여야 한다고 요구하는 건 곤란합니다. 그들에게 그런 면제를 허용하려면 실재가 본질적으로 달라져야 할 텐데, 그런 일은 없으니까요. 물이 불을 만나면 증기가 생기듯, 사탄이나 윌러비 경이 뭔가 실재하는 것을 만나면 비웃음을 자아낼 수밖에 없습니다. 다른

5) Gerage Merédith. 1828~1909. 영국의 소설가 · 시인.

사람도 아닌 밀턴이 이러한 필연성을 몰랐을 리 없습니다. 우리는 그의 산문 저작을 통해, 혐오스러운 모든 것은 결국 터무니없는 것이기도 하다는 그의 믿음을 확인할 수 있습니다. 순전한 기독교는 모든 그리스도인이 "악마는 (결국) 당나귀"임을 믿게 합니다.

윌리엄스 씨가 지적한 대로, 사탄의 곤경이 어떤 것인지는 사탄 자신이 분명하게 드러냅니다. 사탄은 제 입으로 "자존심이 짓밟힌 느낌"을 받고 있다고 말합니다(1편 98). 이런 마음 상태는 잘 알려진 것인데, 집에서 기르는 동물, 아이들, 영화배우, 정치가, 변변찮은 시인들에게서 실감나게 살펴볼 수 있습니다. 외부보다는 집 안에서 더 잘 드러나지요. 흥미롭게도 많은 비평가들은 문학 작품에서 이런 모습이 나오면 아주 좋아합니다. 그러나 제가 알기로 실생활에서 이것을 사랑하는 사람은 없습니다. 질투에 사로잡힌 개나 버릇없는 아이의 경우 자존심이 짓밟혀도 누군가에게 상처를 줄 수는 없기에 대개는 비웃음을 사는 정도에서 그칩니다. 그러나 이것이 정치 무대에서 수백만 명의 힘으로 무장하고 등장하면, 비웃음을 사지 않습니다. 그들은 큰 해를 끼칠 수 있기 때문입니다. 다시 윌리엄스 씨의 주장을 따라가자면, "자존심이 짓밟힌 느낌"이 사탄의 마음에 생겨난 원인도 분명합니다. "그는 스스로 열등해졌다고 생각했느니라"(5편 662). 그는 메시야가 천사들의 대장으로 선언되었기 때문에 자신이 열등해졌다고 생각했습니다. 이것이 바로 셸리가 "측량할 수 없이"beyond measure라는 말로 묘사한 "부당한 대우"의 정체입니다. 사탄보다 질적으로 우월한 존재, 사탄을 창조한 존재, 자연적 위계에서 사탄보다 월등히 높은 자리에 있는 존재를 최고 권위자가 사탄보다 더 명예로운 자로 택했습니다. 그렇게 할 수 있는 권위자의 권리는 논란의 여지가 없었고, 아브디엘이 말한 대로 그 모든 과정은 천사들에게 모욕이 아니라 찬사였습니다(5편 823-843). 사실 누구도 사탄에게 위해를 가하지 않았습니다. 그는 배고픈 것도, 과중한 업무를 맡은 것도, 자기 자리에서 쫓겨난 것도, 배척당하거나 미움 받은 것도 아니었습니다. 그저 스스로 열등해졌다고 생각했습니다. 빛과 사랑, 노래와 잔치와 춤이 가득한 세상 한복판에서 그는 자신의 위신보다 더 흥미로운 것을 생각할 수 없었습니다. 그는 메시야의 우월한 지위를 뒷받침하는 근거를 거부함으로써 자신의 지위 또한 근거 없는 것으로 만들었습니다. 질적 우월함이나 하나님의 임명, 이 두 가지 외에 다른 무엇이 사탄의 높은 지위를 떠받칠 수 있겠습니까? 따라서 그의 반역은 처음부터 모순에 얽혀 있었고, "위계와 계급은 자유와 충돌하지 않는다"(5편 789)고 대놓고 인정하지 않고는 자유와 평등의 깃발을 들 수도 없습니다. 그는 위계를 원하면서도 위계를 원하지 않습니다. 《실낙원》의 처음부터 끝까지 그는 자신이 앉아 있는 나뭇가지를 톱질하여 자르는 일을 하는데, 이미 말했던 준정치적 의미에서는 물론이고 그보다 더 깊은 의미에서도 그렇습니다. 피조물이 창조주에게 반역한다는 것은 자신이 가진 힘의 근원에 반역하는 것이기 때문입니다. 반역할 수 있는 힘도 그 근원에서 나옵니다. 따라서 그

싸움을 "하늘에서 떨어져 파멸하는"이라고 한 것은 매우 정확한 묘사였습니다. 사탄도 '하늘'로서만, 즉 병들고 비뚤어지고 뒤틀렸지만 여전히 하늘의 토박이로서만 존재할 수 있으니까요. 그의 반역은 꽃향기가 꽃을 파괴하려 드는 것과 같았습니다. 반역의 결과가 감정에는 비참함으로, 의지에는 부패로 나타난다면, 지성에는 부조리로 나타납니다.

윌리엄스 씨는 "지옥은 부정확하다"(이 말을 어떻게 잊겠습니까)는 말을 상기시키고, 사탄이 《실낙원》에서 언급하는 모든 주제에 대해 거짓말을 하고 있다는 사실에 주목하게 해주었습니다. 그러나 그의 의식적인 거짓말과 그가 기꺼이 선택했다고 할 수 있는 눈먼 상태를 구분할 수 있는지 모르겠습니다. 반란 초기에 그는 바알세불에게 메시야가 "온 천국을 두루" 순회하시며 "율법을 주시고자" 한다고 말하는데(5편, 688-690), 저는 이때만 해도 그가 자신이 거짓말을 하고 있음을 알았을 거라고 생각합니다. 사탄이 '새 "수령"에게 경의를 표하는 차원에서 "이처럼 황급히 야간에 진군하라"(5편 774)'는 명령을 받았다고 그의 추종자들에게 말할 때도 자신의 말이 거짓임을 인지했을 것입니다. 그러나 제1편에서 그가 "자신의 무시무시한 팔"로 하나님의 "제국"을 위태롭게 했다고 주장하는 대목을 봅시다. 그의 말이 사실 같지는 않습니다. 물론 어리석은 소리이지요. 사탄과 하나님 사이에는 전쟁이 없었고 사탄과 미가엘이 싸웠을 뿐입니다. 그러나 그는 자신의 선전을 진짜로 믿고 있을 가능성이 있습니다. 제10편에서 사탄이 타락한 천사들을 앞에 놓고 '혼돈이 "지고_{至高}한 운명에 저항하여"(480) 자신의 여로를 방해했다'는 쓸데없는 자랑을 늘어놓는 대목에 이르면, 자신의 말이 사실이라고 확신하고 있는 것 같습니다. 그보다 훨씬 전에 그는 이미 거짓말쟁이보다는 거짓 자체, 자기모순의 화신이 되었기 때문입니다.

이 부조리의 비운—포프의 의미로 말하자면 우둔함의 비운—은 두 장면에서 잘 드러납니다. 첫 번째는 제5권에서 사탄이 아브디엘과 논쟁하는 대목입니다. 사탄은 그의 모든 곤경의 뿌리에 놓인 이단적 주장을 내세웁니다. 자신이 자존하는 존재이며 파생된 존재나 피조물이 아니라고 주장합니다. 그런데 자존하는 존재는 자신의 존재를 이해하는 특징이 있습니다. 자기원인_{causa sui}의 존재이지요. 피조된 존재는 이미 존재하는 자신을 발견할 뿐, 자신이 어떻게 존재하게 되었는지, 왜 존재하는지 모르는 것이 특징입니다. 그런데 피조물이 어리석어서 자신이 창조되지 않았음을 입증하려 든다면 어떨까요? 그는 아마 이렇게 말할 것입니다. "글쎄, 나는 그 자리에 없었거든. 그래서 그 일이 어떻게 이루어졌는지 못 봤어." 하지만 이보다 더 부질없는 대답이 어디 있겠습니까? 그것은 자신이 어떻게 시작되었는지 모른다고 인정하는 것이요, 자신의 시작이 바깥에서 주어진 것임을 인정하는 것 아닙니까? 사탄은 금세 이 덫에 걸려듭니다(850 이하). 그로서는 다른 도리가 없습니다. 그리고 자존을 내세우는 그의 주장이 엉터리임을 입증하는 증거를 자존의 증거로 내놓습니다. 그러나 이것이 끝이 아닙니다. 스스로 만들어 낸 부조리의 바닥에서 거북하게 몸을 움직이던 그는 "운명의 과정"이 자신을 낳았다는 행복한 생각을 내놓고, 마침내 자신이 채소처럼 땅에서 자라났다는 이론을 의기양양하게 내세웁니다. 너무나 오만하여 자신이 하나님으로부터 파생되었음을 인정할 수 없었던 존재가 단 스무 행 만에 자신이 순무처럼 "그냥 자라났다"고 믿으며 기뻐하게 된 것입니다. 두 번째 장면은 제2편, 사탄이 왕좌에서 연설하는 대목입니다. 여기서 드러난 그의 눈먼 상태는 나폴레옹이 몰락 이후 했다는 말을 떠올리게 합니다. "이제 웰링턴이 무슨 일을 할지 궁금하군. 다시는 그냥 민간인으로 만족할 수 없을 텐데." 나폴레옹은 안정된 국가에서 평범하고 정직하게 사는 사람이 보여 주는 미덕은 물론 그가 겪는 유혹도 상상하지 못합니다. 사탄 역시 이 연설에서 지옥의 마음 상태 외의 다른 어떤 마음 상태도 상상하지 못하는 철저한 무능함을 보여 줍니다. 그는 탐낼 만한 선이 조금이라도 존재하는 모든 세계에서는 다스림을 받는 자들이 군주를 질투하기 마련이라고 가정하고 있습니다. 유일한 예외가 지옥인데, 그곳에는 보유할 만한 선이 아예 없기 때문에 군주도 다른 이들보다 선을 더 가질 수 없고 그를 질투하는 일도 있을 수 없습니다. 따라서 그는 지옥의 군주제가 천사의 군주제에서 찾아볼 수 없는 안정을 갖추었다는 결론을 내립니다. 순종하는 천사들이 순종을 기뻐할 수도 있다는 생각은 하나의 가설로도 그의 머리에 떠오를 수 없습니다. 그러나 이런 어찌 할 수 없는 무지 안에서도 모순이 터져 나옵니다. 사탄은 이런 터무니없는 명제를 궁극적 승리를 희망하는 근거로 삼기 때문입니다. 어떻게든 승리를 향해 다가가려면 승리를 기대할 근거를 제거해야 하는 상황임을 알아보지 못하는 것 같습니다. 완전한 비참함에 근거한 안정, 따라서 그 비참함이 완화될수록 흔들리는 안정이 비참함을 통째로 제거하는 데 도움이 될 것이라고 내세웁니다(2편, 11-43).

우리는 사탄 안에서 끔찍한 공존을 목격합니다. 절묘한 지적 활동들이 끊임없이 이루어지는데도 아무것도 이해하지 못하는 희한한 모습이지요. 이런 비운은 그가 자초한 것입니다. 한 가지를 보지 않기 위해서 보는 능력 자체를 제 손으로 망가뜨린 꼴이지요. 따라서 《실낙원》에서 나타나는 그의 모든 고통은 어떤 의미에서 그가 자초한 것이고, 하나님의 심판은 "네 뜻대로 되게 해주마"라는 말로 표현할 수 있을 것입니다. 그는 "악이여 나의 선이 되어라"(이 말은 "무의미여, 나의 의미가 되어라"를 포함합니다)라고 말하고 그의 기도는 응답받습니다. 그는 자의로 반역을 합니다만, 자기 뜻과 상관없이 '반역' 자체가 고통스럽게 그의 머리에서 떨어져 나와 별도의 존재가 되더니 그를 매혹시키고(2편 749-766) 뜻밖에도 달갑지 않은 자손을 낳아 줍니다. 제9편에서 그는 자의로 뱀이 됩니다. 제10편에서는 자의건 아니건 상관없이 뱀입니다. 사탄 본인도 분명히 의식하는 이 점진적 강등이 《실낙원》에 잘 묘사되어 있습니다. 생각을 잘못하긴 했지만 처음에 그는 '자유'를 위해 싸웁니다. 그러나 거의 동시에 "명예, 주권, 영

광, 명성"(6편 422)을 위해 싸우는 수준으로 떨어집니다. 이 싸움에서
패한 그는 이 시의 제재에 해당하는 거창한 계획을 벌이는 수준으로
한 단계 더 떨어집니다. 그에게 어떤 해도 끼친 적 없는 두 피조물을
파멸시킬 계획인데, 더 이상 승리를 기대할 수 없는 상황에서 오로
지 그가 직접 공격할 수 없는 원수의 심기를 건드리기 위한 계획입니
다.(보몬트[6]와 플레처[7]의 희곡에 나오는 겁쟁이는 결투를 벌일 용기가 나지 않
자 집으로 돌아가 하인들을 두들겨 패기로 했습니다.) 이렇게 해서 그는 첩자
로 변해 우리 우주로 들어옵니다. 그러나 얼마 안 가서 정치적 첩자
도 아니고 그저 두 연인의 사생활을 무시하며 음험하게 엿보고 온몸
을 비틀어 대는 관음증 환자로 전락합니다. 이 대목에서 그는 《실낙
원》에서 거의 처음으로 타락한 천사장이나 지옥의 두려운 황제가 아
니라 그저 '마왕'the Devil(4편 502)이라고 불립니다. 민간전승에 나오는
음란하고 기괴한 귀신, 반 어릿광대 말입니다. 영웅에서 장군, 장군
에서 정치가, 정치가에서 비밀 첩자, 그 뒤로는 침실이나 욕실 창으
로 안을 엿보는 존재로, 그다음에는 두꺼비로, 마지막엔 뱀으로. 이
것이 사탄의 점진적 변화입니다. 사람들이 이 변화를 오해하면서 밀
턴이 사탄을 원래 의도보다 더 영광스럽게 만들었다가 뒤늦게 오류

---

6) Francis Beaumont. 1584~1616. 영국의 극작가. 플레처와의 합작 희비극으로 무대를 휩쓸어
만년의 셰익스피어의 강적이 되었다.
7) John Fletcher. 1579~1625. 영국의 극작가.

를 바로잡으려 했다는 생각을 하게 되었습니다. 그러나 캐릭터가 실제로 겪게 되는 "자존심이 짓밟힌 느낌"을 이렇듯 정확하게 그려 낸 성과가 실수와 우연으로 생겨날 수는 없습니다. 악에게 공정하리라, 악에게 제 실력을 발휘할 기회를 주리라, 이것이 시인의 의도였음이 분명합니다. 정점에 오른 악의 모습을 온갖 호언장담과 멜로드라마와 '하나님을 흉내 낸 상태'로 먼저 보여 준 다음, 그런 자기도취가 현실과 맞닥뜨렸을 때 어떻게 되는지 추적하는 것입니다. 다행히 우리는 밀턴이 《실낙원》 제4편(32-113)의 끔찍한 독백을 제1, 2편보다 먼저 구상하고 시를 지었음을 압니다. 이 구상이 《실낙원》의 시작이었고, 밀턴은 시의 첫 부분에서 허울만 그럴 듯한 사탄의 모습을 보여 주며 독자들의 머릿속에 있는 두 가지 생각이 안전장치 역할을 할 것이라 믿었습니다. 사람들은 사탄이라는 존재가 실제로 존재한다고 믿었고, 그자가 거짓말쟁이라는 사실을 믿었습니다. 당시에는 이 둘만으로도 후대에 볼 수 있는 오해에 빠지지 않도록 그들을 지켜 주기에 충분했을 것입니다. 시인 밀턴은 언젠가 자신의 작품이 거짓의 아비가 자신의 부대원들을 상대로 펼친 공개 연설을 복음서에 나오는 내용인 줄 아는 무방비의 무지한 비평가들을 만나게 될 줄 예상하지 못했습니다.

밀턴이 《실낙원》에서 가장 잘 그려 낸 캐릭터는 사탄입니다. 그 이유를 찾기는 어렵지 않습니다. 밀턴이 그려 낸 주요 캐릭터 중 가장 그리기 쉬운 캐릭터가 바로 사탄이기 때문입니다. 100명의 시인에게 같은 이야기를 써보라고 하면 그중 90편 정도는 사탄의 캐릭터가 가장 잘 그려져 있을 것입니다. 대부분의 이야기에서는 '착한' 캐릭터가 가장 시원찮습니다. 아주 간단한 이야기라도 만들어 본 적이 있는 사람이라면 그 이유를 금방 알 수 있습니다. 우리 안에는 악한 격정들이 끊임없이 발버둥치고 있고, 실생활에서 우리는 그것들이 밖으로 튀어나가지 못하게 끈으로 묶어 놓고 있습니다. 자신보다 악한 캐릭터를 만들어 내려 할 때는 그 악한 격정들을 상상 속에서 풀어 놓기만 하면 됩니다. 우리 각 사람 안에는 기회만 나면 튀어나올 만반의 준비를 갖춘 사탄과 이아고와 베키 샤프[8]가 있습니다. 평소 우리는 그들이 우리의 삶에서 활개 치지 못하도록 묶어 놓지만, 책을 쓸 때는 묶어 놓았던 끈을 풉니다. 그러면 그들이 곧장 튀어나와 그동안 누릴 수 없었던 휴가를 책 속에서 마음껏 즐기는 것입니다. 그러나 자신보다 선한 캐릭터를 그려 내려고 하면, 자신에게 있었던 최고의 순간을 기억해 낸 뒤 오랜 시간에 걸쳐 그런 식으로 한결같이 행동하는 모습을 상상하는 수밖에 없습니다. 게다가, 우리가 전혀 갖고 있지 못한 정말 고상한 미덕들에 대해서는 그저 외적인 모습으로 묘사할 수밖에 없습니다. 우리는 자신보다 훨씬 선한 사람의 마음 상태를 모릅니다. 그의 내면 풍경 전체가 우리가 한 번도 보지

---

8) 《허영의 시장》의 주인공. 신분 상승을 위해 수단과 방법을 가리지 않는다.

못한 것이라, 그 모습을 추측해 보아도 결과물이 어설프기 짝이 없습니다. 소설가들은 그들의 '선한' 캐릭터 안에서 의식하지 못한 채 가장 충격적인 방식으로 자신을 드러내는 것입니다. 천국은 지옥을 이해하나 지옥은 천국을 이해하지 못합니다. 우리도 다들 정도는 달라도 사탄처럼, 적어도 나폴레옹처럼 자기보다 선한 존재를 이해하지 못합니다. 사악한 캐릭터를 상상하려면 평소 늘 해오던 일, 하다가 지친 일[9]을 멈추기만 하면 됩니다. 하지만 선한 캐릭터를 상상하기 위해서는 우리가 할 수 없는 일을 해야 하고 자신과 다른 모습이 되어야 합니다. 따라서 사탄에 대한 밀턴의 '공감', 사탄 안에 표현된 그의 교만, 악의, 어리석음, 비참함, 음욕에 대한 온갖 이야기들은 어떤 의미에서 사실이지만, 이것이 밀턴에게만 해당하는 일이라고 하면 사실이 아닙니다. 밀턴이 자기 안에 있는 사탄 때문에 사탄의 캐릭터를 잘 그려 낼 수 있었던 것처럼, 우리는 우리 안에 있는 사탄 때문에 그 캐릭터를 잘 이해할 수 있습니다. 밀턴은 밀턴이라는 개인이 아니라 인간으로서 뜨거운 지옥의 땅을 걸었고, 하늘과 헛된 전쟁을 치렀고, 음흉한 악의를 품고 돌아섰습니다. 타락한 인간은 타락한 천사와 아주 비슷합니다. 참으로 그렇기 때문에 사탄의 곤경이 우리에게 익살스럽게 다가오지 않는 것입니다. 그것은 우리와 너무 가

---

9) 우리 속의 악을 억제하는 일.

갚습니다. 밀턴은 모든 독자가 결국 사탄의 곤경 혹은 메시아와 아브디엘, 아담과 하와가 보여 준 즐거운 순종 중 하나를 택해야 한다는 사실을 인식하기를 바랐습니다. 그러므로 밀턴이 자신의 많은 부분을 사탄 캐릭터에 집어넣었다는 말은 옳습니다. 그러나 밀턴이 자신의 그런 부분을 흡족하게 여겼다거나 독자가 흡족해 하기를 기대했다는 결론을 내리는 것은 부당한 일입니다. 그가 우리들과 마찬가지로 저주받을 수 있다고 해서 사탄처럼 저주받았다는 결론이 따라오는 것도 아닙니다.

그런데 《실낙원》의 '선한' 캐릭터들도 그렇게 시원찮게 그려지지는 않았습니다. 그 시를 진지하게 받아들이는 독자라면 아담과 사탄 중 어느 쪽이 현실에서 함께 있기 좋은 상대일지 고심하게 될 일은 없으니까요. 그들의 대화를 지켜보십시오. 아담은 하나님, 금단의 나무, 잠, 짐승과 인간의 차이, 내일을 위한 계획들, 별, 천사들에 대해 말합니다. 꿈과 구름, 태양, 달, 행성, 바람, 새를 논합니다. 자신이 만든 것을 이야기하고 하와의 아름다움과 훌륭함에 찬사를 보냅니다. 그런데 사탄의 말을 들어 보십시오. 제1편 83행에서 그는 바알세불에게 말하기 시작합니다. 94행에 이르면 자신의 처지를 진술하고, 바알세불에게 자신의 "확고한 마음"과 "짓밟힌 자존심"에 대해 말합니다. 241행에서 그는 다시 말을 시작하는데, 이번에는 지옥에 대해 그가 받은 인상을 말합니다. 252행에서는 자신의 처지를 진술하고 자신이 "여전히 한결같다"고 (거짓)말을 합니다. 622행에서는 추종자들에게 열변을 토하기 시작합니다. 635행에 이르면 자신이 공적으로 얼마나 탁월하게 처신했는지 밝힙니다. 제2편은 그가 왕좌에서 연설하는 장면으로 시작합니다. 첫 8행에서 그는 지도자가 될 자신의 권리를 부하들에게 설교합니다. 그는 '죄'를 만나고 자신의 처지를 진술합니다. 태양을 보고 자신의 처지를 생각합니다. 인간 연인들을 염탐하고 자신의 처지를 진술합니다. 제9편에서는 온 땅을 돌아보고 나서 자신의 처지를 떠올립니다. 이 사실은 구구이 설명할 필요도 없습니다. 아담은 조그만 행성의 조그만 지역에 갇혀 있지만 그의 관심사는 "하늘의 모든 성가대와 땅의 모든 가구"를 아우릅니다. 사탄은 하늘의 하늘과 지옥의 심연에도 가보고 그 사이에 놓인 모든 것을 살펴봤지만 그 광대한 공간에서 그의 관심을 끄는 것을 하나밖에 발견하지 못했습니다. 아담이 사탄보다 좋은 상황에 있다 보니 그렇게 온갖 것을 생각하게 되었다고 할 수 있을 것입니다. 그러나 그것이 바로 핵심입니다. 사탄이 보여 준 스스로에 대한 편집증적 관심과 이른바 그의 권리, 부당대우는 '사탄의 곤경'에서 필수 요소입니다. 분명 그에겐 선택의 여지가 없습니다. 그는 선택의 여지가 없도록 선택을 했습니다. 그는 "자신이 되고" 자신 안에 머물고 자신을 위하기를 소원했고, 그의 소원은 성취되었습니다. 그가 짊어지고 다니는 지옥은 어떤 의미에서 무한히 지루한 세계입니다. 사탄에 대해 읽는 것은 《엠마》의 베이츠 양에 대해 읽는 것처럼 재미있지만, 밀턴은 사탄의 존재 양식이 공허하고 지루한 것임을 분명하게 드러냅니다.

사탄을 흠모하는 것은 비참한 세계, 거짓과 선전, 헛된 바람의 세계, 끊임없이 자기 이야기만 늘어놓는 세계에 한 표를 던지는 일입니다. 하지만 선택은 가능합니다. 거의 매일, 모든 사람의 내면이 그 세계로 조금씩 움직입니다. 그렇기 때문에 《실낙원》은 너무도 진지한 시입니다. 그런 세계는 정말 가능하고, 그것을 폭로하는 일은 분개의 대상이 됩니다. 《실낙원》은 사랑받지 않는 곳에서는 지독한 증오의 대상이 됩니다. 키츠가 그 의미를 온전히 알지 못한 채 정답을 말한 것처럼, 《실낙원》에는 "죽음이 있습니다." 우리 모두 《실낙원》의 온전한 메시지를 회피하고 싶어 할 만한 동기가 있습니다. 다들 사탄의 섬을 그야말로 아슬아슬하게 피해 왔기 때문입니다. 다시 한 번 말하지만, 그런 상태는 가능하기 때문입니다. 그런데 어떤 지점을 지나면 그것을 애지중지하게 됩니다. 월러비 경은 불행할지 몰라도 여전히 월러비 경으로 남기를 원합니다. 사탄은 계속 사탄으로 머물기를 원합니다. 이것이 "하늘에서 섬기기보다 지옥에서 다스리는 것이 낫다"는, 그가 내린 선택의 진정한 의미입니다. 어떤 이들은 끝까지 이것이 멋진 말이라고 생각할 것입니다. 또 어떤 이들은 이것이 고통을 뜻할 뿐이기 때문에 대단한 말이 못 된다고 생각할 것입니다. 문학 비평의 수준에서는 이 문제에 대해 더 이상의 논증을 펼칠 수가 없습니다. 각자의 취향에 맡길 수밖에요.

XIV

사탄의 추종자들

지옥은 방대하지 않다. 그곳에 있는 것은
소수의 썩어 가는 영혼이 전부.
— 이디스 시트웰[1]

저는 《실낙원》 제2편을 수없이 읽고 난 다음에야 거기 담긴 지옥의 논쟁을 온전히 이해했습니다. 그렇게 되기까지 뮤리엘 벤틀리Miss Muriel Bentley의 글(불행히도 아직 출간되지 않았습니다)에 큰 도움을 받았다는 사실을 이 자리를 빌려 인정하게 되어 기쁩니다. 그녀에게 인용 허락을 받아 해당 부분을 소개합니다. "맘몬이 죄의 질서정연한 상태를 너무나 당당하고 자랑스럽게 제시해서 우리가 거의 속아 넘어갈 정도이다. 밀턴이 여기서 죄의 본질을 너무 잘 건드렸기 때문에, '스스로 살아갑시다'(2편 254)라는 의심스러운 문구가 없다면 우리가 그것의 실체를 알아채지 못했을지 모른다. 그의 주장은 우리 인간에게 너무나 자연스럽게 느껴진다." 저는 여기에 담긴 암시를 발전시켜 보려 합니다.

---

1) Edith Sitwell. 1887~1964. 영국 시인, 비평가.

　　이 작업에는 어려운 부분이 있는데, 자칫하면 설교를 늘어놓는 것처럼 보이거나 알레고리가 아닌《실낙원》을 알레고리로 다루는 것처럼 보일 것이라는 점입니다. 그러나 사실인즉, 지옥의 논쟁에 실린 모든 연설의 미학적 가치는 부분적으로 그 도덕적 중요성에 달려 있고, 이 도덕적 중요성을 쉽게 드러내는 방법은 인간의 삶에서 복마전에 있는 악마들의 상황과 유사한 상황이 무엇인지 알려 주는 것입니다. 인간의 상황들이 악마들의 상황을 닮은 이유는 밀턴이 알레고리를 썼기 때문이 아니라 이런 인간의 상황들의 시초가 된 뿌리를 묘사하고 있기 때문입니다. 그가《실낙원》을 쓸 당시만 해도 다들 지옥을 믿었던 터라 굳이 설명이 필요 없었지만, 지금은 사정이 달라졌습니다. 그러므로 저는 감히 독자들에게 악마들의 곤경과 비슷한 일상적인 사례들을 상기시켜 드리고자 합니다. 악마들은 하늘에서 지옥으로 막 떨어졌습니다. 즉 그들 각각은 조금 전에 조국이나 친구를 팔아넘기고 자신이 몹쓸 인간임을 막 깨달은 사람, 또는 몹쓸 일을 저지르고 나서 사랑하는 여인과 크게 언쟁을 벌이고 관계가 끝장난 지 얼마 되지 않은 남자와 같습니다. 인간들에게는 종종 이 지옥에서 벗어날 길이 열려 있습니다만, 그 길은 언제나 단 하나뿐입니다. 굴욕과 회개, (가능한 부분에서는) 배상의 길입니다. 그러나 밀턴의 악마들에게는 이 길이 막혀 있습니다. 시인은 대단히 지혜롭게도 "그들이 정말 회개한다면 어떻게 될까?"라는 질문이 진지하게 제기되도록 허용하지 않습니다.《실낙원》제2편(249-251)의 맘몬이나 제4

편(94-104)의 사탄이 이 질문을 제기한 것은, 오로지 그것이 그들에게 진짜 문제가 안 된다는 결론을 내리기 위해서입니다. 그들은 자신들이 회개하지 않을 것임을 압니다. 지옥에서 나가는 단 하나의 문은 악마들 본인의 손으로 안에서 단단히 잠가 놓았습니다. 그러므로 그 문이 밖에서도 잠겨 있는지 여부는 고려할 필요가 없습니다. 악마들이 논쟁을 벌이는 이유는 존재하는 유일한 문 이외의 다른 문을 찾기 위해서입니다. 이 관점에서 볼 때 비로소 모든 연설이 그 시적 감흥을 최대한 드러냅니다.

　몰록 연설의 핵심은 제2편 54-58행에 있습니다. "이곳에 머뭇거리고" 앉아서 "이 음침하고 창피한 치욕의 구렁텅이를 받아들여야" 할까? 그는 도저히 현재의 비참함을 불가피한 것으로 여길 수 없는 것입니다. 견딜 수 없는 이 느낌에서 벗어날 길이 분명 있을 거라고 생각합니다. 그가 떠올린 해결책은 분노입니다. 인간도 이와 비슷한 상황에서 종종 분노를 생각합니다. 가장 귀하게 여겼던 것을 내 손으로 배신했다는 인식이 견딜 수 없이 우리를 내리누르면, 분노에 찬 적대감이 그 인식을 삼켜 버릴지도 모른다는 생각을 하게 되는 것입니다. 지금 우리를 괴롭히는 감정에 비하면 분노, 증오, 맹목적 격분이 차라리 유쾌할 것 같습니다. 그러나 격분이 안전한 길일까요? 안전 여부는 문제가 되지 않습니다. 어떤 것도 지금보다 더 나쁠 수는 없으니까요. 부당하게 대우한 대상에게 맹목적으로 돌격하고 그와 부딪쳐 죽는 것, 이것이 우리에게 일어날 수 있는 최선일 것만 같

습니다. 그리고 혹시 또 압니까? 죽기 전에 그 상대에게 약간의 상처
라도 줄 수 있을지. 몰록은 가장 단순한 악마입니다. 덫에 갇힌 쥐에
불과하지요.

　벨리알은 조금 더 복잡합니다. 그의 연설의 열쇠는 163행에 등장
합니다. "그러면 이것이 최악이란 말인가?" "하늘이 내리치는 벼락"
을 "맞고 쫓겨 가면서" 날아갈 때의 상황이 훨씬 나쁘지 않았느냐고
묻습니다. 그들은 모든 일에 주의해야 합니다. 어떤 고통들은 잠잠해
지기 시작했지만, 성급하게 움직였다간 언제 그 고통이 다시 깨어날
지 모릅니다. 그것은 그들이 원하는 바가 아닙니다. 다른 것은 몰라
도 그것만은 절대 안 됩니다. 벨리알은 몰록이 주장하는 것과 정반대
로 처신해야 한다고 말하고 있습니다. 아무 소리 없이 숨을 죽이고,
지옥의 맹렬한 에너지를 분출시킬 법한 일은 아예 하지 않으면서, 지
금의 상태에 다소 익숙해지기를 바라는 것입니다. 이것 또한 인간의
경험에서 유사한 사례를 찾아볼 수 있습니다. 하늘에서 떨어진 바로
그 순간, 그 추락의 기억이 너무나 끔찍하여 지금의 지옥이 차라리
피난처로 여겨지는 상황입니다. 배반자가 자신이 한 일의 본질을 처
음 깨달은 순간에서 헤어나지 못합니다. 사랑하던 여인을 속이고 바
람을 피운 남자가 그 여인과 나눈, 잊을 수 있는 마지막 대화는 어떻
습니까? 그 순간들이 괴로웠던 이유는 그때 "하늘이 하늘에서 떨어
져 파멸하는" 것을 느꼈기 때문입니다. 그는 여전히 하늘 출신이었
고, 명예와 사랑의 흔적이 그 안에 남아 있었습니다. 어떤 일이 있어

도 그 추락의 때로 돌아가는 것은 싫습니다. 불을 다시 지피는 일이 있어서는 안 됩니다. 감각이 없어져야 하고, 더 낮은 수준의 존재로 자발적으로 내려가야 하고, "지옥의 편안한 울적함을 내쫓을" 그 어떤 열망이나 생각, 감정을 인정해선 안 되고, 병약한 사람이 찬바람을 피하듯 위대한 문학 작품과 고상한 음악과 청렴결백한 사람들의 모임을 피해야 합니다. 이것이 벨리알이 추구하는 노선입니다. 물론, 행복의 가능성은 없습니다. 그러나 어떻게든 시간은 지나가겠지요. 아마도 패롤리스[2]처럼 말하는 상태에 도달할 것입니다. "그냥 내 모습 이대로 어떻게든 살아질 것이다."

맘몬은 그보다 수가 높습니다. 그의 연설에서 핵심 구절을 뽑기는 어렵습니다. 모든 내용이 다 핵심이니까요. 꼭 뽑아야 한다면 저는 다음 구절을 뽑겠습니다.

장려함을 이룩할 기술이나 재주가 없는 것은 아니니,

하늘이 이보다 더 나은 것이 무엇이랴?(272)

하늘이 이보다 더 나은 것이 무엇이랴? 이 말에서 우리는 맘몬의 생각을 밑바닥까지 볼 수 있습니다. 그는 지옥이 하늘의 대체물이 될

---

2) Parolles. 셰익스피어의 희곡 《끝이 좋으면 다 좋아*All's Well That Ends Well*》의 등장인물. 남자 주인공 버트램의 가신. 불한당이며 허풍선이.

수 있다고 믿습니다. 잃어버린 모든 것에 대해 그 못지않게 제몫을 다할 다른 것을 찾을 수 있다고 봅니다. 하늘은 장려했습니다. 하지만 지옥을 똑같이 장려하게 만들 수 있다면 천국이 부럽지 않을 것입니다. 하늘에 빛이 있었습니다만, 인공의 빛을 만들어 낸다면 그것 못지않을 것입니다. 하늘에도 어둠이 있었습니다. 그렇다면 지옥의 어둠을 싫어할 이유가 무엇이란 말입니까? 어둠은 한 가지 종류밖에 있을 수 없으니까요. 이것이 바로 맘몬이 "하늘에서 떨어진 가장 저속한 영"(1편, 679)이라 불리는 이유입니다. 그는 지옥과 하늘의 차이를 결코 이해하지 못했습니다. 비극이 그에게는 비극이 아니었습니다. 그는 하늘 없이도 상당히 잘 지낼 수 있습니다. 사람들 사이에서 이와 비슷한 경우를 찾아보면 그 실체와 끔찍함이 잘 드러납니다. 하늘에서 지옥으로 떨어지고도 그 차이를 알아채지 못하는 사람들이 있습니다. "사랑을 잃었다니 무슨 말이야? 저 모퉁이에 얼마나 멋진 사창가가 있는데. 다들 불명예 운운하는데 무슨 소리야? 내 가슴에 훈장과 표훈이 주렁주렁 달려 있고 만나는 사람마다 내게 경례를 하잖아." 그들은 모든 것은 모방이 가능하고, 모방품은 실물 못지않은 역할을 할 수 있다고 생각합니다.

그러나 이 모든 연설은 똑같이 부질없습니다. 인간의 경우, 맘몬의 계획이나 벨리알의 계획이 때로 통할 수도 있습니다. 이것은 밀턴의 관점에서 볼 때 현 세계가 일시적이고, 영적 실재로부터 잠시 우리를 보호해 주기 때문입니다. 그러나 악마들은 그렇게 보호받지 못합니다. 그들은 이미 영적 실재의 세계에 살고 있고 지옥은 "안전한 피신처"가 아니라 "감옥"입니다(제2편 317). 그렇기 때문에 이중 어느 계획도 효과가 없을 것이고, 어떤 방책을 써도 그들의 삶은 견딜 만한 것이 될 수 없습니다. 그래서 바닷물이 모래성을 무너뜨리듯, 어른이 아이의 말문을 막듯, 마침내 바알세불의 목소리가 등장해 그들의 현실을 일깨웁니다. 그가 일깨우는 현실은 그들이 지옥에서 빠져나갈 수도 없고, 어떤 식으로건 원수에게 상처를 입힐 수도 없지만, 다른 누군가를 다치게 할 가능성은 있다는 것입니다. 조국에 피해를 줄 수는 없을지 몰라도, 세상 어딘가 그 깃발이 펄럭이는 곳에 있는 흑인 몇 명 정도는 폭탄 공격을 하거나 팔아 버릴 수 있지 않을까? 그 여자는 손댈 수 없을지 몰라도 그녀가 기르는 개를 독살시키거나 그녀의 남동생이 일자리를 잃게 손을 쓸 수 있지 않을까? 이것이 지옥의 의미요, 지옥의 실제 정치이며 지옥의 현실주의입니다.

포프는 호메로스의 창작 능력을 높이 평가하면서《일리아스》의 "모든 전투는 크기, 무서움, 혼란에서 이전의 전투를 뛰어넘는다"고 말합니다. 밀턴은 지옥에서의 논쟁에 대해 동일한 찬사를 받아 마땅합니다. 우리가 몰록의 연설만 들었다면 그 이후 어떤 일이 따라올지 감도 잡지 못했을 것입니다. 뉘우침을 모르는 패배한 악이 할 수 있는 일이 분노와 발을 구르는 것 외에 무엇이 더 있을까요? 정답을 찾아 낸 시인은 거의 없었을 것입니다. 그러나 밀턴은 탁월한 창작 능력을 발휘해 새로운 악마가 나서서 말할 때마다 갈수록 더한 비참함과

악, 새로운 속임수와 새로운 어리석음이 드러나고 우리가 사탄의 곤
경을 더 잘 이해하게 해줍니다.

XV

밀턴이 그려 낸 천사들에 대한 오해

이 주제에 대해 철학이 제시하는 내용은 개연성이 있다.
성경이 우리에게 말해 주는 내용은 확실하다.
헨리 모어 박사는 철학이 이 주제에 대해 말할 수 있는 최대치를 보여 주었다.
두 권 분량의 2절판 책으로 그의 신학적 철학적 저작들을 모두 구입할 수 있다.
—존슨, 보즈웰의 《존슨전》에서

존슨은 "물질과 영혼의 혼동"이 하늘의 전쟁에 대한 밀턴의 글 전체에 퍼져 있다고 봅니다. 그러나 존슨은 잘못된 이해를 바탕으로 그 글에 접근했습니다. 그에 따르면 밀턴은 "비非물질성은 어떤 이미지도 제공하지 않는다"고 보고 그의 천사들에게 "형식과 내용"을 "부여했"습니다. 다시 말해, 존슨은 밀턴의 천사들의 육체성이 "시적 허구"라고 믿었습니다. 그는 그 허구를 통해 시인 밀턴의 진짜 믿음이 배어나올 것이라 예상했고 자신이 예상한 것을 보았다고 생각했습니다. 저도 한때는 그렇게 생각했고, 대부분의 독자들의 생각도 같았을 것입니다. 밀턴이 그려 낸 천사들의 모습이 (세부 내용이야 시적인 것이라 해도) 당대의 최신 영혼학pneumatology에 따르면 원칙적으로는 천사에 대한 상당히 개연성 있고 문자적으로 옳은 그림으로 제시된 것이라 믿을 만한 이유를 처음 발견했을 때, 저는 《실낙원》을 이해하는 새로운 전기를 맞았습니다.

　우리가 '르네상스'라고 부르는 그 시기의 철학 사상에서 나타난 큰 변화는 스콜라주의에서 당시 사람들이 '플라톤주의 신학'이라 부른 사상으로의 전환이었습니다. 현대의 연구자들은 이후의 사건들에 비추어 이 '플라톤주의 신학'을 무시하고 과학적 정신 또는 실험적 정신의 시작이라고 보이는 것을 선호하는 경향이 있습니다. 그런데 당시만 해도 이 '플라톤주의'를 더욱 중요하게 생각했습니다. 플라톤주의가 스콜라주의와 달랐던 점 중 하나는 창조된 모든 영들이 몸을 가지고 있다고 믿었다는 것입니다.

　토머스 아퀴나스는 천사들이 순전히 비非물질적 존재라고 믿었습니다. 그들이 인간의 오감에 '포착될' 때는, 눈에 보일 만큼 충분히 압축된 공기를 일시적인 몸으로 취한 것이라고 보았습니다(《신학대전》 Ia, Q. LI, Art. 2). 던도 그렇게 노래했지요. "천사가 그처럼 순수하지는 못하나, 그래도 순수한 공기의 얼굴과 날개를 입듯"(《공기와 천사들 Aire and Angels》). 따라서 아퀴나스에게 천사는 먹는 행위를 할 수 없는 존재였습니다. 천사가 그렇게 그려질 때는 "실제로 먹는다는 의미가 아니라 영적 식사를 상징"하는 것이었습니다(《신학대전》 Ia, Q. LII, Art. 3). 그러나 밀턴은 이런 견해를 공들여 반박합니다. 밀턴의 천사장이 아담과 만찬을 들 때 그는 먹는 것처럼 보인 정도가 아니었으며, 그의 식사는 상징에 그치지 않았습니다. "겉으로 먹는 시늉만 하거나 … 애매하게 구는 것도 아니었습니다."(즉, 신비롭거나 영적인 방식으로. 《실낙원》, 5편 435). 그는 진짜 허기를 느꼈고, 음식을 먹자 진짜 소화가 이루어졌으며 체온도 올라갔습니다. 밀턴이 천사들의 몸을 시적 장치 정도로 여겼다면 천사의 양분 섭취의 (그리고 천사의 배설까지도) 사실성을 그렇게 강조할 이유가 없습니다. 밀턴이 그 내용을 사실로 믿었기 때문에 그 대목에 배치했다고 생각해야 비로소 그 대목 전체가 이해되고 시적으로도 훨씬 덜 괴이해 보입니다. 그리고 그렇게 생각한 사람은 밀턴만이 아니었습니다.

플라톤주의 신학자들은 고대 저술가들의 저서에서 기독교와 본질적으로 일치하는 위대한 숨은 지혜를 찾아냈다고 생각했습니다. 플라톤은 여섯 명의 '최고신학자'_summi theologi_ 중 가장 나중에 등장한 가장 기품 있는 신학자일 뿐이었습니다. 나머지 다섯 명은 조로아스터, 헤르메스 트리스메기스토스[1], 오르페우스, 아그라오페모스, 피타고라스입니다. 여섯 명 모두가 같은 말을 했습니다(피치노, 《플라톤 신학_Theologia Platonica_》, 17장, 1). 그래서 퍼트넘[2] 같은 그리스도인이 트리스메기스토스를 "가장 거룩한 제사장과 선지자"라고 부르는 것입니다 (《영시의 기술_Arte of English Poesie_》, I, viii). 이런 전제로부터 이교도 현자들에 대해 기록된 기적들을 악마의 짓이나 전설적인 것으로만 볼 필요는 없다는 결론을 끌어낼 수 있습니다. "하나님께 자신을 바친 사람

1) B.C. 3~A.D. 3세기에 이집트에서 기록된 철학적·종교적인 그리스어 문서 〈헤르메스 문서〉의 저자로 여겨지는 허구의 신.
2) George Puttenham. 1529~1590. 영국의 작가, 문학비평가.

들의 영혼은 원소들을 다스린다. 그 영혼은 시인들이 노래하고 역사가들이 기록하고 철학자들, 특히 플라톤주의자들이 인정한 큰일들을 행했다"(피치노, 같은 책, 8장 4). 헨리 모어[3](밀턴과 같은 케임브리지 크라이스트칼리지 출신)는 다음과 같이 적고 있습니다. "나는 피타고라스의 기적들이 담긴 기록을 다 믿지는 않지만 내가 나열한 기적들의 경우 개연성이 높다고 본다. 그런 일들이 그 사람의 가치에 걸맞기 때문이다"(《카발라 옹호론Defence of the Cabbala》, 서문). 이와 밀접한 관련이 있는 믿음이 있습니다. 이교도 저자들이 제시하는 인간 이외의 이성적 생명체에 관한 그림이 상당한 진실을 담고 있다는 믿음입니다. 우주는 정령, 다이몬, '대기의 주민들'aerii homines과 같은 생명체들로 가득합니다. 이들은 움직이는 생물animals, 생기가 불어 넣어진 몸, 또는 육화된 정신입니다.

　피치노에 따르면, 4원소 하나하나와 그에 대응하는 각각의 영역에는 일반적인 영혼 외에 그로부터 파생된 많은 영혼, 또는 움직이는 생물이 있습니다. 자세히 보이지는 않아도 그것들은 우리 눈으로 구분할 수 있는 정도의 형체가 있습니다. 우리는 별의 영혼들을 봅니다. 멀리 떨어져 있지만 밝기 때문입니다. 또 우리는 땅의 영혼들을 봅니

---

3) Henry More. 1614~1687. 영국의 철학자. 플라톤, 플로티노스 등의 영향을 받아, 그리스도교를 기조로 한 플라톤주의를 내세웠다.

다. 우리 가까이 있고 불투명하기 때문입니다. 공기와 불의 영혼들은 우리가 보지 못합니다. ("오르페우스가 '네레이드'라 부르는") 물의 영혼들은 "페르시아와 인도에서 시력이 아주 좋은 사람들의 눈에 가끔 띄기도 합니다."(앞의 책, 4장, I.)

헨리 모어는 데카르트에게 보낸 세 번째 편지에서 이렇게 적고 있습니다. "나는 플라톤주의자, 고대 교부들, 그리고 거의 모든 마법사들과 생각을 같이하여, 선하건 악하건 모든 영혼과 정령이 신체를 갖고 있고, 따라서 엄격한 의미의 감각 경험, 즉 몸의 중재에 의한 감각 경험을 한다는 것을 인정하는 쪽으로 늘 끌렸습니다." 그가 이런 생각을 얼마나 밀어붙였는지 보여 주는 책이 《영혼불멸》(3권 9장 6)인데, 여기서 그는 '공기의 몸'을 가진 영들이 '국소적 이동'과 '사고 작용'에 의해 몸의 입자를 흔들어 마침내 그 입자들이 "흩어지고 발산한다"고 말합니다. 그러면 그 몸은 '충원'이 필요할 테고, "그들이 필요에 의해서나 적어도 즐거움을 위해 식사 시간을 갖는 것은 그럴 법한" 일입니다. 헨리 모어는 그런 존재들의 "음악적 성향 또는 애욕"을 "되살아나게 해주는 무구한 여가 활동"(같은 책, 3권 9장 4)도 언급했습니다. 그가 서문(8번째 단락)에서 이 대목이 오해를 샀다고 불평하긴 하지만, 더없이 문자적 의미에서 영들에게 "애정욕"이 있을 가능성을 배제하지 않은 것이 분명합니다. 그에게는 "고대인들이 신神들이라 불렀던 정령이나 영이 여인을 임신시킬 수 있다"는 것이 "믿을 수 없는 일로 보이지 않았"(《거대한 신비 Grand Mystery》, 3권, 18장, 2)습니다. 파라켈수스[4]는 노움(Gnomes, 땅의 요정), 운디네(Undine, 물의 정령), 실프(Sylphs, 바람의 정령), 살라만드라(Salamanders, 불의 정령)에 대해서도 똑같이 생각했는데, 이 정령들 중 여자들은 인간 남자와 결혼하기를 바란다고 합니다. 그렇게 되면 불멸의 영혼을 획득할 수 있기 때문이고, 좀더 세속적인 이유로는 그들 종족에는 남자가 소수이기 때문입니다(《요정에 대하여 De Nymphis》 등). 밀턴 시대로 좀더 가까이 오면 비루스[5]는 자신의 책 《악마의 계략 De Praestigiis Daemonum》(1563년)에서 악마들이 부드럽고 말랑한 물질로 되어 있고 뜻대로 남자나 여자의 모습으로 바꿀 수 있다고 말합니다. 버튼[6]은 프셀루스(Michael Constantine Psellus. 1018~1078. 콘스탄티노플 총대주교)를 인용하여 공기의 몸에 대해 많은 말을 하는데, 그 몸은 "섭취와 배설을 다 하고" "다쳤을 때 고통도 느낀다"고 합니다. 그 몸이 잘리면 "놀랄 만큼 민첩하게" 다시 붙습니다. 버튼에 따르면, 영의 신체성을 열렬히 지지했던 보디누스 Bodinus는 공기의 몸이 구형球形이라고 주장합니다[7]. 헨리 모어는 이것이 그들의 자연적 형태라는 데는 동의하지만 "살아 있는 공기 덩어리 둘"이 어떻게 대화를 나눌 수 있는지 상상하기 어렵다

<hr/>

4) Paracelsus. 1493?~1541. 스위스의 연금술사, 의사.
5) Ioannes Wierus(라틴어 이름), 요한 바이어Johann Weyer. 1515~1588. 네덜란드의 의사, 오컬트 및 악마 연구자. 마녀 박해를 반대하는 주장을 공식 출간한 최초의 사람들 중 하나.
6) Robert Burton. 1577~1640. 영국의 성직자, 작가.
7) *The Anatomy of Melancholy*(《우울증의 해부》 1권, 2장, 태학사 역간).

며, 교제를 위해 그들이 일시적으로 자신들의 '탈 것'을 사람과 비슷한 형태로 만든다는 생각을 제안합니다(《영혼불멸》, III, 5). 공기의 몸과 믿을 수 없는 민첩함, 거의 무제한의 변신, 축소, 팽창 능력을 인정하는 것에는 모든 자료가 일치합니다. 이런 몸이라면 공중 전투 현상도 설명할 수 있습니다. 저는 한 번도 본 적이 없지만, 16세기에는 거의 모든 사람이 그런 현상을 봤던 것 같습니다. 헨리 모어에 따르면 "하늘에서 무장한 사람들이 나타나 서로 만나고 싸우는 모습이 가장 악명 높"습니다(*Antidote against Atheism*, 3권 12장, 7). 그들은 《실낙원》 제2편 536행에 나오는 "하늘의 기사들"이고 《줄리어스 시저*Julius Caesar*》[8] 2막 2장 19행에 나오는 "맹렬하게 불타는 전사들"입니다. 마키아벨리 같은 회의론자조차도 그 현상에 대한 정령주의적 설명을 존중하며 언급하고(하늘은 영과 지적 존재로 가득하다*aerem plenum spiritbus et intelligentiis esse*) 그 현상 자체는 인정합니다(《국가론*De Republica*》, I, lvi).

　　물론 밀턴은 이 모든 내용에 익숙했습니다. 《코머스》의 수행천사*Attendant Spirit*는 트리니티칼리지 사본에 '다이몬'*Daemon*이라고 적혀 있습니다. 의미심장한 대목입니다. 천사에 대한 이런 대체적 입장은 《실낙원》에서도 한 대목을 제외하고 줄곧 유지됩니다. 그 한 대목(제5편 563-576)에서 라파엘은 현대적 또는 스콜라주의적 견해를 받아

8) 셰익스피어의 희곡.

들이는 듯합니다. 그는 "싸우는 천사들의 보이지 않는 공적"을 말하는 것이 어려운 일이라고 설명한 후, "영적인 것을 육적 형체에 비유하여" 인간이 이해할 수 있게 각색해서 이야기하겠다고 합니다. 여기서 '육적'이라는 말에 '상스러운', '인간과 같은 몸을 가진' 이상의 뜻이 있는지는 확실하지 않습니다. 라파엘이 말하는 각색은 순수 영을 물질적 존재로 묘사하는 것이 아니라, 상상이 잘 안 되긴 하지만 천사들의 물질적 몸이 온전한 인간의 몸인 것처럼 묘사하는 것일 수 있습니다. 그러나 '육적'이라는 말의 의미를 엄격하게 제한한다 해도, 그 단락이 끝나기 전에 라파엘이 그 입장에서 반쯤 물러나 영적 세계는 일부 사람들(예를 들어 스콜라주의 철학자들)이 생각하는 것보다 훨씬 지상 세계와 비슷하다는 암시를 주고 있음이 드러납니다. 이 대목은 기껏해야 밀턴의 주저하는 모습을 보여 줄 뿐입니다. 두 천문학 사이에서 어느 한쪽을 편들지 못하고 주저하던 것과 비슷한 모습입니다. 이 대목을 제외한《실낙원》의 나머지 부분에서는 '플라톤주의 신학'을 당연하게 받아들입니다.

이 부분을 파악하고 나면, 존슨이 발견했다고 생각한 모순점은 대부분 사라집니다. 사탄이 두꺼비 안에 들어가 그것을 뜻대로 움직인다는 것은 그가 비물질적 존재라는 증거가 아니라 그의 절묘한 몸이 그보다 못한 몸을 뚫고 들어가서 자신을 축소해 아주 작은 자리만 차지할 수 있다는 뜻입니다. 그는 가브리엘을 만났을 때 팽창합니다. 복마전에서 하급 천사들이 들어갈 충분한 공간이 없자 다들 몸의 크기를 줄입니다. 천사들에게 갑옷을 입히는 일도 불합리한 점은 없습니다. 공기로 된 그들의 몸은 쪼개져도 "놀랄 만큼 빠르게" 재결합하기 때문에 죽일 수는 없지만 (즉, 무기물로 바뀌지는 않지만) 손상을 입고 다칠 수는 있기 때문입니다. 그러므로 적합한 무기질로 감싼다면 몸을 보호하는 데 도움이 될 것입니다. 낯선 대포 공격을 받았을 때 이 갑옷이 도움이 되기보다는 방해가 된다는 것도 합리적입니다 (《실낙원》, 6편 595행 이하). 공기의 몸만 있었다면 가능했을 민첩한 축소, 확장, 이동이 갑옷 때문에 방해받을 테니까요.

모어가 말한 바 있는 천사들의 '애정욕'에 관한 밀턴의 글(《실낙원》, 8편, 618-629) 때문에 점잖은 비판이 상당히 많았고, 저도 그 비판에 동참했었습니다. 여기서 문제는 이 고결한 피조물들이 모두 남성 대명사로 불리다 보니, 밀턴이 천사들을 동성애적 난혼을 벌이며 사는 존재로 여겼다는 결론을 우리가 반쯤은 무의식적으로 내려 버리기 쉽다는 것입니다. 그런 오해를 살 만한 구실을 제공했다는 점에서 그가 시적으로 경솔했다는 것은 부인할 수 없습니다. 그러나 그 대목이 정말 말하고자 하는 내용은 분명 불결하지도 않고 어리석지도 않습니다. 천사들은 죽지 않기에 번식할 필요가 없습니다. 그러므로 그들은 인간적 의미의 성을 갖고 있지 않습니다. 물론 천사는 인간 언어에서 언제나 (그녀가 아니고) 그입니다. 남성male이 우월한 성性이건 아니건, 남성다움masculine이 우월한 성적 특성gender인 것은 분명합니다. 그러나 밀턴에 따르면, 천사들 사이에서도 '성을 초월하는 성'transsexuality이라고 부를 만한 것이 존재합니다. 서로 사랑을 주고받고픈 충동은 두 공기의 몸이 온전히 상호 침투하는 것으로 표현됩니다. 그들의 몸은 가소성可塑性이 높고 균질하기 때문에 "완전히 섞입니다." 포도주와 물이, 아니 포도주와 포도주가 섞이듯 섞입니다. 이 개념에는 가끔 밀턴을 나무라는 구실이 되는 육욕이 들어 있지 않습니다. 온전한 연합의 갈망, 인간 연인들은 이룰 수 없는 이 갈망은 쾌락의 갈망과 다르기 때문입니다. 쾌락은 얻을 수 있지만 온전한 상호 침투는 얻을 수 없습니다. 그것을 얻을 수 있다면 욕구가 아니라 사랑 그 자체를 만족시키는 일이 될 것입니다. 루크레티우스가 지적한 것처럼, 사람들은 욕정이 있을 때 쾌락을 추구하며(그리고 발견하며), 연인끼리는 온전한 하나 됨을 추구합니다(그리고 얻지 못합니다). 저는 이 대목에서 밀턴이 루크레티우스의 다음 글 전체를 염두에 두었을 거라고 봅니다.

> 사랑에 빠진 사람들의 열정은
> 소유하는 바로 그 순간에도 확신이 없어
> 가만히 있지 못하고 이리저리 출렁인다. …
> 그들을 사랑의 열정으로 사로잡은 몸에 의해
> 그 불길을 꺼뜨릴 수 있기를 바라기 때문이다.
> 그러나 자연은 절대 그렇지 않다고 저항한다. …
> 하지만 부질없으니. 그들은 아무것도 벗겨 낼 수 없고

몸 전체로 몸속을 뚫고 들어가거나 통과할 수 없기 때문이다.

etenim potiundi tempore in ipso

Fluctuat incertis erroribus ardor amantum …

Namque in eo spes est, unde est ardoris origo,

Restingui quoque posse ab eodem corpore flammam.

Quod fieri contra totum natura repugnat …

Nequiquam, quoniam nil inde abradere possunt

Nec penetrare et abire in corpus corpore toto;

《사물의 본성에 관하여*De Rerum Natura*》, IV, 1076-1111

밀턴은 천사들에 대해 "방해가 되는 장벽은 전혀 없느니라"고 적습니다. 그리고 그와 반대되는 인간 감각의 비극, 어쩌면 좋은 점도 있을지 모를 비극을 지적합니다. 천사들에게 몸이 있으니 그들의 융합에도 즐거움이 있을 것입니다. 그러나 특수하고 반역적인 의미를 띤 인간의 경우를 가지고 이 즐거움을 상상해서는 안 됩니다. 밀턴의 천사들은 범凡유기체적Panorganic이라 불릴 만한 존재입니다. "그들은 모든 심장, 모든 머리, 모든 눈, 모든 귀, 모든 지성, 모든 감각으로 살고"《실낙원》, 제6편, 350) 있으니까요. 인간들은 분명히 구별되는 오감이 있어서 그 각각이 외부 세계로부터 고유의 자극을 받아 고유의 감각으로 바꾸고, 그 감각들이 공통 감각으로 통합되어 세계를 비춰 줍니다. 반면, 천사들이 공기의 몸 전체에 고루 분포된 형태로 갖춘 단일한 감수성이 인간의 경우 여러 다른 감각으로 나뉘어 다가오고, 그중 일부는 우리의 어떤 감각도 반응하지 않는 그 모든 자극을 잡아 낼 수 있다고 생각해야 합니다. 인간들로서는 이런 식의 단일한 초감각에 의해 생겨난 의식이 어떤 것인지 상상조차 할 수 없습니다. 우리가 누리는 것보다 외부 세계를 더 온전하고 충실하게 반영해 줄 거라고 말할 수 있을 뿐입니다.

밀턴이 《실낙원》에 나오는 천사론을 진지하게 여겼고 과학적인 내용으로 받아들였다는 사실을 안다면 그 시적 감흥이 더 높아질 거라고 말한다고 해서, 제가 밀턴의 천사론을 과학으로 지지할 자세가 되어 있다고 생각하는 분이 없었으면 합니다. 《실낙원》의 천사론은 단테의 《신곡》에 나오는 과학적 내용들을 다룰 때처럼 접근해야 합니다. 《신곡》은 오래전에 둘로 나누어진 두 가지 문학적 작업을 결합한 작품입니다. 한편으로 영적 삶에 대한 고상하고 상상력 넘치는 해석인 동시에, 누구도 도달한 적은 없지만 문자적으로 어딘가에 존재한다고 모두가 믿었던 장소들을 누비는 현실적인 여행서이기도 하지요. 단테는 호메로스, 베르길리우스, 워즈워스의 동료인 동시에, 쥘 베른과 H. G. 웰스의 아버지이기도 합니다. 현대인들은 이것에 충격을 받아서는 안 됩니다. 거의 모든 예술에 존재하는 '고급'과 '저급'의 구분은 어느 한 쪽이 아니라 둘 다였던, 이전의 좀더 온전한 인간 예술이 분화한 것입니다. 그리고 《실낙원》에는 이 옛 통일성의 기운이 남아 있습니다. 천사들을 키츠Keats가 지어 낸 신들처럼 여겨서는 안 됩니다. 그보다는 인간이 직접 관찰할 수 있는 것보다 높은 수준에서 이루어지는 삶에 대한 현대 과학의 상상력이 포착해 낸 모습을 시적으로 형상화한 존재라고 봐야 합니다. 라파엘의 식사를 자세히 묘사한 부분은 현대 독자의 마음에 들지 않을 수 있습니다. 그는 그것을 허구로서의 가치밖에 없는 불필요한 내용으로 여기기 때문이지요. 하지만 '공기의 몸' 이론들을 이미 확립된 것으로 받아들이고, 시인이 그 세부 내용을 얼버무릴지 아니면 당당하게 시로 표현해 낼지 궁금해 하면서 《실낙원》을 펼친다면 작품을 보는 관점이 송두리째 달라질 것입니다. 우리는 현대의 과학을 성공적으로 다룬 현대의 시를 읽으며 대체로 만족할 것입니다. 그런데 미래의 어느 비평가가 프로이트와 아인슈타인의 이론들은 그저 시적 관습 정도로 여기고, 시인이 창작할 수 있는 가장 아름답고 자극적인 내용으로 지어 낸 것에 불과하다고 생각한다면 어떨까요? 아마도 그는 그 이론들에 대해 우리와 다른 판단, 잘못된 판단을 내릴 것입니다.

XVI
아담과 하와

"아담은 경험도 부족한 주제에 함부로 훈계를 늘어놓는다." 롤리 교수는 그렇게 썼습니다. 그의 글을 처음 읽을 당시 저는 밀턴이 그려 낸 아담과 하와의 모습에 대한 불만을 들을 수 있었습니다. 저 역시 여러 해 동안 느낀 바였지요. 그러나 최근에 저는 제가 그것을 싫어했던 이유가 거기서 엉뚱한 것을 기대했기 때문임을 알게 되었습니다. 그것은 밀턴이 다룰 의도가 없었던 내용이고, 다루었다 한들 저의 다소 진부한 취향은 만족시켰을지 모르나 정작 그가 들려줘야 할 이야기와는 조화를 이루지 못했을 내용입니다. 저는 순수하면 유치할 거라고 생각하면서 《실낙원》을 읽었습니다. 저는 진화론을 배우고 자랐기에 초기의 인간들이 원시인이라고 생각했고, 최초의 사람들이라면 더더욱 그렇다고 생각했습니다. 제가 아담과 하와에게서 기대했던 것은 원시적이고 세련되지 않으며 유치한 아름다움이었습니다. 저는 그들이 신세계에 대한 말로 다할 수 없는 기쁨을 어눌하게 표현하는 모습을 보게 되기를, 그들이 재잘대는 소리를 듣게 되기를 바랐던 것입니다. 노골적으로 말하자면, 제가 위에서 내려다보고 다독거릴 수 있는 아담과 하와를 원했는데, 밀턴은 제게 그런 것을 허용할 뜻이 없다는 것을 분명히 했고 저는 그것이 기분 나빴던 것입니다.

제가 그런 기대를 품게 된 것은 적어도 《실낙원》을 다 읽기 전까지는 "불신을 보류하고" 그 시의 근거가 된 가정들을 진지하게 받아들이기를 거부했기 때문입니다. 롤리 교수가 아담의 '경험 부족'을 말한 것도 오해에서 비롯된 일입니다. 아담과 하와에 대한 전체 요점은, 죄가 없었다면 그들은 결코 늙지 않았겠지만, 그들에게는 어린 시절도 없었고 미숙하거나 미발달된 시기도 없었다는 것입니다. 그들은 온전한 성인으로 완벽하게 창조되었습니다. 비니언[1]은 롤리보다 올바른 접근 방식을 취했습니다. 그는 죽어 가는 아담이 후손들에게 이렇게 말하게 합니다.

> 이 두 손이 낙원에서 꽃을 모았다
> 이렇게 쪼그라들고
> 힘이 빠져 더없이 허약해졌지만
> 이 손발은 너희 손발처럼 자라난 것이 아니다.

1) Robert Laurence Binyon, 1869~1943. 영국의 시인, 극작가.

나는 이 거대한 세상에 무력하고 말 못하고

아무것도 이해하지 못하는 아이로 울면서 태어나지 않았다.

하나님의 기뻐하심에 따라, 완전하고 온전히 자란 상태로

어둠에서 문득 깨어났다.

《아담의 죽음*Death of Adam*》

　처음부터 아담은 키뿐 아니라 지식에 있어서도 성인이었습니다. 모든 사람 중에서 그 홀로 "하나님의 동산 에덴에 있었고, 불타는 돌들 사이를 드나들었"(겔 28:13, 14 참고)습니다. 아타나시우스에 따르면 그는 "영원한 신적 본질과 하나님의 말씀의 우주적 작용을 묵상할 수 있는 원대한 비전"을 부여받았습니다. 암브로시우스에 따르면 그는 "하늘의 존재"로서 에테르를 호흡했고 하나님과 "대면하여" 대화를 나누는 데 익숙했습니다. 아우구스티누스는 "새의 빠르기가 거북이의 빠르기를 능가하듯, 그의 정신 능력은 가장 뛰어난 철학자를 앞섰다"고 말합니다. 만약 그런 존재가 실재했다면—《실낙원》을 읽으려면 그렇다고 가정하고 들어가야 하는데—, 저는 말할 것도 없고 롤리 교수도 그 앞에서 큰 충격을 받았을 것입니다. 말더듬이 소년이 되어 안절부절못하고 얼굴이 벌게진 쪽은 바로 우리였을 것입니다. 우리는 아담이 우리의 우스꽝스러운 모습을 무지한 탓이라고 여겨 주길 바랐을 것입니다. 단테는 다음과 같이 말했습니다.

그러자 베아트리체가 말씀하시니라.

"이 빛들 속에서 일찍이

제1원인이 창조하셨던 첫째 영혼이,

저를 만드신 자를 사랑스럽게 보느니라."

바람이 스쳐갈 제 끝을 휘는 나뭇가지가

바람이 지나고 나면

저를 솟구는 제 힘으로 절로 일어서는 것같이

나도 여인이 말씀하시는 동안은

(홀려서) 고개를 숙이고 있다가

그에게 말하고 싶은 마음이 간절해서 다시 힘을 얻어

곧 말을 시작했노라. "오, 익어서 생겨나신

유일한 열매여."

《신곡》〈천국편〉 제26곡 83 이하)

밀턴은 아담이 타락하지 않았다면 우리와 어떤 관계였을지 엿보게 해줍니다. 그는 여전히 낙원에 살아 있었을 것이고, 그 "으뜸 고장"으로 "대지의 구석구석에서" 온갖 세대의 사람들이 정기적으로 찾아와 그에게 경의를 표했을 것입니다(제11편 342). 여러분이나 저도 평생에 한 번 정도는 오랜 여행과 준비 의식과 예를 갖추어 느릿느릿 걸어간 끝에 위대한 아버지요 제사장이며 텔루스 행성[2]의 황제인 그를 알현하는 두려움에 가까운 명예를 누렸을 것입니다. 평생 두

고두고 기억할 일이 되었겠지요. 우리의 상상 속에서 순진하고 단순하고 천진난만한 아담에 대한 생각이 마지막 흔적까지 지워지기 전에는 밀턴의 아담에 대한 그 어떤 유용한 비평도 가능하지 않습니다. 타락하지 않은 아담을 형상화할 때 그리스도인 시인이 해결해야 할 과제는 자연 상태의 신선함과 소박함을 표현하는 것이 아니라, 벌거벗은 몸으로 혼자였지만 진정한 통치자의 위엄을 갖춘 그의 모습을 그려 내는 것입니다. 솔로몬과 샤를마뉴와 하룬 알 라시드[3]와 루이 14세가 칼을 뽑아 든 호위병들을 주위에 세우고 보석 장식 덮개가 있는 상아 왕좌에 앉아 어설프게 그를 흉내 냈지만, 통치자 아담의 모습을 재현하기에는 역부족이었습니다. 그리고 밀턴은 아담과 하와를 처음 소개할 때부터 이 작업을 시작합니다(제4편, 288). 우리는 짐승들 사이에서 "지극히 고상한 두 모습"을 보는데, 나체지만 "특유의 존귀함을 입은" 그들은 "만물의 주"로서 지혜와 신성으로 "그들의 영광스러운 창조주"의 모습을 나타내었을 것입니다. 아담만이 아니라 두 사람 모두에게 있는 지혜와 신성은 "엄숙한" 것이었는데, 키케로가 어떤 사람을 향해 '엄숙하고 심각'*severus et gravis*하다고 했던 바로 그런 의미입니다. 즉, 그들의 모습은 음악이나 건축의 엄숙한 양식과 비슷했고, 검소하고 고상하고 고결한 쪽이지 태만하고 자유롭

---

2) 지구를 의미한다.
3) *Haroun-al-Raschid*, 아라비아 아바스Abbas 조朝의 제5대 칼리프, 재위 786~809.

고 느긋하고 화려한 쪽이 아닙니다. 제대로 된 미각만이 알아보는 담백한 맛이랄까요. 그들은 현대 비평가들이 예의를 갖추어 대해야 할 상대입니다. 롤리 교수가 (일시적인 실수를 바로잡기라도 하듯) 지적한 대로, 천사장 라파엘을 만나러 나가는 아담은 집주인이 아니라 한 나라의 대사大使 같은 모습입니다(제5편 350 이하). 그런 분위기는 그들이 함께하는 동안 내내 유지됩니다. 우리가 발가벗은 행복한 원시인만 생각한다면, 아담이 천사에게 태양이 "그 생성의 유래를 말하는 그대 이야기를 듣고자 더 오래 머물 것이니"(제7편, 101) 계속 말하라고 재촉하는 일이 터무니없게 느껴질 것입니다. 이런 과장법은 고상한 궁정 잔치에서 높은 지위의 귀인이 그보다 더 높은 귀인에게 드높은 찬사를 보내는 상황을 기준으로 판단해야 할 것입니다. 아담이 자신에게 말하는 재주가 없다고 겸손하게 말하고 자신의 말은 모두 신 같은 손님을 붙들기 위한 장치일 뿐이라고 설명합니다(제8편, 206). 저자는 이때 우리가 그의 우아한 정중함에 감탄하기를 바란 것입니다. 버틸락 성의 성주가 하인들이 가원의 "흠 없고 기품 있는 대화법"을 배우기를 바라는 것처럼 말입니다.

아담의 왕 같은 태도는 그의 지혜와 지구에 대한 초자연적인 왕권의 외적 표현입니다. 물론 그는 천문학을 모릅니다. 밀턴은 프톨레마이오스 체계와 코페르니쿠스 체계 중 어느 쪽이 받아들여질 줄 몰랐기 때문에, 아담이 어느 입장에서 말하게 해야 할지 결정할 수 없었던 것입니다. 그러나 아담은 어떤 문제들이 있는지 압니다. 그의 추측은 창조된 온 우주를 누빕니다. 짐승들로부터 존경의 인사를 받을 때, 그는 바로 "그들의 성질을 파악하고" 이름을 붙여 주었습니다(제8편 352). 그는 영혼의 신비를 온전히 통찰했고 하와에게 꿈의 현상을 온전히 설명할 수 있었습니다(제5편 100이하). 현대 독자들에겐 아내에게 늘어놓는 그의 '강의'가 때로 우습게 느껴지지만, 그것이 우스운 이유는 뭘 잘 몰라서 그렇습니다. 아담은 하와의 남편일 뿐 아니라 모든 인간 지식과 지혜의 총합입니다. 솔로몬이 스바의 여왕의 질문에 답했던 것처럼 아담은 하와에게 답한 것입니다. 아담은 "하나님의 영을 받은 거룩한 흙의 사람"(제5편 321-322)입니다.

아담과 하와의 관계를 고려할 때는 두 인물의 위대함을 끊임없이 상기해야 합니다. 그들의 공동생활은 의식적인 성격이 강합니다. 현대의 독자가 기대하는 즐거운 막춤이 아니라 미뉴에트입니다. 타락하여 원래의 위엄을 잃어버리기 전까지, 그들은 서로를 그냥 이름으로 부르지 않고 기품 있는 표현을 사용하여 완곡하게 부릅니다. '아름다운 반려자', '나를 만들고 나를 다스리는 자', '하나님과 사람의 딸', '완전한 하와', '아, 내 마음에 온갖 안식을 주시는 유일한 분.' 이것이 우스꽝스럽습니까? 밀턴 당시의 타락한 피조물들 사이에서 유사하게 통용되던 정중한 표현들보다는 훨씬 덜 우스꽝스럽습니다. 당시 남편과 아내는 서로를 '나의 주'Sir와 '나의 숙녀'Madam라고 불렀습니다. 어느 프랑스 왕이 아침 의식으로 화장을 했던 것은 어떻습니까? 타락 이후의 모든 예의 바른 행동은 모조품simulacra에 해당하며 진품은 에덴동산에 있었다고 처음부터 가정하고 들어가면 전혀 우스꽝스럽지 않을 수 있습니다. 왕과 왕비 같던 이 부부는 그렇게 고상하고 진지하게 줄곧 살 수 있었습니다. 그들의 입에서는 아름다운 운문이 즉흥적으로 흘러나왔습니다(제5편 150).

하와에게는 이런 왕적 특성이 좀 덜 두드러지는데, 그녀가 아내와 신하라는 이중의 지위에서 실제로 아담보다 열등하기 때문이기도 하지만 그녀의 겸손을 오해해서 나온 반응이기도 하다고 저는 생각합니다. 그녀는 자신이 아담보다 운이 좋다고 생각합니다. 아담은 "자신과 대등한 배필을 어디서도 찾을 수 없"(제4편 448)는 반면, 자신은 그를 반려자로 두고 있고 그의 명령을 "이의 없이" 따르면 되기 때문입니다(제4편 635). 이것은 겸손이고, 밀턴의 견해에 따르면 적절한 겸손입니다. 그러나 그녀가 말하는 상대가 아담이라는 사실을 잊지 마십시오. 연인이 연인에게, 아내가 남편에게, 땅의 왕비가 왕에게 말하는 것입니다. 사랑에 빠진 많은 여인들, 많은 아내들, 어쩌면 많은 왕비들까지도 어떤 시점에서 이런 말을 했거나 이런 생각을 했습니다. 포샤[4]는 바사니오를 향해 "당신을 위해서라면 지금의 스무 배보다 세 곱절 나은 사람이 되고 싶어요. 천 배나 더 아름답고, 만 배나 더 부자가 되었으면 해요"라고 말했고, 지금은 "제 모든 것을 합

4) 《베니스의 상인》의 여주인공.

해 봐야 하찮을 뿐이에요.'"배운 것 없는 여자예요"라고 주장합니다. 아름다운 말, 진심 어린 말입니다. 그러나 저 같은 보통 사람이 그 말을 곧이곧대로 알아듣고 벨몬트5)로 가서 포샤가 정말 못 배운 여자인 것처럼 대하는 지독한 실수를 저지른다면 정말 곤란할 것입니다. 생각만 해도 얼굴이 달아오릅니다. 포샤는 바시니오에게 그렇게 말할 수 있습니다만, 우리는 그녀가 대단한 숙녀임을 기억해야 합니다. 비평가들은 때로 하와에 대해 이와 동일한 오류를 범하는 것 같습니다. 우리는 그녀가 아담 앞에서 진심으로 자신을 낮추는 것을 봅니다. 황제가 교황에게 무릎을 꿇거나, 왕비가 왕에게 살짝 무릎을 굽혀 인사하는 것과 같다고 생각하면 되겠습니다. 여러분과 제가 밀턴의 에덴동산에 들어가 하와를 만날 수 있다면 '우주의 여왕' 앞에서 어떻게 말해야 하는지 상당히 빨리 배워야 할 것입니다. 사탄조차도 그녀가 "두렵지 않다"고 말해 놓고는 "사랑과 아름다움 앞에서는 두려움이 생기며, 더 격렬한 증오 없이는 그것에 접근할 수 없다"(제9편, 490)라고 덧붙일 수밖에 없었습니다. 아담의 경우도 다르지 않습니다. 그녀는 "그의 기쁨을 위해 더욱 아름답게 되고" "너무나 훌륭하게" 만들어졌기에 "그는 그녀를 존경하며 사랑하게 됩니다"(제8편, 576, 강조 추가). 강독에서 철없이 뛰어노는 소년 소녀의 모습은 있

5) 《베니스의 상인》의 무대.

을 수 없습니다. 하와 안에는 아담조차도 존중할 수밖에 없는 면모
가 있는데, 그 실체는 '사랑의 마력'Daungier일 수도 있습니다. 천사는
아담보다 그녀를 더 예의를 갖춰 대합니다. 그녀는 그 앞에 부끄럼 없
이 섭니다. 자기 집 주인 노릇하는 위대한 안주인, 세상의 여자 족장
입니다. 그녀의 위엄과 그녀 안에 있는 어떤 초연함이 《실낙원》의 가
장 기억에 남을 몇 구절에 들어 있습니다. "달콤하나 엄숙하고 침착
하게 대답한다." "순결하고 위엄 있는 하와." 한마디로, '위엄 있는 순
결함'Virgin in majesty입니다. 문맥상 이 말virgin은 육체적으로 처녀라는
말도 아니고, 미성숙하다는 의미도 담고 있지 않습니다. 하와에게 처
녀의 무지 같은 것은 찾아볼 수 없었습니다. 존재한 지 30분 만에 그
녀는 아담의 구애의 취지를 이해했습니다. 그 안에 담긴 온갖 의미를
남김없이 다 이해했습니다. 여러분은 그녀가 아담의 구애를 받아들
이는 것을 당연한 사실로 여길 수 없었을 것입니다. 그렇다고 던Dunn
처럼 영혼과 몸에 대한 형이상학을 늘어놓을 필요도 없었을 것입니
다. 너무나 자연스러운 일이었으니까요. 다만 그녀는 만만하게 여길
상대가 아니었습니다. "그녀는 명예라는 것을 알았"(제8편 508)으니까
요. 그녀는 아담의 사변적 관심사를 공유할 수 있었습니다. 낙원의
아름다움에 더해진 예술의 흔적은 주로 그녀의 솜씨, "하와의 손"(9
편 438)의 작품입니다.

XVII

타락하지 않은 성

그러나 믿지 마라. 쾌락에 지지 마라.
그들은 다른 사람을 사랑으로 움직였으니.
그들의 대단한 아름다움을 고려하면
놀랄 것도 없는 일이었다.
　　—데이빗 린지 경, 《하나의 대화Ane Dialog》

　밀턴과 아우구스티누스는 인간들의 불순종으로 인해 지금 우리가 아는 모습으로 타락한 성과 타락하지 않은 성을 구분하는 데 뜻을 같이했습니다. 그러나 아우구스티누스에게 타락하지 않은 성은 순전히 가설적인 것입니다. 그는 그것을 타락 이전의 생식 행위가 어떠한 것이었을지 묘사하는 방식으로 그렸지만, 그 행위가 실제로 이루어졌다고 생각하지는 않습니다. 밀턴은 생식이 이루어졌다고 주장합니다.

　그러나 이 차이점은 그리 중요하지 않습니다. 아우구스티누스가 생각할 때 생식이 이루어지지 말았어야 할 이유는 없기 때문입니다. 이 자리에서 다루기에 더 적절한 것은 이 문제를 논의한 다음에 그가 남긴 논평입니다. "우리는 이제 우리가 부끄럽게 여기는 일을 이야기하려 한다. 그것이 부끄러운 일이 되기 전에 어떠했을지 최선을 다해 추측해 보긴 하지만, 우리의 논의는 달변의 도움보다는 겸손의 제지를 받는 것이 대단히 필요하다. 내가 말하려는 것은 그것을 경험할 수 있었던 유일한 두 사람이 결코 경험하지 않았던 일이다. 그렇다면 이제 그것을 언급할 때 우리의 환상은 우리가 추측하는 잔잔한 자유의지가 아니라 우리가 겪어 본 탁한 욕정을 닮은 행위만을 떠올리지 않겠는가?"《신의 도성》, 14장, 26). 이 논평은 상상할 수 없는 대상을 시적으로 재현하려는 시도가 위험하다는 경고였습니다. 어떤 심상도 떠올리지 못한다는 의미가 아니라, 불가피하게 잘못된 심상을 떠올리게 한다는 더 처참한 의미에서 위험합니다. 밀턴은 이 경고를 거부했습니다. 그는 낙원의 성性을 감히 표현했습니다. 그의 결정이 지혜로운 것이었는지 저는 잘 모르겠습니다.

밀턴의 하와가 성적 수줍음을 드러낼 때 이런 어려움이 가장 선명하게 드러납니다. 아담을 처음 만났을 때 그녀가 느낀 첫 충동은 돌아서는 것입니다《실낙원》, 제8편 507). 그녀는 아담의 인도를 받아 "아침처럼 얼굴 붉히며" 혼례의 정자로 갑니다(같은 책, 511). "마음은 있지만 주저하는 듯 지체하며 부드럽게" 연인의 포옹을 받아들입니다(제4편, 311). 여기서 밀턴은 진퇴양난에 빠집니다. 하와가 아무런 수줍음도 없이 그려지면 타락 이후의 독자들은 그 장면을 만족스럽게 여기지 않을 것입니다. 그러나 몸과 그 작용에 대한 수치심은 죄의 결과로 생겨난 것이고 죄 없던 시절에는 들어설 자리가 없었습니다. 이 대목에서 밀턴을 옹호하려면 지금 우리가 몸에 대해 느끼는 수치심과 타락 이전에 존재했을 것으로 생각할 수 있는 일종의 부끄

러움 내지 수줍음을 구분해야 합니다. 콜리지는 그런 수치심과 수줍
음의 구분을 극단까지 밀어붙여 이렇게 적고 있습니다. "상상할 수
있는 가장 순결한 예절을 갖춘 상태에서는 햄릿이 오필리아의 발치
에서 내뱉는 음탕한 대사마저도 낙원에 존재할 만한 부끄러움에 대
한 악의 없는 흥겨운 놀림일 뿐일 것이다."(*Lectures and Notes of 1818*,
Section VII: on Beaumont and Fletcher.)

　제가 볼 때 이 구분은 어느 정도 가능합니다. 사람들은 칭찬을
받으면 얼굴이 빨개집니다. 몸뿐 아니라 그들이 가진 어떤 것에 대
해 칭찬을 받아도 마찬가지입니다. 대부분의 사람들은 다른 사람의
직접적인 애정 표현을 받으면, 그것이 성이나 몸과 아무 관련이 없어
도, 적어도 처음에는 모종의 수줍음이나 부끄러움을 드러냅니다. 귀
한 대접을 받으면 흥미로운 자의식이 생겨나는 경험을 하게 됩니다.
나라는 주체가 자신이 객체이기도 함을, 그것도 강렬한 눈길을 받는
객체라는 사실을 갑자기 기억하게 되니까요. 따라서 안정되어 있던
마음에서 기쁨과 함께 자격지심과 불안이 솟아납니다. 육체적으로
만이 아니라 영적으로도 벌거벗은 상태가 있는 듯합니다. 못난 모습
으로 드러날까 봐 두렵고, 멋진 모습으로 드러나는 것도 당황스럽고,
발견되는 것 자체가 주저되는 (애정과 관련이 없어도) 상태입니다. 이것
이 우리가 말하는 수치심이라면, 낙원에도 수치심이 있었다고 결론
을 내려야 할지도 모릅니다. 아니, 그보다 더 멀리 갈 수 있을 것 같습
니다. 타락이 없었더라도 성애가 이런 수치심을 특별히 강하게 자극

했을 거라고 말이지요. 주체는 성애 안에서 자신이 객체라는 사실을 가장 분명하게 깨달을 수밖에 없으니까요. 그러나 이 정도가 우리가 갈 수 있는 최대치입니다. 이 수치심에서 특별히 몸과 이어져 있고 외설 개념에 의존하는 부분은 완전히 배제해야 합니다. 그런데 밀턴의 《실낙원》을 읽는 동안에는 그것을 배제할 수 없을 것 같습니다. 하와는 성적 맥락에서 유독 수줍음을 드러내고, 아담은 수줍음을 전혀 보이지 않습니다. 여성의 신체적 수치심이 남자의 욕망을 자극한다는, 강하고 (그 상황 하에서는) 대단히 무례한 암시마저 있습니다. 밀턴이 묘사하는 사랑의 대목들은 인간의 일반적 기준으로 볼 때 불쾌할 정도는 아니지만, 그가 타락 이전의 세계에 대해 믿는 내용과는 조화를 이루지 못합니다.

이것은 불가피한 일이었을지도 모릅니다. 그러나 만약 그렇다면, 시인은 그 주제를 아예 건드리지 말았어야 합니다. 그것을 성공적으로 다루는 일이 과연 가능할까요? 그럴 수 있을 것 같습니다. 단테가 이 장면을 그려 냈다면 성공했을 것 같습니다. 그는 아담과 하와가 동정으로 살지 않았다는 확신을 주면서도 밀턴이 불러일으킨 잘못된 연상은 막아 냈을 것입니다. 밀턴이 천사의 사랑에 대해 한마디도 하지 않고 아담과 하와의 사랑을 천사들의 사랑처럼 아득하고 신비롭게 그렸다면 그 역시 성공했을 것입니다. 그는 우리의 상상을 뛰어넘는 내용에 접근했다는 항변도(그러면 누가 그보다 나은 시를 쓸 수 있었겠는가?), 뒷받침하는 주장이 빈약하긴 하지만 그를 구해 내는 데 도움이 되었을 것입니다. 문제는 밀턴이 그가 벌이는 일의 규모를 인식하지 못한 것 같다는 데 있습니다. 그는 이 장면에서 '신비한'이라는 단어를 두 번 쓴 것만으로(4편 743, 8편 599) 그가 그려 낸 신비하지 않은 그림이 양해가 될 거라고 생각하거나, "그녀의 젖가슴이 반쯤 드러난 채로 그의 가슴에 닿는다"(4편 495-497)는 대목만 보고 (더 이상의 도움 없이) 아담이 타락한 사람이 겪는 일과 아주 비슷하면서도 전혀 다른 일을 경험했다고 독자가 생각하기를 바라는 것 같습니다!

뉴먼[1]은 밀턴이 참을 수 없을 만큼 자유롭게 아담과 하와를 다루었다고 불평했습니다. 이것은 그가 그들을 비인간적으로 만들었다는 현대의 공격과 정반대의 주장입니다. 둘 중에서 좀더 근거 있는 주장이기도 합니다.

---

1) John Henry Newman. 1801~1890. 영국의 가톨릭 신학자이자 추기경.

XVIII

타락

> 카드 한 팩[1]을 새로 뜯어 몇 분 동안 뒤섞으면
> 원래의 체계적인 순서는 흔적도 없이 사라진다.
> 아무리 오래 뒤섞어도 원래의 질서는 돌아오지 않을 것이다.
> 자연은 뒤섞은 것을 원래대로 돌려놓지 못한다.
>
> ─아서 에딩턴 경, 《물리적 세계의 본질》 4장

하와는 교만 때문에 타락했습니다. 뱀은 하와에게 그녀가 너무나 아름답다고 말하고, 이어서 모든 생물이 그녀를 바라보고 찬미한다고 말합니다(제9편, 532-541). 그다음 그녀가 "스스로 열등해졌다고 생각"하게 만들기 시작합니다. 그녀의 아름다움을 지켜볼 관중이 없습니다. 한 사람이 뭡니까? 그녀는 천사들에게 찬미와 섬김을 받아야 할 몸인데. 모두가 자신의 권리를 찾는다면 그녀는 하늘의 여왕이 될 것입니다(9편 542-548). 하나님은 인류를 낮은 상태에 눌러 두려 하시지만, 신이 되는 것이 인간들의 참 운명이고(703, 711), 그녀는 그 열매를 먹으면서 신성을 얻을 생각을 합니다(790). 타락의 결과는 즉시 나타납니다. 그녀는 땅이 하늘로부터 멀리 떨어져 있으니 하나님

---

1) 카드 한 팩은 52장.

이 자기를 못 보셨을 수도 있다고 생각합니다(811-816). 부조리의 비운이 이미 작동을 시작했습니다. 다음으로 그녀는 아담에게 그 열매 이야기를 하지 않기로 마음먹습니다. 자신의 비밀을 이용해 그와 동등한 존재가 되거나, 더 우월하게 될 수도 있을 거라 생각합니다(817-825). 반역자가 벌써 독재를 노립니다. 그러나 이내 그녀는 그 열매가 결국 죽음을 가져올 수도 있음을 기억합니다. 그녀는 자신이 죽어야 한다면 아담도 같이 죽어야 한다고 생각합니다. 그녀가 죽은 후에 아담이 행복하다는 것은, 그것도 (누가 압니까?) 다른 여자와 행복하다는 것은 참을 수 없는 일입니다. 때로 비평가들은 이 부분에서 드러난 하와의 죄를 정확히 파악하지 못하는 듯하지만, 그것의 정체는 너무나 분명합니다. 그 이름은 살인입니다. '그 열매가 신성을 낳는다면 아담은 하나도 갖지 못하게 하리라.' 그녀는 신성을 독점할 생각을 합니다. '그러나 그것이 죽음을 뜻한다면, 그에게 먹이리라. 그래야 그도 죽을 테니까.' 다름 아닌 바로 그 이유로 아담에게 열매를 먹이려 한다는 것이 그녀의 대사에 더없이 분명히 나와 있습니다(826-830). 그녀는 이런 결심을 하자마자 그것이 자신의 사랑이 지극하고 너그럽다는 확실한 증거라며 뿌듯해 합니다(830-833).

　이 시점에서 하와의 마음이 어떻게 움직이는지 정확히 파악되지 않는다면, 밀턴이 사실성을 너무나 뛰어나게 구현해 냈고 독자가 하와와 똑같은 착각에 빠졌기 때문일 것입니다. 이 모든 일이 너무나 빠르게 진행되고 어리석음과 악의, 부패의 새로운 요소가 하나씩 전혀 거슬리지 않고 매우 자연스럽게 착착 들어오기 때문에 우리가 살인의 기원을 보고 있음을 깨닫기 어렵습니다. 우리는 살인이라고 하면 (던컨 왕 시해 음모를 실행에 옮길 것을 다짐하며 여자의 나약함을 떨치고자) "이 순간 나를 여자가 아니게 해다오"라고 말했던 맥베스 부인과 비슷한 모습을 기대합니다. 그러나 맥베스 부인의 이 말은 살해 의도를 확고히 한 후에 나온 것입니다. 밀턴은 실제로 결정을 내리는 순간으로 더 가까이 다가갑니다. 사람의 마음은 바로 그런 식으로 악을 받아들입니다. 아마 누구도 처음부터 자신이 하려는 행동이 살인, 간음, 사기, 배신, 변태 행위에 해당한다고 생각하지 않을 테고, 다른 사람들이 자신의 행동을 그렇게 부르는 것을 듣는다면 (어떤 면에서는) 진심으로 충격을 받고 깜짝 놀랄 것입니다. 다른 사람들은 '이해를 못한다'고 여길 것입니다. 자신에게 그것이 어떤 의미가 있는지 안다면, 그것을 그럴듯 조악하고 '상투적'인 이름으로 부르지 않으리라고 생각할 것입니다. 그 일은 윙크를 하거나 킥킥대면서, 또는 혼란스러운 감정의 구름에 실려 극히 평범한 일처럼 그의 의지 안으로 슬며시 들어옵니다. 그는 자신의 대단히 특별한 상황을 참작하여 제대로 이해하기만 한다면 그것이 오히려 자랑스러운 행동임이 드러날 거라고 생각합니다. 독자 여러분이나 저나 혹시 큰 범죄를 저지른다면, 우리는 이아고보다 하와와 비슷한 느낌을 받을 것이 분명합니다.

하와의 추락은 계속됩니다. 그녀는 그 나무를 떠나기 전에 "그 속에 있는 힘을 향해 하듯" 그 앞에 "허리 굽혀 절"하고, 그로써 그녀의 타락과 사탄의 타락 사이의 유사성이 이루어집니다. 아담이나 하나님께 절하는 것이 체면 깎이는 일이라 생각했던 그녀가 이제 식물을 숭배합니다. 그녀는 마침내 대중적 의미에서 '원시적'이 되었습니다.

아담은 아내 사랑 때문에 타락했습니다. 하와의 결정 과정과는 달리, 아담의 결정이 이루어지는 과정은 드러나 있지 않습니다. 아담이 하와에게 말하기 전, 내면으로 독백하는 와중에 그가 이미 결정을 내렸음이 드러납니다. "그대와 같이 죽으려는 것이 나의 확실한 결심이니." 물론 그의 죄는 그녀의 죄에 비해 의도의 비열함이 덜합니다. 그 죄가 빈약하게나마 고상하다는 점은 그가 그것에 대해 이러쿵저러쿵 말하지 않는다는 데서 잘 드러납니다. 바로 그 순간, 그는 그를 저지할 만한 모든 것에 "개의치 않아", 이 한 마디로 대답합니다. 그것은 파당이나 가문에 대한 충성, 연인에 대한 신의, 좋은 교우관계의 관습, 직업의 명예, 과학의 주장 등 어떤 상대적 가치나 부분적 가치를 절대적 가치로 대하기로 결심하는 일입니다. 아담의 행동이 왜 죄인지 모르겠다는 독자가 있다면, 그것은 그가 밀턴의 전제를 인정하지 않기 때문입니다. 아담의 세계에서 부부애가 최상의 가치라면, 물론 그의 결심은 올바른 것이었을 것입니다. 그러나 만약 사람에게 그보다 더 높은 권리 주장을 하는 것들이 있다면, 이 우주가 유사시에는 아내와 어머니와 자기 목숨까지도 부인해야 하는 곳이라면, 얘기가 달라집니다. 아담이 하와의 공범이 되어도 그녀에게 어떤 유익도 줄 수 없다(실제로 아무 유익을 주지 못합니다)는 말이 됩니다.
아담이 '나쁜 일을 따라하는' 대신 하와를 나무라거나 꾸짖고 그녀
를 위해 하나님께 탄원했다면 어떤 일이 벌어졌을지 밀턴은 말해 주
지 않습니다. 밀턴 자신도 모르기 때문입니다. 저는 그가 자신이 모
른다는 사실을 안다고 생각합니다. 그래서 그 상황이 "돌이킬 수 없
을 듯했다"(919)고 조심스럽게 말합니다. 이 무지는 의미심장합니다.
우리는 우리 행동에 따르는 결과를 보지만, 우리가 자제했다면 어떤
일이 벌어졌을지는 모릅니다. 잘은 몰라도 아마, 하나님은 다른 카드
를 손에 쥐고 계셨을 것입니다. 그러나 아담은 그것에 대해 하나님께
묻지 않았고, 이제 누구도 그것을 알 수 없을 것입니다. 거부되어 버
린 선ᴮ은 볼 수 없는 법입니다. 어쩌면 하나님은 하와를 죽이시고 아
담을 "이 황량한 숲속에 홀로" 내버려 두셨을 수도 있습니다. 사람이
당에 대한 충성보다 정직을 택하면 친구에게 큰 피해가 갈 수도 있
고, 간음보다 전통적 도덕을 택하면 두 사람이 상심하게 될 수도 있
습니다. 그러나 다시 말하지만, 그렇지 않을 수도 있습니다. 어떻게 될
지는 그렇게 해봐야만 알 수 있습니다. 아담이 아는 거라곤 그가 요
새를 지켜야 한다는 것뿐인데, 그는 요새를 지키지 않았습니다. 타락
은 아담과 하와에게 다른 영향을 끼칩니다. 그녀는 살인 자체가 섬
세한 감수성의 증거라고 여기는 엉터리 감정으로 곧장 치달았습니
다. 아담은 후에 정반대 방향으로 갑니다. 그는 세속적인 사람, 말장
난을 즐기는 사람, 세련된 농담을 하고 싶어 안달하는 사람이 됩니

다. 그는 하와의 미각에 찬사를 보내고, 낙원의 부족한 점은 금지된 나무가 너무 적다는 것이라고 말합니다. 기발한 경구를 쓸데없이 쏟아내는 모든 사람의 아버지, 타락을 부추기는 모든 여성 소설가의 어머니가 이제 우리 앞에 있습니다. 여러 비평가가 지적한 대로, 아담과 하와는 이 시점에서 "인간이 됩니다." 불행히도 그다음 내용은 밀턴의 실패 가운데 하나입니다. 물론, 그들은 서로에게 음욕을 품습니다. 그리고 물론, 그 음욕은 밀턴이 타락하지 않은 그들의 성교에 부여한 순수한 욕구와 다른 것이어야 합니다. 섹스에 도착倒錯적인 자극을 주는 전혀 새로운 악의 맛이 그들의 경험 속으로 들어와야 합니다. 잠에서 깨어난 후에는 비참한 수치라는 실체가 드러나겠지만, 당장에는 음란이 가능하다는 발견이(그들은 "현명하고" "미각이 정확"해지고 있습니다) 그들을 즐겁게 만듭니다. 그러나 시로 이런 상황을 잘 구별하여 표현할 수 있을까요? 밀턴의 시의 경우는 분명 그렇지 않습니다. 그가 늘어놓는 호메로스풍 꽃들의 목록은 표적에서 한참 벗어났습니다. 하지만 그가 제대로 짚어 낸 것도 있습니다. 아담의 쾌락주의적 계산—자신은 지금처럼 "즐기기"에 능숙했던 적이 없었다(어쩌면 한 번을 제외하고)는 그의 차분한 말—은 상황을 제대로 전달하고 있습니다. 타락 전이라면 그런 말을 하지 않았을 것입니다. "그대를 즐기려는" 따위의 말도 하지 않았을 것입니다. 하와는 그에게 하나의 사물이 되어 갑니다. 그리고 그녀는 그것에 개의치 않습니다. 신이 되고픈 그녀의 모든 꿈이 초래한 결과가 바로 이것이었습니다.

XIX

결론

경계하라. 그렇지 않으면 후회하게 될 테니.
적이 누구이고 친구가 누구인지 알라.
— 존 볼의 《편지》

　이 강연의 목적은 주로 《실낙원》의 감상을 가로막는 "장애물 제거"였습니다. 제가 내놓은 감상 비평은 부수적인 것이었지요. 이번 장에서 저는 《실낙원》의 가치를 전체적으로 간략하게 평가해 보겠습니다.

　이 시는 심각한 구조적 결함을 안고 있습니다. 밀턴은 베르길리우스처럼 먼 과거에 대한 짧은 이야기를 들려주면서도 독자의 마음이 그 이야기의 이후 결과에까지 뻗어 가기를 바랍니다. 그러나 그는 베르길리우스만큼 솜씨 좋게 그 일을 해내지 못합니다. 그는 예언, 암시, 사색을 가끔씩만 사용한 스승(베르길리우스)을 따라하는 것으로 만족하지 못하고, 《실낙원》의 마지막 두 편을 할애해 타락부터 최후의 심판 날에 이르는 거룩한 역사를 간략하게 요약합니다. 작품 전체의 구조적 효과상 매우 중요한 위치에 긴 분량의 예언이 그렇듯 단조롭게 펼쳐지는 것은 예술적으로 아쉬운 대목입니다. 설상가상으로 이 대목의 글이 영 신통치 않아 왜 그런지 궁금할 정도입니다. 멋진 순간들이 있고 끝에 가서는 훌륭하게 회복되긴 합니다만, 아브라함이나 출애굽, 그리스도의 수난에 대한 그의 이야기를 읽다 보면, 존슨이 발라드[1]에 대해 했던 말이 생각나면서 "어쩌면 그렇게 사람의 마음에 아무런 인상이 남지 않는 방식으로 이야기를 들려줄 수 있을까?"를 거듭 되뇌게 됩니다. 건조하고 신통찮은 이 대목을 읽다 보면 이것이, 제가 '격식을 갖춘 문체'를 옹호했고 '이단적 내용들'과 무관하다고 했지만 실제로는 그런 요소들의 필연적 결과가 아닌가, 하고 생각하고 싶은 유혹이 불쑥불쑥 듭니다. 그러나 증거를 꼼꼼히 따져 보면 그 유혹에 넘어갈 수 없습니다. 그런 요소들이 글을 따분하게 만들기에 충분했다면 《실낙원》 전체가 따분했을 것입니다. 그런 요소들은 처음부터 있었으니까요. 우리가 아는 내용에 충실하려면 밀턴의 재능이 일시적으로 그를 따라 주지 않았다고 하는 선에서 만족해야 합니다. 노년에 워즈워스의 재능이 감퇴했던 것처럼 말입니다. 예이츠 씨는 《옥스퍼드 현대시선Oxford Book of Modern Verse》의 도입부에서 "재능의 감퇴만 없었다면" 자신도 "터너와 도로시 웰즐리"파에 속했을 거라고 썼습니다. 이것이 지각 있는 말입니다. 그는 재능의 감퇴를 설명하려고 하지 않습니다. 어떤 재능이 나타나고 사라

---

1) 중세 말기 유럽에서 독자적인 양식으로 확립된 짤막한 이야기체 민요.

지게 만드는 원인에 대해서는 아는 바가 거의 없다는 것이 진실입니다. 어쩌면 밀턴의 건강이 안 좋았을 수도 있습니다. 나이가 들다 보니 작품을 어떻게든 끝내고 싶은, 자연스럽지만 재앙을 가져오는 조바심을 견디지 못했을 수도 있습니다. 그는 전혀 새로운 방식의 글을 쓰고 있었기 때문에 유용한 비평을 받을 수 없었을 테고 그것이 난점으로 작용했을 수도 있습니다. 《실낙원》의 이 마지막 두 편의 문체는 그의 서사시가 도달한 정점의 문체와 겉모습만 닮았을 뿐, 실은 전혀 다릅니다.

그런가 하면 밀턴이 묘사한 성부 하나님의 모습이 만족스럽지 않다는 사람들이 늘 있었습니다. 여기서도 그 원인을 찾아 너무 깊숙이 파고들기 쉽습니다. 저는 이런 실패의 원인이 밀턴의 교리적 결함이나 하나님을 냉담하고 무자비하고 독재적인 신으로 제시했기 때문인 것 같지는 않습니다. 밀턴의 하나님이 싫다고 하는 이들 중 상당수의 진의는 그냥 하나님이 싫다는 것입니다. 법적인 무한한 주권에다 사실상의 무한한 능력, 거기다 본질상 진노까지 포함하는 사랑. 이런 하나님은 시 안에서만 거부감을 주는 것이 아닙니다. 밀턴보다 나은 사람들은 분명 하나님에 대해 밀턴보다 잘 써왔습니다만, 그의 신 개념이 주는 거부감은 교리적 결함 탓만은 아닙니다. 더욱이, 그가 제시하는 하나님에 대한 거부감이 전적으로 신 개념에서만 나오거나, 신 개념에서 주로 나오는 것도 아니라고 봅니다. 밀턴이 시적 신중함만 더 보여 주었다면 신관에 있어서의 신학적 결함(그것을 어떻게 평가하든 간에)은 시를 크게 망쳐 놓지 않았을 것입니다. 신학적으로 말해서 밀턴의 신보다 훨씬 시원찮은 신이라도 충분히 무시무시하고 신비롭고 모호하게 그려지기만 하면 비판받지 않을 것입니다. 시인 밀턴이 하나님에 대해 암시하는 선에서 그치는 대목에서 우리는 신학적 거리낌 따위는 완전히 잊어버리게 됩니다. 다음 구절을 보십시오.

> 그의 둘레에는 모든 하늘의 성자들이
> 별처럼 빽빽하게 모여 섰고, 그분 모습 보며
> 말로 다할 수 없는 기쁨을 누린다.
> (제3편 60)

또는

> 너무도 찬란하여 그분 옷자락 어둡게 보이지만
> (제3편 380)

이런 구절을 읽으면 우리는 말문이 막힙니다. 그러나 성자가 홀위로 몸을 굽히는 대목이나 성부께서 "진주잔과 금강석잔과 묵직한 금잔에" 채운 "루비빛 신령한 음료 넥타르"로 천사들을 즐겁게 해주시는 대목을 만나면 달갑지가 않습니다. 밀턴은 하늘을 올림포스와 너무 비슷하게 만드는 좋지 않은 전통(최악의 모습은 《크리스티아스》[2]에서 볼 수 있고, 최고의 모습은 《해방된 예루살렘Gierusalemme liberata》에서 볼 수 있습니다)에서 벗어나지 못했습니다. 이런 신인동형론적 세부 내용 때문에 하나님의 웃음은 그저 악의적인 것으로, 하나님의 꾸짖음은 짜증으로 들리는 것입니다. 하지만 단테와 히브리 예언자들의 글을 보면 하나님의 웃음과 꾸짖음이 그런 인상을 주는 것이 필연적인 일이 아님을 알 수 있습니다.

밀턴은 메시아를 훨씬 성공적으로 묘사해 내고 있습니다. 이 부분에 대한 일부 반론은 혼란에 근거한 것입니다. 사람들은 그의 메시야가 복음서의 그리스도와 다르다고 불평합니다만, 당연히 달라야 합니다. 밀턴은 성육하신 주님이 아니라 성자의 우주적 일하심에 대해 쓰고 있으니까요. "너무나 엄숙하여 바라볼 수 없을 만큼 무서운 용모"(제6편 825)는 복음서에도 온전히 표현되어 있습니다만, 그 일하심의 크기와 방식은 다를 수밖에 없습니다. 하지만 솔직히 고백하자면, 저는 최근에 와서야 하늘의 전쟁의 진정한 가치를 헤아리게 되었습니다. 우리 시대에 그것을 이해하기 위해 할 수 있는 준비 작업은 윌리엄스 씨의 《서문》을 읽는 것뿐입니다. 제가 그 훌륭한 비평서를

2) 비다[Marco Girolamo(Marcus Hieronymus) Vida, 1485?~1566. 이탈리아 인문주의자, 주교, 시인]가 베르길리우스의 《아이네이스》를 본으로 삼아 그리스도의 일생을 그려 낸 서사시.

보고 난 후《실낙원》제5편과 6편을 다시 읽어 보니, 두껍게 쌓여 있
던 먼지를 말끔히 걷어 내고 그동안 숱하게 봐서 다 안다고 생각했
던 그림을 보는 심정이었습니다. 사탄을 제대로 이해하면, 그의 도발
에 대해 하늘이 정확히 어떻게 응수했고 밀턴이 간담 서늘한 하늘의
위엄을 얼마나 성공적으로 그려 냈는지 파악하게 됩니다. 물론 사탄
과 그리스도 사이의 전쟁은 없습니다. 이 사실을 깨닫는 것이 중요합
니다. 전쟁은 사탄과 미가엘 사이에 있고, 어느 한 쪽이 이겨서가 아
니라 신적 개입으로 중단됩니다. 그 하늘 전쟁이 어떻게 끝날지 우리
가 다 알기 때문에 흥미롭지 않다는 비평은 중요한 점을 놓치고 있
습니다. 사탄과 미가엘이 선봉에 선 전쟁이 어떻게 끝날지 우리는 모
릅니다. 아니, 밀턴의 하나님은 그것이 결코 끝나지 않을 거라고 말
씀하십니다(6편 693).

　　많은 이들은 밀턴이 하나님을 제대로 그려 내지 못하는 바람에
(모든 면에서 그런 것은 아니지만) 종교시로서의《실낙원》이 망가졌다고
봅니다. 그런데 저는 이 시가 상당히 중요한 의미에서 종교시가 아니
라고 생각합니다. 중세 찬양이나 단테, 허버트, 트러헌, 팻모어, 쿠퍼
의 작품을 읽고 신앙심이 뜨거워지는 것을 경험한 그리스도인이 같
은 것을 기대하고《실낙원》을 펼친다면 실망할 것입니다. 모든 내용
이 얼마나 차갑고 무겁고 외면적인 것으로 보이는지요! 시가 다루는
대상과 우리 사이에 얼마나 많은 장막이 드리운 것처럼 보이는지요!
그러나 저는《실낙원》을 그런 의미에서의 종교시로 쓰는 것이 밀턴

의 의도였다고 확신할 수 없습니다. 오히려 그런 종교시로 볼 필요는 없다는 확신이 있습니다. 《실낙원》은 세상의 객관적 질서와 자기애에 사로잡힌 반역자들이 그 질서를 파괴하려고 벌인 시도와 그들의 반역을 꺾고 더 크고 복잡한 질서로 흡수하는 승리를 다룬 시입니다. 다른 모든 이야기는 이것을 구성하는 에피소드에 지나지 않는 궁극의 플롯, 우주적 이야기가 우리 앞에 펼쳐져 있습니다. 우리는 바깥에서 그 이야기를 들여다보도록 잠시 초청받았습니다. 그런데 그것 자체는 종교적 경험이 아닙니다. 우리도 이 줄거리 안에서 주어진 자리가 있고, 매순간 메시야의 자리나 사탄의 자리, 둘 중 하나로 움직인다는 사실을 기억할 때, 그때 비로소 종교의 세계로 들어가는 것입니다. 그러나 그렇게 되면 서사시와 보내던 휴일은 끝납니다. 그때는 우리에게 말하던 밀턴은 입을 다물어야 합니다. 종교적 삶에서는 인간과 하나님이 서로 대면합니다. 그러나 《실낙원》을 볼 때 독자인 우리는 종교적 삶에서 벗어나 하나님과 인간 모두의 옆모습을 볼 수 있는 것처럼 잠시 가장합니다. 《실낙원》은 영적인 삶을 (알렉산더[3]의 구분을 적용해서 말하자면) 향유enjoy하는 자리가 아니라, 영적인 삶의 조건이 되는 밑그림 전체를 관조contemplate하는 자리로 우리를 부릅니다. 존슨의 구분을 활용하자면 《실낙원》의 제재는 "경건이 아니라

3) Samuel Alexander. 1859~1938. 영국의 철학자.

경건의 동기"라고 할 수 있겠습니다. 밀턴을 단테와 비교하는 것은 오해의 소지가 있습니다. 물론 단테는 많은 면에서 밀턴보다 나은 시인입니다. 그러나 단테는 《신곡》을 쓰면서 다른 일을 하고 있습니다. 그는 영적 순례의 이야기를 들려줍니다. 한 영혼이 우주를 지나가는 여행이 어떻게 펼쳐지는지, 두려워해야 할 것은 무엇이며 그럼에도 어떻게 여행이 무사히 끝나기를 바랄 수 있는지 말해 줍니다. 그러나 밀턴은 우주 자체의 이야기를 들려줍니다. 따라서 예술 면이나 영성 면에서 단테가 갖고 있는 우월성과 상관없이 (두 측면 모두에서 단테가 우월한 경우가 많다는 점은 기꺼이 인정합니다) 《신곡》은 종교적 경험을 시적으로 표현한 종교시인 반면 《실낙원》은 그런 작품이 아닙니다. 《신곡》 〈천국편〉 마지막 곡이 신통치 못하다면 작품 전체에 치명적일 것입니다. 그 대목에서 단테 본인이 하나님을 보고 있고, 자기와 함께 하나님을 보자고 우리를 초청하고 있기 때문입니다. 그러나 밀턴은 천사들과 아담이 하나님을 어떻게 바라보는지 묘사하기만 하면 됩니다. 따라서 하나님에 대한 상징이 신학적으로 부적절하다 해도 작품 전체가 망가지지는 않을 것입니다. 대형 종교화에서 중요한 것은 그리스도의 얼굴이 어떻게 그려졌는지가 아니라 그림 전체에서 그리스도가 차지하는 위치인 것과 같습니다. 물론 그 얼굴을 너무 못 그려서 우리가 도무지 받아들일 수 없는 수준일 수도 있겠고, 밀턴의 하나님 묘사도 그분을 중심으로 하여 구성된 전체 판을 망쳐 놓을 만큼 엉망일 수도 있습니다. 그러나 저는 밀턴이 하나님을 그렇게 엉망

으로 그려 냈다고 생각하지는 않습니다. 오히려, 썩 나쁘지 않게 해
냈다고 봅니다.

　지금까지《실낙원》에 반대하는 악마의 변호인advocatus diaboli 측 주
장을 다 소개하고 제가 그것을 그대로 수용할 수 없는 이유를 제시
했습니다. 밀턴이 다룬 이야기는 위대한 이야기의 조건을 다른 어떤
작품보다 잘 충족시키는 것 같습니다. 결말에서 전혀 다른 세상을 보
여 준다는 점에서《실낙원》은 다른 어떤 작품보다 성공했기 때문입
니다.《일리아스》의 결말은 최종적이지 않습니다. 어쩌면《아이네이
스》의 결말도 그럴지 모릅니다. 그와 비슷한 일은 다시 벌어질 것입
니다. 그러나《실낙원》은 우주의 역사에서 돌이킬 수 없고 반복될 수
도 없는 실제 사건을 기록합니다. 그것이 사실이라고 믿지 않는 사람
들에게도《실낙원》은 모든 개별 영혼에서 나타난 큰 변화를 (그들이
볼 때 신화의 형태로) 구현합니다. 행복한 의존에서 비참한 자기주장으
로의 변화는 사탄의 경우처럼 최종적 고립으로 끝날 수도 있고, 아
담의 경우처럼 화해와 또 다른 행복으로 마무리될 수도 있습니다.
《실낙원》에 담긴 진리와 열정은 비판의 여지가 없습니다. 그 둘은 본
질적으로 비판받은 적이 없다가 낭만주의 시대에 이르러 반역과 교
만이 [시대정신으로] 존중받게 되고서야 비로소 비판의 대상이 되
었습니다. 이런 면에서 밀턴에 대한 부정적인 비평은 문학적 현상이
라기보다는, 혁명적 정치와 도덕률 폐기론적 윤리와 인간에 의한 인
간 숭배가 문학에 드리운 그림자입니다. 블레이크 이후 밀턴 비평은

오해에 빠져 버렸고, 찰스 윌리엄스 씨의 《서문》이 나올 때까지 올바른 노선을 거의 되찾지 못하고 있었습니다. 그 기간에 대단히 흥미롭고 섬세하고 학문적으로 깊이 있는 연구가 나오지 않았다는 뜻은 아닙니다. 그러나 비평가들과 시인 밀턴은 서로 뜻이 엇갈리는 상황이었습니다. 비평가들은 《실낙원》이 무엇을 다루는지 알아보지 못했습니다. 그 중심 테마에 대한 증오나 무지로 인해 터무니없는 이유로 《실낙원》을 칭찬하거나 비판했습니다. 실제로는 규율과 조화와 겸손과 피조물다운 의존이라는 형식에 거부감을 느꼈으면서도 밀턴의 예술적 역량이나 그의 신학을 문제 삼는 식으로 화풀이를 했습니다.

《실낙원》의 문체에 대해, 저는 적대적 비평가들을 상대하는 데 어려움이 있다고 이미 밝혔습니다. 그들은 밀턴과 그의 애호가들이 미덕이라 여기는 특성 때문에 그 작품을 비난합니다. 밀턴은 엄숙한 놀이들을 만들어 냈고, 우리는 그가 만든 장례 놀이를 하면서 망자들을 애도하고, 개선 놀이를 하면서 인간의 구원을 기뻐합니다. 그런데 적대적인 비평가들은 그의 시가 '엄숙한 놀이 같다'고 불평합니다. 밀턴은 우리에게 마법을 걸려고 나서는데 그들은 그 결과물이 마법 주문처럼 들린다고 불평합니다. 밀턴의 사탄은 "밤하늘의 별같이 무수한" 천사들 앞에 일어나 연설을 하는데, 그들은 사탄이 마치 "연설을 하는 것" 같다고 불평합니다. 아리스토텔레스의 질문이 떠오르는 상황입니다. 물을 마시다 목에 걸린 사람을 도우려면 무엇을 줘야 할까요? 포트와인이 진하고 달다고 불평하고, 여자 팔이 희고 부드럽고 통통하다고 불평하고, 태양이 빛난다고 불평하고, 잠이 생각을 앗아간다고 불평하는 사람에게 뭐라고 대답해야 할까요? 리비스 박사[4]는 밀턴의 서사시가 지닌 특징에 대해 저와 의견을 달리하지 않습니다. 그는 그 특성들을 대단히 정확하게 묘사하는데, 제 생각에는 피어설 스미스Pearsall Smith 씨보다 더 잘 파악하고 있습니다. 리비스 박사와 저는 《실낙원》에서 다른 내용을 보는 것이 아닙니다. 같은 것을 보면서 그는 싫어하고 저는 좋아하는 것입니다. 따라서 우리의 의견 차이는 문학 비평의 영역을 벗어납니다. 우리는 밀턴 시의 본질에 대해서가 아니라 인간의 본질, 기쁨 자체의 본질에 대한 생각이 다른 것입니다. 결국 이것이 진짜 관건이 되는 문제니까요. 인간이 "재 가운데 화려하고 무덤에서 격식을 차리는 고상한 동물"로 계속 남아야 하는지 아닌지 여부 말입니다. 저는 그래야 한다고 생각합니다. 저는 현재의 "악명 높은 인간의 본성" 속에서도 "용기를 구현한 의식儀式들"이 계속되는 것을 보고 싶습니다. 그러나 여러 다양한 사람들이 이와 반대되는 견해를 내세웁니다. 그들이 그런 견해를 내세우는 몇 가지 이유에 대한 논평으로 이 책을 마칠까 합니다.

가장 질이 낮고 경멸할 만한 부류(제가 실명을 거론한 비평가 중에는 여기에 해당하는 사람이 없습니다)는 두려움과 질투 때문에 밀턴을 싫어

---

4) Frank Raymond Leavis. 1895~1978. 영국의 문학평론가.

할 수 있습니다. 그의 예술 작품은 상당한 수준의 '교양을 전제'civil합
니다. 저는 '개화된'civilized이라고 말하는 것이 아닙니다. 그 단어는 저
속한 권력과 사치로 인해 구제불능으로 훼손되었기 때문입니다. 《실
낙원》이 '교양을 전제'한다는 말은 문학적 소양과 예절 면에서 어느
정도 훈련받은 독자라야 즐길 수 있다는 뜻입니다. 이 작품은 우리
의 자연 상태의 격정passion들이 공통선共通善에 부합하는 적정하고 넉
넉한 '정서'sentiments로 정돈되어 있어야 한다고 주장합니다. 투박하거
나 소박하거나 편안한 작품이 아닌 것이지요. 그러므로 합당한 자격
조건을 갖추지 못한 사람들은 이 작품을 이해할 수 없을 것이고, 그
들 중에서 더 상스러운 정신의 소유자들은 이 작품을 미워할 것입니
다. 혹자는 《실낙원》을 중국의 만리장성에 비유했는데, 괜찮은 비유
입니다! 둘 다 세계의 불가사의에 속하고, 야만인들로부터 고대 사
회의 경작지와 고대 문화의 도시들을 보호합니다. 장벽은 바깥에 있
는 사람들로부터 미움을 받을 수밖에 없다는 말을 덧붙이면 둘 사이
의 유사성이 이루어지지요. 이런 관점에서 볼 때, 밀턴의 명성이 쇠
퇴한다는 것은 교양civility에 맞서 '문명'이 반역을 일으키는 시기가 왔
다는 뜻입니다.

　훨씬 더 훌륭한 독자군이 《실낙원》을 싫어하는 이유는 특정한
리얼리즘에 사로잡혀 있기 때문입니다. 그런 사람들은 원초적 격정
들을 정서로 정돈해 내는 일이 진실하지 못한 처사라고 생각합니다.
그들은 있는 그대로의 의식의 흐름이 실재이고, 정교하게 다듬은 교

양civility을 제거하고 날것 그대로의 '삶'을 표현하는 것이 시의 특별한 기능이라고 봅니다. 《율리시스》 같은 작품이 인기 있는 것은 (부분적으로는) 이런 생각 때문입니다. 그러나 제 생각에 이런 유형의 비평은 모조리 오류에 근거하고 있습니다. 그들은 '정돈되지 않은 의식'이 특별히 실재라고 여기지만, 이런 의식은 사실 대단히 인위적인 것입니다. 내성內省의 과정을 거쳐 발견된 것이지요. 정신의 통상적인 외적 활동을 인위적으로 중단하고 남은 의식에 주목함으로써 얻은 결과물입니다. 그렇게 남은 의식에는 집중된 의지나 논리적 사고, 도덕관념, 안정된 정서 등 (한마디로) 어떤 심적 위계도 찾아볼 수 없습니다. 당연한 일입니다. 내성을 위해 이 모든 것을 일부러 중지시켰기 때문입니다. 내성으로 영혼이 혼돈의 도가니라는 것을 발견한 시인은, 도로의 모든 차량 통행을 중지시켜 놓고 공책에 "이 거리의 정적은 대단히 수상하다"고 적는 교통경찰과 같습니다. 내성이 발견해 낸 심상들 및 일시적 욕망들의 무차별적 혼돈은 의식의 본질적 특성이 아닙니다. 이 사실은 아주 쉽게 입증할 수 있습니다. 의식은 처음부터 선택적인 것이며 선택이 멈추는 순간 의식도 멈추기 때문입니다. 어떤 자료를 다른 자료보다 선호하지 않는 상태, 어떤 경험을 할 때 특정한 부분에 주목하지 않는 상태는 잠든 상태입니다. 잠에서 깨어나는 정신, 깨어난 후 완전히 맑아진 정신 작용의 핵심은 선택된 요소들에 초점을 맞추는 데 있습니다. 친구의 목소리나 읽고 있는 책의 페이지가 벽지의 무늬나 옷의 감촉, 지난밤의 기억, 도로의 소음과 다

를 바 없이 대등하게 다가온다면 잠이 들고 있는 것입니다. 잘 다듬
어진 온갖 정서와 신성한 이상들, 그리고 정신이 말짱한 사람이 향유
하는 고도의 선택적인 의식은 졸릴 때 찾아오는 혼돈 못지않게, 아
니 그 이상으로 실재라고 불릴 자격이 있습니다. 내성으로 발견한 혼
돈이 정신과 의사의 진단에 여러 단서를 제공할 수 있다는 점은 부
인하지 않습니다. 그러나 거기서 더 나아가 그런 혼돈 속에서 마음
의 실재에 이른다는 결론을 내리는 것은 체온계의 수치나 의학 교과
서에 실린 껍질 벗겨진 팔 사진들이 몸의 특별한 '실제' 모습을 보여
준다고 생각하는 것과 같습니다. 그리고 백보 양보해서 초점 없는 멍
한 의식이 특별히 사실적이라 치더라도(제 생각은 다릅니다만), 그것을
재현한다고 주장하는 문학이 특별히 사실적이지 않다는 것은 달라
지지 않을 것입니다. 그런 멍한 의식의 본질은 어떤 것에도 주의하지
않는 것이기 때문입니다. 멍한 의식을 멍하게 만드는 것이 바로 주의
부족입니다. 그 의식을 말로 표현하려는 순간 그것을 변조하게 됩니
다. 그건 어떤 것을 보지 않을 때 그것이 어떻게 보이는지 설명하려
는 것과 같습니다. 시야의 변두리, 보이는 영역과 보이지 않는 영역
사이의 무인지대는 제대로 그려 낼 수 없습니다. 그 모습을 그리는
동안에는 그것을 시야의 중심에 두게 되기 때문입니다. 시도해 봤자
재미가 없을 거라는 뜻은 아닙니다. 의지와 이성과 관심과 체계적 상
상력이 모두 작동을 멈추었지만 아직 잠은 들기 전, 그 순간에 우리
가 하는 일을 보여 주려는 문학이 설자리가 있을 수도 있습니다. 그

러나 그런 문학을 특히 사실적이라고 생각하는 것은 그야말로 착각이라고 봅니다.

끝으로 엘리엇 씨가 속할 것으로 추측되는 부류가 있습니다. 장벽 안에 들어올 수 없어서 장벽 바깥에 있는 야만인들도 있습니다만, 광야에서 금식하고 기도하기 위해 제 발로 장벽 너머로 나간 사람들도 있습니다. '문명'civilization―여기서 제가 말하는 문명은 기계의 힘으로 강해지고 부유해진 야만 상태를 뜻합니다―은 아래로부터 교양civility을 미워하지만, 거룩함은 위로부터 그것을 꾸짖습니다. 원탁은 윗돌(갤러해드[5])과 아랫돌(모드레드[6]) 사이에 놓여 있습니다. 엘리엇 씨가 이 세상의 외형은 지나가기[7] 때문에 서사시의 독수리와 나팔을 무시한다면, 저는 그를 존중합니다. 그러나 그가 거기서 더 나아가 모든 시는 자신의 최고 작품처럼 참회의 특성을 담고 있어야 한다는 결론을 내린다면, 저는 그 생각이 잘못되었다고 말할 것입니다. 우리가 즐거운 가운데 땅[8]에서 사는 한, 우리에게는 가운데 것들이 필요합니다. 만약 원탁이 사라진다면 갤러해드 수준으로 올라가는 사람이 한 명 나타날 때 백 명은 모드레드 수준으로 완전히 떨어질 것입니다. 잉글

---

5) 원탁의 기사 중 하나로, 가장 고결한 기사.
6) 아서 왕의 조카. 귀네비아 왕비를 유혹하려다 실패하자 아서 왕에게 치명상을 입혔으나 결국 피살되었다.
7) 고전 7:31.
8) 천국과 지옥 사이의 이승을 말함.

랜드의 책 읽는 젊은이들이 엘리엇 씨의 설득에 넘어가 자줏빛 예복
과 대리석 포장도로를 내버리게 될 수도 있습니다. 그러나 그들이 베
옷을 입고 진흙 바닥을 걷지는 않을 것입니다. 그저 깔끔하고 보기
흉한 양복을 입고 아스팔트길을 걸어갈 것입니다. 이것은 우리가 이
전에 다 겪어 본 일입니다. 옛 청교도들[9]은 메이폴[10]과 민스파이[11]를
없애 버렸지만, 그렇게 해서 천년왕국이 도래하지는 않았습니다. 왕
정복고만 초래하고 말았지요. 갤러해드는 모드레드와 공동전선을 펴
서는 안 됩니다. 그 동맹에 의해 모드레드는 늘 이득을, 갤러해드는
늘 손해를 보기 때문입니다.

---

9) 1640년대 영국 의회를 장악한 청교도들.
10) Maypoles. 예로부터 서양에서 5월 1일에 베풀어 온 봄맞이 축제 메이데이에 광장에 세워 꽃
   과 리본 따위로 장식하는 기둥. 그 주위에서 춤을 추며 즐긴다.
11) mince pie. 영국 크리스마스의 대표적 간식.

제1편 467. "Him followed Rimmon(그 뒤를 따른 것은 림몬)." 이런 도치는 산문에서 가능했습니다. 참고. Daniel, *Apologie for Ryme*, 1603. "Him followed Besssarion, Trapezantius, Theodore Gaza and others."

제2편 1006. "To that side Heav'n(하늘 그쪽)." 이것은 단순히 "낮은 쪽"이나 "바닥"을 의미하는 '시적 완곡어법'만이 아닙니다. 이런 표현들을 피한 이유는 혼돈에는 위아래가 없기 때문입니다. 893행 참조.

제3편 1-7. 이것은 여러 다양한 이유로 시에 들어온 특징들이 어떤 과정을 거쳐 "능력의 입양된 자녀들"로서 시에 남게 되는지 보여 주는 사례입니다. 신을 여러 다양한 명칭으로 부른 원래 이유는 분명히 실용적인 것이었습니다. 신이 좋아하는 이름을 확보하고 싶었던 것입니다. 이 관습이 일단 자리를 잡으면 다양한 이름으로 불리는 (신의) 능력을 독자에게 보여 주면서도 그 능력이 처음 발휘되었을 때 드러난 장엄함이 그대로 보존됩니다.

74. "단단한 땅…아니면 공기인지." 밀턴은 그의 우주를 감싼 구형 외피가 땅과 같지만, 그 위를 걷는 이들에게는 올려다볼 하늘이 없을 거라는 사실을 알리려 하고 있습니다. "단단한 땅을 둘러싸거

나 감싼 것처럼 보였던 것이 물인지 공기인지 알 수 없을 것이다. 지구에서 보는 것과 같은 아치형 하늘이 없기 때문이다."

299. "Giving to death." 베리티Verity는 여기서 giving의 목적어가 보이지 않으니 "굴복한다"는 뜻의 자동사라는 결론을 내립니다. 그러나 《헨리 4세》(H. IV, Pt. II)에서 뽑은 그의 인용문은 give가 이런 의미를 가질 수 있음을 입증하지 못합니다. 어쩌면 와일드Wyld 교수가 인용한 더본셔의 yeave(giefan에서 나온) "녹다"가 더 나은 증거인지도 모릅니다(Historical Study of the Mother Tongue, p. 278). 그러나 그렇게 볼 필요가 없는 것이, 본문의 "giving"이 "what Hellish hate destroys(지옥의 미움이 파괴하는 것)"를 목적어로 받기 때문입니다. '지옥의 미움이 파괴하는 것'은 인간성입니다. 그리스도께서는 그분의 인성을 죽음에 내어주십니다(246행과 그 행에 대한 Mr. Sewell의 중요한 논평 참고). 그분은 인간성을 구원하기 위해 죽으신 것입니다.

제4편 36. "그대[태양] 이름 부르는 것은." 무대에서 사탄이 이 대사를 해야 했던 것은 그가 누구에게 말을 거는 것인지 청중에게 알리기 위해서였을 것입니다. 이 대목이 극이 아니라 서사시였다면 이 대사를 집어넣을 필요가 있었을까요?

241. "Not nice art(재주 부린 것이 아니었고)." 황금시대에 대한 세네카Seneca의 다음 묘사를 참고하십시오. prata sine arte formosa(있는 그대로[재주 부리지 않은] 아름다운 풀밭).

제5편 257-260. "No cloud…with cedars crowned(시야를 가리

는 구름도 없고…삼나무로 뒤덮인 하나님의 동산을)." 하늘문에서 천사 라파엘이 우주적 외피에 생긴 '맨홀'을 통해 똑바로 아래를 내려다본다고 가정해 보면(제3편 526행 이하), 그가 지구의 내부와 지구의 낙원을 볼 수 있다고 생각할 수 있습니다. 그러나 그에게는 "빛나는 다른 구체" 가 하나도 보이지 않을 것 같습니다. 밀턴은 여기서 제3편에서 다룬 폐쇄 우주에 대해 다 잊어버린 것 같습니다.

349. "Shrub unfum'd(절로 풍기는 잔풀)." 밀턴은 훈증 향으로 방안을 달콤하게 만들던 당시의 관행(《헛소동》 1막 3장 53행. "나는 곰팡내 나는 방에 연기를 피우고 있었습니다.")과 자연 상태로 향이 나는(절로 풍기는) 에덴동산의 소박함을 대비하고 있는 것 같습니다.

제6편 236. "Ridges of grim Warr(무서운 전쟁의 능선)." 베리티처럼 저도 밀턴이 이 대목에서 셰익스피어(그의 장시 〈루크리스Lucrece의 능욕〉 1438행)를 염두에 두었다고 생각하지 않습니다. 이 대목 전체에 호메로스의 메아리가 가득하고, ridges는 πολέμοιο γέφυραι(전쟁의 능선(제방), 《일리아스》, 4권 371 등)를 떠올리게 합니다. 그것이 무엇이었는지, 저는 모릅니다.[1]

268. "네 반역의 죄 지을 때까지는 없었던 재난." Donne, *Litanie* 10과 비교해 보십시오. "창조되지 않았던 둘, 죄와 죽음이 슬며시 들

---

1) 한글 역본에서는 "치열한 전투대열"(조신권 역), "처참한 전열戰列"(이창배 역)로 번역했다.

어왔다."

제8편 228. "Equal love." 여기서 equal은 라틴어 단어 aequus
의 여러 의미 중에서 '호의적인, 자비로운'의 뜻인 듯합니다.(*Pauci
quos aequus amavit Iuppiter*유피테르께서는 소수의 사람들에게 자비로운 사
랑을 베푸신다.)

416-419. "당신은 본래 완전하시나이다. 인간은 그런 의미에서
완전하지 않고 상대적으로만 완전하나이다(즉, 아담은 완전한 인간일 수
있지만, 인간은 완전한 존재가 아니라는 말). 그렇기에 인간은 다른 인간과
교제하여 불완전한 자신을 풍성하게 만들고 싶은 갈망이 있나이다."

512. "Constellations." 물론 conjunctions(합슴, 지구에서 봤을
때 행성이 태양과 같은 방향에 있게 되는 것)를 뜻합니다. 현대적 의미의
constellations(별자리)가 아닙니다.

제9편 157. "Of these the vigilance I dread(나는 그들의 경계가 두
려워)" 등등. 이어지는 네 행은 원래 무대에서 읊도록 쓴 것처럼 들립
니다. (이 부분에 주목하게 된 것은 옥스퍼드대학의 칼리지인 St. Edmund's
Hall의 Mr. Fletcher 덕분이었습니다.)

442. "not mystic"(신화가 아닌). 즉, 알레고리가 아닌. 밀턴은
Canticles[2]에 대한 순전히 알레고리적인 해석에 반대하고 있습니다.

___

2) 구약성경의 〈아가서〉를 말한다.

그는 진짜 정원에 진짜 남녀 애인이 있었다고 생각합니다.

482. "멀리 둘러봐도." 여기서도 무대 냄새가 납니다.

506. "Hermione." 밀턴이 받아쓰는 사람에게 불러줄 때 실언을 했거나, 인쇄업자가 Harmonia[3]라고 해야 할 것을 실수한 것이 거의 분명합니다.

686. "Life to knowledge." 베리티는 이 구절이 "지혜뿐 아니라 생명도(Life in addition to knowledge)"의 의미라고 봅니다.[4] 그러나 이 구절은 흠정역 성경에서 볼 수 있는 "live unto righteousness(의에 대하여 살게)"(벧전 2:24)와 문장 구조가 같은 것이 분명합니다.

제10편 329. "백양궁白羊宮". 태양은 백양궁에 있었습니다. "만물의 창조주께서 인간을 만드실 때 이 궁에서 세계를 시작하셨기 때문입니다"(가워John Gower,《사랑의 고백Confession Amantis》VII, 994).

---

3) 그리스신화에 나오는 테베의 왕 카드모스의 아내.
4) 한글 역본도 같은 취지로 "지혜뿐 아니라 생명도"(조신권 역), "지식에다 생명까지"(이창배 역)로 번역하고 있다.

찾아보기

고전 읽어 주는 나쁜 남자

1. 매력적인 나쁜 남자 루이스

루이스 책의 번역은 원래 품이 많이 든다. 저자마다 차이가 많아서 일률적으로 말할 수는 없겠지만, 내가 번역해 본 통상적인 저자보다 딱 두 배 정도 품이 드는 것 같다. 그래서 루이스 책을 맡을 때는 기본적으로 시간을 처음부터 많이 할당해 놓고 '마음을 비우고' 일을 한다. 열심히 찾아보고 궁리하는 데 시간과 노력을 쏟아 붓는 수밖에 없다.

그래서 다시금 묻게 되었다. 나는 왜 자꾸 루이스 책 번역을 맡을까? 품이 많이 들고 머리도 더 빠지게 만드는 게 분명한데. 이유를 따져 봤다.

하나. 건망증이다. 번역 과정이 얼마나 오래 걸렸건, 그 과정에서 어떤 고생을 했건, (몸이 상하는 일만 없는 한) 일단 마무리하고 나면 힘들었던 기억은 아련해지고 그럭저럭 할 만해서 했던 것 같은 느낌만 남는다. 번역자와 편집부의 땀과 고민의 결정체로 탄생하는 결과물은 썩 나쁘지 않다. 그래서 다음에 기회가 나면 또다시 덜컥 루이스 책 번역을 맡고 만다.

둘. 내용에 대한 믿음이다. 첫눈에 잘 들어오지 않는 문장들, 무슨 말인지 알듯 말듯 우리말로 만들어지기를 거부하는 영문들을 대할 때도, 루이스의 글에 대해서는 기본적인 믿음이 있다. 사람이 무슨 일을 하건 '내가 지금 뭐 하고 있나' 하는 생각이 들 때 가장 힘든 법이다. 그런데 루이스 글을 번역할 때는 그런 생각은 들지 않는다. 당장에는 희미하고 안개에 가려진 것처럼 보이고 무슨 소리를 하는 건지 잘 파악되지 않아도 이렇게 말하며 번역을 꾸역꾸역 해나갈 수 있다.

"내가 아직 이해를 못했거나 우리말로 풀어내지 못해서 그렇지, 이해만 하면 멋진 말이 들어 있는 문장일 거야. 루이스니까!"

이런 믿음은 내가 때로는 한 문장을 놓고 몇 시간을 고민할 수 있는 힘이 된다. 어떤 의미인지 당장 눈에 들어오지 않아도 의미심장한 메시지가 숨어 있다고 믿고 찾아보고 궁리하는 과정은 무릎을 치게 만드는 발견과 깨달음으로 번번이 보상받았다. 그는 나의 믿음을 저버리지 않았다.

이것은 믿음으로 걸어가는 인생길의 축소판과도 같다. 장래에 대한 성경의 예언과 약속을 믿고 가는 신자의 인생길과 비슷하다. 성경은 우리에게 미래에 대한 자세한 안내 지도는 숨겨둔 채 마치 나침반처럼 큰 그림, 큰 방향을 알려준다. 그리고 어떤 면에서 그것이면 족하다. 그것만 믿어지면 끝까지 갈 수 있다.

어떤 번역가는 오랜 기간에 걸쳐 힘겹게 번역해 낸 좋은 책의 매

력을 두고 '나쁜 남자의 매력'과 같은 거라고 했다. 알아듣기 힘든 소
리를 해대고 차갑게 대하는 등 사람을 힘들게 만들어 영락없이 나쁜
남자처럼 보여도, 그 본심을 헤아리기만 하면 괜찮은 사람이라는 것
을 발견하게 되어 자꾸 끌린다는 것이다. 번역가인 내게 루이스는 그
런 의미에서 나쁜 남자다.

2. 고전古典 읽기, 고전苦戰하지 않는 법

《실낙원 서문》은 《실낙원》을 잘 읽도록 도와주는 개론서이자 해
설서이다. 따라서 《실낙원 서문》을 읽는 목적은 《실낙원》을 잘 읽게
되는 것이다. 그런데 경험상 《실낙원 서문》이나 《실낙원》, 어느 쪽이
건 읽으면 나머지도 읽기가 수월해진다. 둘 중 어느 쪽부터 시작해도
상관없다. 그러니 《실낙원》을 먼저 읽는다고 해보자.

《실낙원》이 불후의 명작이라는 말이 책장을 펼칠 때부터 공감이
되어 고개를 주억거리게 되는 분이라면 더할 나위 없이 좋다. 그렇게
끝까지 흥미진진하게 읽어진다면 그렇게 읽어 나가면 된다. 하지만
나처럼 "왜? 왜? 왜? 이렇게 쓰는 것일까?" 싶고 할 말을 딱 부러지게
하지 않는다는 생각이 든다면 어떻게 해야 할까?

간단하다. 그냥 가벼운 마음으로 읽을 수 있을 때까지 읽어 나간
다. 그만 읽고 싶어지는 마음이 들기 전까지, 이 정도가 내가 생각하
는 기준이다. 이 단계에서는 제2편 정도까지만 읽어도 충분하지 싶

다. 그리고 이제 《실낙원 서문》을 집어 들고 읽어 나가면 된다. 그러면 루이스가 서사시라는 장르에 대한 설명을 왜 그렇게 자세히 했는지 이해할 수 있을 것이다. 그리고 사뭇 장황해 보였던 그의 논의가 꼭 필요한 작업이며 《실낙원》을 읽는 데 큰 도움이 된다는 것을 알게 될 것이다. 이렇게 《실낙원 서문》을 읽고 나면 《실낙원》이 훨씬 가볍게 다가올 것이고, 다른 자세로 《실낙원》을 읽고 있는 자신을 발견하게 될 것이다.

《실낙원 서문》부터 읽어 나가면 어떨까? 영문학에 대한 관심으로 이 책을 손에 드신 분들은 별 어려움 없이 이 책을 읽으실 수 있을 성싶다. 그런 분들은 당연히 즐겁게 읽어 나가면 된다. 하지만 홍성사에서 소개된 루이스의 기존 번역서들로 접했던 내용을 기대하며 《실낙원 서문》을 펼치는 분들의 경우, 앞에서부터 죽 읽어 나가다 보면 '왜 이런 장황한 이야기를 하는가?' 하는 마음이 들 수 있을 것이다. 그러다 행여 이 책이 자기를 위한 책이 아니다, 아예 읽을 수 없는 책이다, 생각하고 포기하는 일이 있어선 안 되겠다. 왜냐고?

추리소설을 비롯한 소설의 경우라면 좀 다르겠지만, 많은 경우 책을 처음부터 읽어야 한다는 생각은 편견일 수 있다. 오히려 앞부분을 뭉텅이로 건너뛰고 본론으로 (어떤 경우 심지어 결론으로!) 곧장 뛰어드는 것이 나을 때도 많다. 저자가 정말 하고 싶은 말은 들어 보지도 못하고 그 말을 하기 위한 준비 작업을 따라가느라 지쳐서 쓰러진 적이 얼마나 많던가(물론, 다 내 경험담이다).

《실낙원 서문》은 크게 두 부분으로 나뉘어 있다. 첫 부분은 서사시라는 장르에 대한 소개와 변호로 이루어져 있다. 두 번째 부분은 몇 가지 테마로 《실낙원》의 맥을 짚고 내용을 살핀다. 그런데 《실낙원 서문》을 처음부터 읽어 나가는 것이 어렵게 느껴지는 분들은 전혀 괴로워 마시고 곧장 《실낙원 서문》의 두 번째 부분, 즉 《실낙원》의 내용을 직접 다루는 9장부터 읽기를 권한다. 루이스의 책을 손에 들며 기대했던 내용들을 많이 접하고 미소 짓거나 자신을 돌아보게 될 것이다. 그렇게 책을 끝까지 읽은 후에 다시 1부로 돌아와 차근차근 읽어 가면 한결 쉬울 것이다. 그래도 1부가 잘 안 읽힌다면 어떻게 해야 할까? 그렇다. 《실낙원》으로 가야 할 차례다.

한 권의 책을 번역하는 동안에는 그 책이 다루는 주제가 세상에서 제일 중요하고 가치 있게 보인다. 이번에는 밀턴과 영문학과 그리스·로마의 고전이 그렇게 다가왔다. 또 다른 세계가 내게 열린 것이다. 일단 길을 텄으니, 그 길이 또 어떤 만남과 발견으로 이어질지 기대된다.

이번에도 수많은 학자들의 연구와 번역물이 있었기에 번역을 마무리할 수 있었다. 인터넷에 자료를 올려 두신 수많은 분들의 글도 큰 도움이 되었다. 감사한 마음으로 마음껏 참고했다. 특히 조신권(문학동네판), 이창배(범우사판) 님의 충실하고 유려한 《실낙원》 번역은 《실낙원 서문》을 번역하는 내내 역자에게 믿고 비빌 구석이 되어 주었다. 《실낙원 서문》의 번역서도 다른 분들에게 그런 비빌 구석이 되어 준다면 더 바랄 나위가 없겠다.

홍종락

옮긴이 홍종락 ────────────────────────────

대학에서 언어학을 공부했고 한국 사랑의집짓기운동연합회에서 일했다. 전문 번역가로 일하고 있으며 가끔 글도 쓴다. 저서로 《오리지널 에필로그》, 《나니아 나라를 찾아서》(정영훈 공저, 이상 홍성사), 《C. S. 루이스의 인생책방》, 《악마의 눈이 보여 주는 것》(이상 비아토르)이 있고, 번역서 중 C. S. 루이스 저서 《개인기도》, 《영광의 무게》, 《피고석의 하나님》, 《당신의 벗, 루이스》, 《순례자의 귀향》, 《오독》, 《세상의 마지막 밤》, 《현안》, 《이야기에 관하여》(이상 홍성사), 《폐기된 이미지》(비아토르) 및 《루이스와 책》(홍성사) 등의 루이스 관련서가 있다.

실낙원 서문

A Preface to Paradise Lost

지은이 C. S. 루이스
옮긴이 홍종락
펴낸곳 주식회사 홍성사
펴낸이 정애주
국효숙 김의연 박혜란 송민규 오민택 임영주 차길환

2015. 6. 23. 양장 1쇄 발행
2024. 12. 5. 무선 1쇄 인쇄   2024. 12. 16. 무선 1쇄 발행

등록번호 제1-499호 1977. 8. 1.
주소 (04084) 서울시 마포구 양화진4길 3 전화 02) 333-5161 팩스 02) 333-5165
홈페이지 hongsungsa.com 이메일 hsbooks@hongsungsa.com
페이스북 facebook.com/hongsungsa
양화진책방 02) 333-5161

• 잘못된 책은 바꿔 드립니다. • 책값은 뒤표지에 있습니다.

ISBN 978-89-365-1593-5 (03230)